新乡村教育——让乡村孩子享受优质教育的实践与探索

张海珍　王志霞　李建峰　主编

延吉·延边大学出版社

图书在版编目（CIP）数据

新乡村教育：让乡村孩子享受优质教育的实践与探
索 / 张海珍, 王志霞, 李建峰主编. -- 延吉：延边大
学出版社, 2023.11
ISBN 978-7-230-06023-3

Ⅰ. ①新… Ⅱ. ①张… ②王… ③李… Ⅲ. ①乡村教
育－研究－中国 Ⅳ. ①G725

中国国家版本馆 CIP 数据核字(2023)第 242179 号

新乡村教育——让乡村孩子享受优质教育的实践与探索

主　　编：张海珍　王志霞　李建峰
责任编辑：刘晓洲
封面设计：瑞天书刊
出版发行：延边大学出版社
社　　址：吉林省延吉市公园路 977 号　　邮　　编：133002
网　　址：http://www.ydcbs.com　　E-mail：ydcbs@ydcbs.com
电　　话：0433-2732435　　传　　真：0433-2732434
制　　作：山东延大兴业文化传媒有限责任公司
印　　刷：延边延大兴业数码印务有限责任公司
开　　本：787×1092　1/16
印　　张：20.25
字　　数：300 千字
版　　次：2024 年 1 月 第 1 版
印　　次：2024 年 1 月 第 1 次印刷
书　　号：ISBN 978-7-230-06023-3

定价：78.00 元

编 写 成 员

主　编：张海珍　王志霞　李建峰

副 主 编：安荣玲　张国岩　韩素静
　　　　　王　婷　于东胜　刘爱国

编写成员：于秀花　赵冬梅　张雅如
　　　　　王　文　冯志盼　任雨婷
　　　　　李　鑫　王云磊　李福新
　　　　　李春华　张兴超　王宝华
　　　　　张宁宁

作 者 简 介

张海珍（1976.1—）女，汉族，山东省阳信县人，本科，中小学高级教师，现任山东省阳信县翟王镇中心学校校长。多年来，致力于现代学校管理和乡村学校建设研究。

王志霞（1973.7—），女，汉族，山东省阳信县人，本科，中小学高级教师，现任职于阳信县翟王镇中心小学。在学校管理制度、教育干部培养等方面多有探索。

李建峰（1979.7—），男，汉族，山东省阳信县人，本科，中小学高级教师，现任阳信县翟王镇中学校长。具有丰富的学校教育教学管理经验，多年来致力于乡村学校建设和学校管理研究。

序

在当今社会，教育被认为是推动国家进步的引擎，而乡村教育作为整个教育体系的重要组成部分，一直备受关注。然而，在城乡发展不均衡的大环境下，乡村教育的发展问题一直是一个亟待解决的难题。在这种背景下，阳信县翟王镇的教育者们通过不断地实践与探索，成功地构建了一种独具特色的乡村教育发展模式，并将其编写成《新乡村教育——让乡村孩子享受优质教育的实践与探索》一书。

《新乡村教育——让乡村孩子享受优质教育的实践与探索》以阳信县翟王镇为例，详细记录了该地区在乡村教育方面的思考、路径、方法以及所取得的显著成果。

在翟王镇，我们可以见证一场关于乡镇小区域教育高质量发展的引人入胜的实践。这里的教育改革不仅关注教育质量的提升，更关注如何使农村孩子在教育资源分配上享受到公平待遇。通过深入思考和精心设计，翟王镇成功地形成了一种有特色的农村教育发展模式，即"翟王模式"。这个模式的核心理念在于让每个农村孩子都能够在教育体系中找到自己的发展空间。这个模式通过调整教育资源的配置，确保每个学生都能够获得高质量的教育资源，这不仅提高了教育的整体水平，也让每个孩子都有机会展现自己的潜力。本书通过深入解读"翟王模式"，为其他乡村提供了可借鉴的宝贵经验。

更令人振奋的是，这项教育改革所取得的成果不仅令群众满意，也得到了政府的高度认可，实现了让群众满意、让政府放心的目标，显示出这一教育模式的可行性和可持续性。这不仅为阳信县乃至全国其他农村提供了可推广的经验，也为构建更为公平和优质的乡村教育体系提供了有益启示。

期待本书能够在推动乡村教育改革的道路上发挥更为积极的作用，让更多乡村孩子享受到优质的教育资源。

目　　录

文化篇 立足新时代，传承好传统

教学篇 让农村孩子插上翱翔的翅膀

缘起篇
这里曾经是全县农村薄弱教育的代表

在泥泞中跋涉

山东省阳信县翟王镇中学　朱静宇

阳信县翟王镇韩打箔中心小学二十世纪九十年代校舍

"黑屋子，土台子，里面一帮泥孩子。"这是二十世纪八九十年代翟王镇教学条件的真实写照，环境之艰苦可想而知，但就是在这样的环境下，翟王镇培养了一大批栋梁之材，对阳信县教育事业的发展作出了重大的贡献。

我是 00 后，对二十世纪八九十年代的教育状况不甚了解，因此，我采访了许多父辈的人民教师，希望通过他们的故事让读者身临其境地感受到那个年代的教育环境。以下是一位老教师的回忆：

我是二十世纪七十年代出生的，我们那时候出生的人读书的艰苦程度，是现在的孩子无法想象的。

我在小学三年级之前，都是在自己村子里读书的，但四年级之后，就要到十几里地以外的中心校去读书了。之所以那时候会集中到中心校读书，是因为读书的人变少了，原先很多读书的孩子读到三年级后就不读了。再者，村里师资有限，因此乡下四年级以上的孩子都集中到中心校去读书。

我们那时候是不通公路的，孩子们上学或是跑着去，或是骑着笨重的自行车去，而且我去中心校读书，走的全部是土路，如果是晴天，走起来多多少少轻松一点，但如果遇到雨天，哪怕我穿的是有深齿的胶靴，也常常会摔跤，就算不摔跤，雨水也会浸湿大半截裤子。这大半截湿裤子，就会伴我度过整整一天，直到我的腿的热度把裤子烤干。可想而知，当时不便利的交通为我们的学习带来了多么大的阻力。

正如那句话所说的："黑屋子，土台子，里面一帮泥孩子。"记得当时我们的课桌都是学生自己垒起来的，所谓"土台子"就是先在底下垒上砖块，再在上面抹上一层泥，后来变成了纸浆课桌，再后来加了一层水泥板，这些都是学生和老师一起垒起来的。我们教室的窗户是用窗户纸糊起来的，有时候连窗户纸都没有，当时有个老教师编了个对联：上联是"条条块块糊上窗"，下联是"方方块块挡风沙"，横批"乐观主义"。此外，那个年代的晚上没有电灯，上晚自习时我们会点煤油灯，煤油灯产生的黑烟很呛，鼻孔里都被熏得黢黑。

我们那时候可以说几乎没人认真读书。没人认真读书的原因是多方面的。

首先是老师的原因。那时候教我们的老师大都是民办老师，很多都是初中毕业，有些甚至初中都没毕业就来当我们的老师，我记得我三年级的语文就是刚毕业的五年级学生教的。我们乡镇当时还流传着"爱因斯坦是个老太太"的故事，可见当时的师资之薄弱、思想之闭塞。记得三年级的数学老师还因为"三七究竟是二十一还是二十二"的问题和我们村的会计争吵，想想也是很有意思的。

其次，除了老师水平比较一般，学生辍学更是家常便饭，很多家长的观念是，只要孩子能够识字就可以了，毕竟读书是要花钱的。那时候没有实行义务教育，大家普遍都比较穷，不读书不但省学费，学生还可以帮家里做一些农活，干不了农活，养个猪喂头牛也是可以的。由于交不起学费而辍学的学生有很多，这是那个时代的悲哀。而且每到农忙时，老师和学生要一起放假回家干农活，一放就是一两个月。

这就是六七十年代出生在农村的人读书面临的困难。

如今，曾经的黑屋子变成了正规的教学楼，曾经的土操场变成了塑胶跑道和体育馆，实验楼、图书馆和宿舍楼也拔地而起。师资团队改变了"民办教师是主力"的历史，大量专业人才走上了三尺讲台，继续书写着属于翟王镇的华丽篇章。而作为青年教师的我们，更应该坚守理想信念，为翟王镇的教育事业添砖加瓦。路途也许遥远，也许艰辛，但向前的每一步，都是努力，都是拼搏，更是收获。让我们在风雨中前行，在泥泞中跋涉，跨越现实与理想的鸿沟，打破身体与精神的隔绝，为中国教育事业的发展奋斗终身！

第一次工作的地方

山东省阳信县翟王镇中心小学　王　文

2019年阳信县翟王镇韩打箔中心小学
"小而美，小而优"的校园环境

泰戈尔曾经说过："花的事业是甜蜜的，果的事业是珍贵的，让我干叶的事业吧，因为它总是谦虚地低垂着它的绿荫。"教育工作虽然没有什么轰轰烈烈的壮举，但却用平凡与崇高的师德之光照亮了一片天地。怀揣着对教育的满腔热情和对未来的美好憧憬，2014年，刚毕业的我踏上了教育这片热土。

报到那天，我按捺不住激动的心情，早早地收拾好行李，坐上了开往学校的汽车。这段路程本不遥远，但对我来说，这确实是一段艰难而又漫长的旅程。穿过繁华的街道，我终于来到了工作的地方——翟王镇韩打箔中心小学。

那是一所乡村定点小学，初见它时，眼前的一幕彻底打碎了我所有的幻想：凹凸不平的砖瓦地面，几座破旧的砖瓦房屋，简陋的宿舍，一个尘土飞扬的操场。虽然我生活在农村，却也依然接受不了眼前的生活工作环境，还好有两位同我一样刚刚参加工作的同事陪我，我的心才得到少许安慰。

当时的韩打箔中心小学一共有五个年级，六个班，十六位老师（其中五十岁以上的老教师就有十位），二百多名学生，可以说条件非常艰苦。但是我在老教师们的脸上却感受不到一点点的焦虑，每天我都能感受到他们发自内心的满足，他们的眼中始终充满爱。而我却每天都在抱怨、发牢骚、吐槽学校环境的艰苦。

同办公室的韩宝坤老师许是看出了我蠢蠢欲动、不安心工作的状态，于是，在一个没有课的下午，韩老师给我们几个新老师买了不少好吃的，和我们说起了韩打箔中心小学的发展史。

韩老师说道，在二十世纪六七十年代，韩打箔中心小学叫作"雹泉庙完小"，学校位置在当前学校的对面，我们所住宿舍的后面有一排破旧的土瓦房屋，那里就是最初的学校。那个时候学校的大部分校舍都是借用庙宇或者民房，教室里几乎没有教学设备，一切就地取材，黑板是用废旧木板刷上黑油漆做成的，学生的课桌是用一块块土坯砌起来的，学生们席地而坐；那时没有练习本，孩子们就往"土坯课桌"上写字；那时候没有操场，门前的那一小片道路就是孩子们的乐园；那时候村里还没有通电，晚上学生上课和教师备课都是用的煤油灯；那时候的学校采用复式班教学，一名老师带好几个年级的学生，学生集中在一个教室里依次轮流上课。总而言之，那时的学校环境真的可以用"晴天一身土，雨天一脚泥"来形容。2000 年前后，雹泉庙完小有了专门的校舍，也就是现在的院子，虽然院子不大，环境也不如其他学校美观，但是对于从贫穷年代走过来的老教师来说，已是极大的满足。

听完韩老师的话，我开始仔细观察、认真感受这所拥有百年历史的"老"校园，发现它虽然不及县城的学校美丽，但它到处充满了爱。

还记得 2015 年的一个夏天，临近放学的时候，天空突然变脸，下起了一阵瓢泼大雨，由于学校地势比较低，排水系统老化，美丽的校园一下子变成了一片汪洋。孩子们放学后非常着急，低年级的学生经过长时间的等待，逐渐失去耐心，开始哭泣，这个时候，各班的班主任老师脱下鞋子，踏进冰冷的水里，把孩子们一个一个安全送出校园，这一刻，我感受到了韩打箔中心小学这个乡村学校的巨大魅力。

如今，我已不在那里工作，但每当回忆起当时的生活，总感觉一股暖意涌上心头。我庆幸拥有那样一份别样的经历，正是那份艰苦的生活教会我珍惜现在，让我更加热爱教育这片热土。

乘着梦想的翅膀

山东省阳信县翟王镇中学　于秀花

二十世纪九十年代初，杨丽霞等民办教师在翟王镇韩打箔中心小学合影

在二十世纪七八十年代的翟王镇，曾有这样一群人，在贫穷里坚守着教育这片沃土，引领一批批农村的少年摆脱落后与愚昧，走向先进与文明。他们是最先在农村播种文明火种的人，也是最先在农村打开世界之窗的人，他们就是民办教师。

他们住着最破旧的校舍，却给孩子们提供最前沿的教育。在很多连教室都修不起的村子，他们没有校舍可住，他们的家就是孩子们的教室，他们家门口的坪场就是孩子们放飞梦想的天空。现在很多各行各业中的中流砥柱，都是民办教师们培养起来的。没有他们的启蒙，我们就不知道山外有山天外有天，就不知道世界这么大。他们是我们华夏文明大厦的第一块砖、第一根柱、第一根梁。没有他们，就没有农村的教育和文明、没有农村的发展和进步、没有国家的强盛和繁荣。他们是中国，特别是中国农村最坚强的基石和脊梁！

半个世纪以来，民办教师呕心沥血为教育付出，但随着国家的师资力量逐渐充沛，一些民办教师因跟不上时代的发展而被辞退，过着艰苦的生活，不禁让人唏嘘。后来国家给予所有未转正的民办教师按教龄发放补贴，也算是慰藉了这批奉献者苦涩的心。

而也有一批民办教师通过考学成为正式在编教师，并成为了优秀教师的代表，比如菅老师。

菅老师于1985年参加工作，经过几个月的岗前培训，走进了民办教师队伍的行列，成为了一名光荣的人民教师。一开始她被分配到离家十多里远的李桥联，那是一个民风淳朴的小村庄，学校就在村庄的东面，院子不大，是一个有八个教学班规模的完全中学，砖土结构的房屋布局合理，在当年足以看出村里对教育的重视程度。大多数教师的家就在这村子附近，放学后就都回家去了，晚上只剩下几个家离学校较远的老师留校。办公室兼宿舍就在学校大门口附近，每天放学后她便早早做好一切准备，待到夜幕降临便关好门窗，无论外面发生什么事情绝不外出一步，可以想象一个 20 岁的女孩子对黑夜的恐惧。好在有学生作业的陪伴，校园寂静的黑夜在不知不觉中变短了很多。

在工作中，她积极主动、勤恳、责任心强，乐于接受学校布置的各项工作，注重文化学习，努力提高自己的思想觉悟、理论水平、业务能力。凭着年轻人敢闯敢干的热情和敬业爱岗、严谨治学的态度，菅老师得到了领导的好评与信任，不久便被安排负责毕业班教学工作。每年的中考都是在麦收之后进行，麦收期间正是学生学习的关键时刻，由于学生家长忙于麦收无暇顾及学生的生活问题，她就叫学生把干粮拿到学校，亲自为他们热饭烧水，再给孩子们拌点儿美味可口的小咸菜。孩子们心存感激之情，并把这种感激化作学习的动力，她所教的班级的中考成绩多次在全镇遥遥领先，所教学科的成绩在全县名列前茅。菅老师教出的升入中专的学生有的也成了光荣的人民教师，升入高中的同学多数进入大学继续深造，其中杨某某、李某某以全县最优异的成绩升入本科院校并继续攻读博士研究生，而她自己也通过考试成为了一名在编教师，三十年如一日奋战在教学一线，从不懈怠，是我们学习的榜样。

路远必有同行人，刘老师也是从众多民办教师中脱颖而出的一位老师。她热爱教育工作，深为自己能从事这一伟大的事业而自豪。她严格要求自己，不断加强学习，提高自己的职业道德修养，在民办教师面临困境的时候，她勇往直前，考入了师范学校，成为了一名在编教师。她形成了自己独具特色的教学风格，在严格要求学生的同时，又发扬民主教学，她始终坚持用一颗真诚的心去感染学生，用一腔敬业爱岗的热情去打动学生，用实实在在的行动去影响学生。她与学生们相处融洽，灵活多样的教学方法深受学生们喜欢，她是教学的探究者，也是学生的领路人。在她的课上，学生的学习积极性特别高，她用爱与智慧培养了一批批合格的时代少年。

还有陶老师，他是我的语文老师，他1982年高考落榜后没有复读，在我们村的小学任教，教我们语文和数学。他每月的工资很少，而且要到年底才能领到。在那个物资贫乏的年代，他啃着馒头和萝卜条，带领着我们走出了那个落后的小村，看见了外面的世界。但是，命运并没有偏爱他，陶老师在假期干农活时伤到了腿，被迫结束了教育生涯。前几年我去看他，他满面沧桑，但依旧温暖善良。他说自己每月可以领到120元的民办教师补贴，再加上残疾人补助和低保，省着点应该够用了。

看着他朴实的眼神，我感慨万千，陶老师当了12年民办教师，教育是他一生的梦想，但生活却将他推向远方，好在，他虽然物质不丰厚但眼里依然有光。作为一名曾经的教育人，即使生活赐他以痛，但他仍报之以歌。

文化是一个国家、一个民族的灵魂。在不同的年代有着不同的教育奉献者，民办教师虽然已经慢慢退出教育的舞台，但是他们作出的贡献永远会被铭记！作为一名合格的当代教师，要不断学习，跟上时代的步伐。习近平总书记指出，我们是塑造学生品格、品行、品位的"大先生"，这就要求我们在任何时候都要有崇高的信仰，只有心怀梦想才能培养出合格的四有新人。文化兴，国运兴，文化强，民族强。教师作为学生人生路上的领路人，肩负着传播知识、洗涤思想、塑造灵魂、捍卫真理的历史使命。愿每一个教育人都砥砺前行，不忘初心，不断地丰富自己，帮助孩子们插上理想的翅膀，飞向属于他们的蓝天。

犹记当年跑操时

山东省阳信县翟王镇中学　赵冬梅

"一二一、一二一……"伴随着操场上广播里节奏明快的口号，学生们开始了在塑胶跑道上的早操。听着孩子们铿锵有力的跑步声，看着他们脸上青春自信的微笑，我想起了自己小学时代的"跑操"。

时光回到二十世纪八十年代初。

一间土房子，一扇纸糊的

2014年以前的阳信县翟王镇中学操场

窗户，一排排泥土垒起来的"课桌"，自己从家里搬来的大小、高矮、颜色不一的小板凳，一扇破旧的门板——这样简陋的"教室"，孕育和滋养了我们最初的梦想。我们沐浴在知识的殿堂里，贪婪地汲取着营养，小心翼翼地呵护着心底那颗梦想的种子。

我印象最深的是每天清晨在公路上跑操。

我的小学有四个年级，却只有两间教室，两位"全职"老师（语文、数学、音乐、美术、体育全是这两位老师教）。我们没有操场，没有跑道，也没有专职的体育老师，两位老师就带领我们在村外的公路上"跑操"。所谓的"公路"不过就是连接村与村的土路，即便是这样，相对田间的"羊肠小路"来说，也已经是平坦宽阔的了。

那时家里没有钟表，几乎没有什么时间概念，只记得每天天刚蒙蒙亮就起床，有时候脸也顾不上洗，鼻孔里黑黑的一片——那是前一天晚上在煤油灯下刻苦学习的见证。去到教室，两位老师已经早早地到了。我们先用自己在家里带来的扫帚把教室打扫干净，再集合起来，按照身高，男生女生各站成一队，

9

两位老师一前一后，带领我们"浩浩荡荡"地向公路跑去。那时候没有机动车，甚至连自行车都很少见，早晨偶尔有老农推着小推车去下地干活儿，所以不用担心交通拥堵或发生车祸。

前面带队的老师用浓重的方言喊着口号"鸭二鸭、鸭二鸭"，我们便开始跑起来。伴随着欢快地说笑声、跑步声、口号声，我们的脚下尘土飞扬，在我们身后留下一片片的"尘雾"久久不能散去。过路人也会笑着站在路边看着我们——那可能就是我们某位同学的爸爸妈妈或爷爷奶奶。

有一次，一位同学在跑操的时候，只顾着和相邻的同学说话，没注意到路上的坑坑洼洼，一下摔倒了。后面的同学都接二连三撞到他的身上，也都摔了下去。带队的老师没有注意到我们，带着前面的同学依然"鸭二鸭、鸭二鸭"地向前跑，直到被后面的老师大声喊住。他们回头看到断成两截的"队伍"，看着我们乱作一团扎堆摔倒的狼狈样子，都哈哈大笑起来。摔倒的同学有的直接趴在了地上，汗水和尘土在脸上结合成一幅幅不规则的"地图"。我们看着一个个的"大花脸"，笑得前仰后合，站不起身来，老师也跟着我们哈哈大笑。

那笑声仿佛很近，其实时光匆匆，转眼已是近三十年。

如今，学生们在整洁、平坦、宽阔的操场上三五成群，或打球，或跑步，或游戏，在塑胶操场跑道上肆意挥洒着青春的汗水和激情，用运动书写着青春的绚丽华章。

孩子们，珍惜现在的幸福吧！

沉甸甸的梦想

山东省阳信县翟王镇中学　于秀花

朴实温暖的小村，承载了我所有珍贵美好的儿时回忆。记忆最深的是三年级，恰逢麦收时节，老师嘱咐当时作为班长的我带着班里的同学们上早读，他要趁着早上去割小麦。我带着同学们把课文背了几遍后，大家就开始坐不住了，都嚷嚷着要去看看老师有没有割完。

拗不过他们，我们十几个

2022年教师节阳信县翟王镇学区教龄超30年的教师合影

人到了地里，看见老师正割得起劲，身后割下的一排排小麦整整齐齐地排在地下，像金色的地毯，洋溢着丰收的喜悦。

看老师忙不过来，我们都加入了奋战，把老师割下来的小麦捆起来，并摆放整齐，不一会儿，汗水顺着脸颊一颗颗滴落到田地里，但每个人的脸上都洋溢着快乐的笑容。在我们的帮助下，小麦很快就被割完了。老师带着我们到街头的小店，买了甜甜的老冰棍，记忆中，那天的冰棍格外得甜。

我们的学校只有一间破旧的茅草屋，条件很差，很多同学辍学。记得四年级的时候，有几个高个子的男生辍学了，被叫回家里帮忙干活。面对这样的情况，我的班主任封老师挨家挨户地做工作，跟家长说忙不过来的时候我们大家一起干，知识才能改变命运，不能让孩子辍学。封老师的真诚热情打动了所有的家长，我们班当时有32个学生，直到小学毕业，没有一个辍学。

当时民办教师工资很低，很多民办教师中途就不干了，但我们的封老师却一直在坚守。晚自习的时候，我经常看到封老师给我们辅导完作业后用热水泡个凉馒头，就着大葱蘸甜酱吃，吃完再继续给我们讲我们从未听过的奇妙故事，讲我们从未看过的缤纷世界。而我们的梦想，就在这农活与粗茶淡饭中，萌芽、生长……

后来听说民办教师有转正名额，但得有中专毕业证。封老师因为舍不得我们，就没有去参加报名，所以错过了转正的时机。由于封老师的认真负责，我们班成绩特别好，县里的领导了解情况后，特地来慰问封老师，鼓励我们，并带来了一些音乐教具。

在周末的闲暇时间，封老师自己学会了吹口风琴和笛子，我们第一次上起了音乐课。虽然当时五音不全，但是那种唱歌的喜悦，却弥漫了我的整个青春。

后来，我们上了初中，他仍然坚守在那个小乡村。再后来，我上了大学，再也没见过封老师。但是，封老师的音容笑貌一直烙印在我的心里，温暖了我的整个学生时代。

在他坚守的数十年里，一批又一批的孩子因为他的精心教导，走出了这个贫穷的小乡村，看到了外面的繁华世界，踏上了不同的工作岗位，做着各自喜欢的工作。

随着时代的发展，我们村里的学校合班并校到了镇上，原址被用作了大队部，但每每经过，我都要驻足凝视，怀念那些简单快乐的日子，致敬那些民办老师。那些民办老师用执着与大爱，托起了那个时代的少年沉甸甸的梦想。

改命——我要读书

山东省阳信县翟王镇中学　于东军

对于农村孩子来说，他们希望通过读书找到一个稳定的工作，不读书就只能在家种地或卖力气打工。读书是农村孩子改变命运的首要选择，贫困家庭的孩子更是如此。让我们一起听一听贫困家庭孩子的心声：

二十世纪八十年代末，阳信县翟王镇韩打箔中心小学师生合影

我叫王某历，出生在农村，没有良好的家境，但我坚信读书可以改变命运。

自从进入了初中，我便开始关注自己的成绩，奋力地学习。我总是在上课时认真听老师讲解，下课后拿着古诗词小本和单词本背诵，放学后追着老师问不会的问题，在我的努力下，我的成绩一直稳定在年级前三名，想一想这一路的艰难，再想一想最后取得的成绩，这一切都值得了。

我成为了父亲的骄傲，他时常说："我家儿子出息了，念书上进，成绩非常好！"父亲也变得越来越自信，不光在村里，他去到任何地方，都一定会说我念书中用，这也正为我的努力提供了源源不断的动力。

我在假期里努力预习高中的知识，并且不断地复习所学过的知识，这样我就不会在高中落后。这不光是为了出人头地，拥有更好的工作，更是为了让我的父母不再受苦，也为了我的未来如长虹般光彩。

只有智慧地学习才能取得成功，智学并不等于靠"智"学，而是要学会灵活变通。"天才就是 99%的汗水+1%的灵感。"我们不能骄傲自大，也不能按部就班，只有结合努力与智慧的人才能打赢高考这场决定命运的"战争"。所以，正是方法加努力这套属于我的"组合技能"一直陪伴着我参加了无数次的考试，成就了今天这样辉煌的我。

我们不能因为家境不理想而失去奋斗的方向，我们完全可以改变我们被动的命运，主动地改写自己的命运，让它变得辉煌灿烂。在大好的青春时期，奋斗是永恒不变的主题，奋斗得到的是无价的精神财宝——知识，知识可以改变一个人的前途命运，而这个机会就掌握在我们自己的手中。

读书不仅能改变自己的命运，还能改变一个家庭的未来。

于某珍，翟王镇中学毕业生。由于兄弟姐妹较多，对仅靠种地维持生计的家庭来讲，孩子们的学费让贫困的家庭雪上加霜。她读初二时，姐姐考上了大学，弟弟上小学，妹妹也在上初中，姐弟四人的学习成绩都非常优秀。为了减轻家庭负担，在读完初二后，她毅然决定辍学帮助父母挣钱，把求学的机会让给比自己小的妹妹和弟弟。

辍学后，读书的愿望并没有在她心中泯灭。她白天帮父母下地务工，晚上就拿起姐姐九年级的课本翻个不停。她身在田野，心却一直在课堂。父母看在眼里，疼在心里，无奈的父母不知有多少次偷偷地落泪。

两年后，她的妹妹顺利考上了高中，姐姐也将大学毕业，眼看就能挣钱了。父母便劝她复学，以圆女儿的求学梦。在求学梦的感召下，于某珍顶着世俗的压力，凭借顽强的毅力又踏进了学校的大门。在学校里，她省吃俭用，利用一切可以学习的时间刻苦学习，终于以优异的成绩升入高中，并且在三年后考入大学深造。她的妹妹弟弟也分别考入大学。为了供四人上学，她的父母已借遍了亲戚朋友，无奈之下，她选择了贷款上学。

阳光总在风雨后。如今，姐弟四人都已大学毕业，并且都有了稳定的工作。他们在县城给父母买了房子，把家里的地承包了出去，让父母在城里安享晚年。

常言道，读书改变命运。读书改变了她们一家的命运。我坚信，这种命运会一直延续到她们的子孙后代。

蝶变

山东省阳信县翟王镇中心幼儿园　李伯睿

翟王镇第一所幼儿园创建于 1981 年，位于南商村西首，办园条件非常艰苦、简陋，教室是三间土房，里面是用土坯垒建的桌子，墙上挂着一张破旧的黑板，还有孩子们自己在家搬来的小板凳。1982 年，穆家幼儿园建成，办园条件与南商幼儿园相似。

2012 年 5 月，阳信县翟王镇中心幼儿园建成

1995 年，改革的春风吹遍全国各地，幼教事业也得到了良好发展，翟王镇中心幼儿园就此正式成立，全园幼儿人数达到 300 余人，设立小、中、大三个阶段的教学班，教育设施配备齐全，专业老师接踵而来。但好景不长，1998 年到 2000 年，由于工资无望，专业老师陆续去了小学、中学任教，民办老师因发不下工资而另谋生路，幼儿园的设施也已不知去向。偌大的一个幼儿园靠我自己维持了两年，这两年中我没有一分工资，只能靠借钱来度日，幼儿园教育仿佛又回到了从前。

直到有一天，县局赵启兰科长来到幼儿园，当即拍板，调动专业老师归队，重整设施，改善办园条件，解决师生困难。在各级领导的关怀下，在镇教委的努力奔波下，2012 年，翟王镇中心幼儿园再次落定。新的幼儿园占地面积 1 273 平方米，建筑面积 2 840 平方米，户外活动场地面积 11 000 平方米，内设电子备课室、舞蹈室、科学发现室、图书阅览室、手工坊等功能用房，教师人手一台电脑。每个班都是一个独立的单元，含有活动室、午睡室和盥洗室，配备空调、一体机、热水器、玩具橱、书橱、钢琴等教学设施，以及各种配套活动室和多功能玩具。户外区域种类多、活动材料丰富，开辟了种植园、沙水区、动物养殖区、户外建构区、体能拓展基地等，还有具有爱国主义情怀的军事拓展训练基地等。

翟王镇中心幼儿园现有 10 个教学班，教职工 35 人，在园幼儿 380 人，实行全封闭半寄宿制管理，坚持"科学保教，营养配餐"，保证幼儿正常生长发育和身心健康，促进了幼儿体格和智力的成长和发育。翟王镇中心幼儿园是 2012 年 12 月滨州市第一期学前教育三年行动计划建成的首个乡镇中心幼儿园，在 2016 年成为阳信县第一家通过省级示范园验收的乡镇中心幼儿园。

翟王镇中心幼儿园秉承"让农村孩子享受优质教育"的办园宗旨，遵循"游戏·健康·快乐·成长"的教育理念，打造了"三园三化五域"的教育模式，即：温馨家园（生活化的全程教育）、和谐自然园（优良化的语言教育）、趣味乐园（开放化的环境教育），实现了幼儿在"语言、社会、健康、科学、艺术"五大领域的自然发展，构建了"天性自然、乐享游戏、快乐学习、和谐发展"的办园特色，保证孩子健康、活泼、文明、友善、好奇、好问、勇敢、坚强。

在上级领导的关怀下，翟王镇中心幼儿园锐意进取，先后获得"山东省户外游戏特色幼儿园""山东省卫生先进单位""滨州市平安校园""滨州市自主游戏实验区"等荣誉称号。

作为一名土生土长的翟王教育人，看到翟王幼教的蓬勃发展，我的内心感到十分的喜悦和自豪，希望我们能让更多的孩子享受优质教育，为农村家长提供更高质量的服务！

我和我的父辈

山东省阳信县翟王镇中心小学　张雅如

2000 年左右，正是教育的寒冬，很多地方因为政府统筹，财政吃紧，老师们发不下工资，生活难以为继。那时候，我正在翟王镇读初中，而我的父母是这里的老师。

说实话，对于这一段日子，我原本没有什么印象。那时候日子过得都比较清贫，没有什么可比的，也不觉得有多苦。每天我们都是正常上课，正常放学，老师们兢兢业业地教学，没有什么特别的事情发生。直到听老教师们回忆起这段过往，我才意识到原来那时的教育真的只是靠着情怀支撑下去的。

那时候，老师们连续几个月没有工资，在没有收入的日子里，一些老师靠着家里的接济勉强支撑，还有一部分老师家里有地，就一边种地，一边教学生。听一位老师说，当时有一个老师的孩子结婚，收到的份子钱都是白条。

教师之家：作者张雅如和其在翟王镇中学任教的父母张海军、菅文萍

这种事情放到现在，估计都是当笑话讲着听的，但在当时却是真实发生的事。

我的父亲是一位语文老师，喜欢写东西，我印象里他有一篇描写当时教师生活状况的文章发表在《校园文艺》上，我四处翻找却都不曾找到。年代久远，文章中其他的内容我都不太记得了，唯独记得文章里有一首在当时形容老师的打油诗，我印象非常深刻："看穿戴像是相亲的，口袋里装的全是成分的……"这句话很好地概括了当时老师们的生活状况：他们有文化，所以有文人的骄傲；但他们没有钱，所以难以有生活的尊严。

可即使是过着这样艰难的日子，他们依然坚守在教育的岗位上这么多年。

当我去问他们"当时生活这么苦，日子是怎么过的？"的时候，他们或者说忘了，或者说，嗨，就这么过来了呗！他们不是忘了，而是在当时他们就坦然接受了时代的命运，因为站在他们面前的是这么多想要读书的孩子，是这么多想要改变自己人生命运的学生，站在讲台上的他们，是学生的希望。那时候的他们面对这一张张求知的面孔，无法做出第二种选择。而到了现在，教育的寒冬早就过去，教师的地位提高了，经济水平也提高了，他们更多的是对这个时代的感恩，而不是对以前苦难的批判。

如今，我也成了一名教师，更是成为了翟王镇的一名教师。我问自己，如果是我，在不知道教育寒冬什么时候过去，不知道哪个月工资才能发下来，不知道怎样才能养活自己的一家子的时候，我会在这个行业坚持多久？我能不能这样毫无保留、毫无抱怨地将现在的工作做好？

这已经很难给出答案了，因为如今是最好的时代，这个时代给了每个人"只要你努力，你一定会生活得很好"的底气。这个底气让我们无法体会到那个时代的教师是经历了怎样艰难的抉择，才选择继续留在这个岗位上，选择将别人的孩子当成自己的孩子。

教育要有根，根深才能叶茂。我们的父辈们，就是翟王教育的根。他们靠着一腔热忱，靠着教育情怀，将翟王教育不断地延续和发展下来，是我们每一个年轻人的榜样。

时代的接力棒已经交到了我们的手里，我们生活在最好的时代，更应该为教育的发展贡献出自己的力量。时代更迭向前，翟王教育也一定能够不断向前，不断发展。

老中师生的追光之路

山东省阳信县翟王镇中学　于秀花

20 多年前，我和许多人一样，考上了山东省惠民师范学校，生命中的"芳华"悄然绽放。我们大多出生于农村家庭，十分珍惜刻苦学习换来的人生机遇，而这个选择也决定了我们大多数人会有平凡却充实的一生。

作者于秀花课堂教学照片

然而当我们带着满怀的期待，带着青春五彩的梦想，踏上三尺讲台的时候，我们发现我们的知识储备根本不够，所以我们既当老师又当学生，就这样边教边学，逐渐成长为学校的骨干教师。

作为一名农村教师，我们这批中师生经历了尴尬的带资上岗，经历了艰难的停发工资，经历了教育最低谷的时代。

1997 年，我们这批中师生刚开始上班就面临着不带资就不能转正的尴尬与纠结。可是对于作为农村教师的我们来说，两万块钱就是天文数字，中间受的难，无法用语言表述。1999 年，我们迎来了教育的高光时刻，工资能够顺利下发，但这种喜悦并未持续太久，2000 年就突然停发了三个月的工资。我记得当时是母亲给了我五百块钱，我用这五百块钱支撑了三个月。但重重苦难没能阻挡我们热爱教育的心灵，我们一直坚守在教育一线。作为班主任，我每天第一个来到教室，最后一个离开。我会给不吃早餐的孩子买早餐，会耐心地与学习不认真的孩子交流，放学后也不曾休息，我认真批改孩子们的日记，倾听他们的心声。我的努力没有白费，我带的学科的成绩多年名列前茅。

简单的快乐就是与孩子们在一起，但是生活总是五味俱全的。2004 年，记得有一次开完班主任会，天已经擦黑，我回到家却怎么也找不到独自在家的三周岁的儿子，我慌得腿都软了。这时我班的班长带着儿子回来了，说："老师我知道您自己带孩子，一看放学您还没回家，就带着涵涵买了点吃的，等您回来。"当时我已说不出话，惊吓、感动、欣喜……复杂的心情让我忍不住泪流满面！

后来教育形势一片大好，但是新课改下，作为中师生的我们迎来了新的尴尬，那就是经常改科，我刚毕业的时候教英语，后来因为工作的需要改成教地理，但地理是我的弱项，所以我不得不再次扎入知识的海洋，积极学习专业知识，参加业务培训，同时努力练习各种地图的绘画。我发现，再次的学习不仅使我开阔了视野，丰厚了文化底蕴，更升华了我对教育的热情，提高了我的师德修养，让我更坚定地独爱教育这片风景区！

初期的地理教学最让我头疼的是那些看起来如迷宫般的地图。但通过几年来不懈地学习，我不仅能轻轻松松绘就那些地图，各种温度带的风景图片亦是信手拈来，枯燥的地理课堂渐渐变得生动起来。

后来，我和一起毕业的同事结伴努力，不断地提升自己，拿到了任教学科的本科学历。时至今日，我们这代中师生依然是学校的中流砥柱。

教育真的需要热爱与坚持。2018年，我带初一，刚刚开学就意外摔伤，连坐下站起来都很困难。但我坚持每天上班，不敢请假，因为我刚接手新班级，孩子们的好习惯还没养成。没有什么人天生伟大，只有不懈地努力与坚持！

选择当一名农村教师，就是要用爱播撒希望。从教二十四年，我自己的故事就有好多。1999年，我班一个学习很好的孩子突然辍学了，我和另一名老师一块去家访，才得知他母亲病重，父亲又摔伤。我和同事把仅有的四百块钱拿给了他，鼓励他勇敢面对，坚持读书，回来以后我们轮流给他补课。最后这名学生以优异的成绩考入高中，升入大学。后来他对我说："老师谢谢你，没有你就没有我的今天。"我觉得这样的成就就是一个教育者的幸福。

但是如果跟不上时代的步伐，教学就会步履维艰。霍老师是早我们几届的学姐，她因身体不好，滞后了学历提升，只有小学教师资格证却一直在中学任教，所以无论是课改后的教学还是职称的评聘都遇到了太多的困难。前些天和她一块散步，她懊悔地说："年轻就是用来拼搏的，唯有不断的充电才能披荆斩棘，才不会被落下。"

作为一名中师生，我们经历了艰难的岁月，也迎来了教育的春天。在这个竞争激烈的时代，我们要不忘初心、砥砺前行，用先进的理论丰富自己，用勇于奉献的精神去践行师德，用不懈的努力去完成使命。

二十几年的教育路，岁月在脸上留痕，心却依然坚定。

信念篇
一定要让农村孩子享受好的教育

林无静树，川无停流

山东省阳信县翟王镇中学　李　鑫

自 2000 年以来，翟王教育在党中央的政策引领下，在上级党委和教育主管部门的坚强领导下，始终秉持不断奋斗、不断坚持的发展理念，厚积薄发，以促进乡村教育高质量发展为己任，积极改善办学条件、不断优化整合教育资源，努力探索让人民满意的教育之路。

作者李鑫参加学习培训

信念

"树林里没有静止不动的树木，江河里没有停止不动的流水，时光在不停地流逝，我们应该不懈地奋斗。"

自党的十八大以来，党和人民经历了有着重大现实意义和深远历史意义的三件大事：一是迎来中国共产党成立一百周年，二是中国特色社会主义进入新时代，三是完成脱贫攻坚、全面建成小康社会的历史任务，实现第一个百年奋斗目标。

在这十年中，"让农村孩子享受城市化教育"这一理念，不断指引着翟王教育的发展。进入二十一世纪以来，党和国家不断加强农村教育，翟王教育人砥砺前行、坚守使命，用实际行动擦亮翟王教育的名片，使"翟王教育"成为全县农村优质教育的代名词。

坚持

中华民族伟大复兴需要乡村振兴，需要发展乡村教育。翟王教育人几十年如一日地坚持初心使命，致力于让农村的教育、农村的孩子们也能够体验到科技发展带来的红利。

党的二十大报告的主题是：高举中国特色社会主义伟大旗帜，全面贯彻习近平新时代中国特色社会主义思想，弘扬伟大建党精神，自信自强、守正创新，踔厉奋发、勇毅前行，为全面建设社会主义现代化国家、全面推进中华民族伟大复兴而团结奋斗。

"立志欲坚不欲锐，成功在久不在速。"翟王教育的理念不是一句空泛的口号，它既折射了翟王教育人的教育信念，又是引领我们勇往直前的路标。这看似简单朴素的语言却蕴藏着丰富的内涵，符合当地教育现状，紧扣党的二十大报告中"发展高质量教育"的精神。

在过去的二十年里，翟王科技教育发展处于领先水平，科教基地、流动科技馆，乃至于北斗导航卫星，都留下了翟王教育的痕迹。落地生根，抓铁有痕，翟王镇中学每年开展的科技节活动、科技社团每周举办的科普活动，都是翟王教育坚持高质量发展的有力见证。

未来

"鲲鹏展翅凌万里，策马扬鞭自奋蹄。"自党的二十大胜利召开以来，其报告中提出的"实施科教兴国战略，强化现代化建设人才支撑"无疑是一针强心剂，为发展中的翟王教育插上了飞翔的翅膀。

"坚持科技是第一生产力、人才是第一资源、创新是第一动力，深入实施科教兴国战略、人才强国战略、创新驱动发展战略，开辟发展新领域新赛道，不断塑造发展新动能新优势。"都是"让农村孩子享受城市化教育"的重要保障。办好让人民满意的教育，落实立德树人根本任务、发展素质教育、推进教育公平、促进学生德智体美劳全面发展，都是实现让农村孩子享受城市化教育的光明大道。我们要用实际行动为党育人、为国育才。

"林无静树，川无停流"，作为教育人，我们应坚定步伐，勇往直前！

开遍田野的梦想之花

山东省阳信县翟王镇中心小学　张雅如

陶行知先生曾说过，"校长是一所学校的灵魂""一个好校长，就是一所好学校"。同样，一个乡镇教委主任的工作态度会影响整个乡镇的教育发展方向。

作者张雅如课堂教学照片

在梳理每一任教委主任在翟王教育发展中所付出的心血时，我仿佛在梳理翟王教育发展的脉络，每一条脉络都是一个教委主任为推动翟王教育发展所留下的痕迹。

2000 年左右，国家要求减轻学生负担。既要减轻学生负担，又不能降低教育质量，这是一个很难平衡的事情。苟延东同志作为当时的教委主任，一方面要想办法激发老师们的教学热情，让老师们认真教学；另一方面还要想办法改变老师们的教学观念。当时很多的老师都是民办教师，老师们的教学质量参差不齐，有的老师甚至不是教育专业毕业的，多年的教学也让他们形成了自己的教学方法和教学观念，改变他们的教学观念非常困难。但苟延东主任一直把这件事当作最重要的工作去推进，让老师们不断学习，改变自己的教学理念，做到既能让学生减负，又能提高教学效率和质量。

当时的学校还是使用了多年的土房子，后来盖了教学楼，学生们的学习环境有了很大改善。搬进新的教学楼，学生和老师在精神面貌和心理上都有了很大的变化，也都开始接受教学理念的改变。那时候，翟王镇的教育水平在全县遥遥领先，这跟苟主任当时的坚持和努力是分不开的。

2008 年左右，齐希武主任开始担任翟王镇的教委主任。一所学校不能没有制度，没有制度的学校就是一盘散沙。翟王是一个大乡镇，翟王镇的学校却一直没有非常明确的规章制度来约束老师的行为和学生的习惯。齐主任上任后，完善了管理制度，学校管理越来越规范。

在完善制度的同时，齐主任还紧抓学校各项活动。在素质教育的背景下，乡村教育非常缺乏对学生创造力的教育。齐主任非常重视音乐、美术、体育等薄弱学科的教育，同时积极推进科技小制作等能够激发学生潜能的发明创造课程，支持举行的很多活动也都可以激发学生们的创作热情。渐渐地，翟王的孩子们有了更大的梦想。

2016 年，齐爱军主任开始担任翟王镇的教委主任。他狠抓教育质量，翟王教育也迈上了一个新的台阶。

当时为了激发老师们的工作积极性，齐爱军主任到处拉赞助，为优秀的老师发奖品。有一件事我印象很深刻，因为当时我们是语文组，小学语文是很难在县里的抽测中取得很好的成绩的，一方面是学生的阅读量不足，另一方面是学生的各种学习习惯和乡村教育的限制让镇里的小学语文很难与县城的学校抗衡。所以我们都是眼巴巴地看着别人拿奖品，调侃说：什么时候我们也能拿个奖。结果，那次期末考试，翟王镇的语文取得了全县第二的好成绩，我们兴奋不已。这也从一个侧面表明，齐主任狠抓教育质量确实是做出了实效！

2018 年，张海珍主任来到翟王。张主任是一位女教委主任，她有女性特有的细腻心思。所以，张主任上任之后，学校和老师又获得了不一样的成长。

张主任注重学生核心素养发展，特别重视学校和学生活动。在组织的很多次观摩中，我们的学生讲解员受到了各位领导的夸奖。在实验楼创设的"九馆一廊"给农村孩子插上了梦想的翅膀，给他们提供了更高的平台，让他们看到了更大的世界。

张主任还非常重视对青年教师的培养，经常带着老师们出去学习其他学校的先进经验，培养起了一大批年轻教师，让他们在自己最擅长的领域发光发热。每次有教师参加活动，张主任都亲自参与，尽自己所能给老师提点子、想办法。

学校的发展离不开每一任教委主任的努力，他们是学校发展的枝干，能够让学校更加枝繁叶茂，得到恒久发展。

赵军老师的故事

山东省阳信县翟王镇中心小学　张兴超

2019 年 9 月 11 日，校长给我打电话，说学校来了一位"三区人才"支教的老师，将和我搭档。我听闻这个消息，心情十分激动，这意味着新学年我将有机会向这位优秀教师学到很多。当天下午，我终于见到了稳重、幽默的赵军老师，闲谈几句后，我带领赵老师走

桓台支教阳信的教师与支教单位领导合影

进了翟王镇中心小学三年级二班的教室，赵老师负责教这个班的语文课。孩子们期待、好奇而又带有怀疑的纯洁目光，给我和赵老师带来了动力和压力。

平淡的日子过得很快，我们在平淡的日子中相识相知，赵老师先进的教学理念影响着我和办公室里的每一位老师。我们深深地敬佩赵老师的教学理念、教学方法，以及做人做事的态度。

2019 年 9 月 28 日，学校让上公开课，我们首推有着先进理念来支教的赵老师。不出所料，赵老师的公开课上得十分成功，获得了老师们的一致好评，这节课也成了学校的立标课。老师们看到的只是成功的课堂，而作为对桌的我看到的却是他课下的努力。

赵老师所在的桓台县的教材是五四制，而我们的教材是六三制，因此他需要重新熟悉教材、适应教材。赵老师刚来不到二十天的时间，对学生也不太熟悉。面对这些困难，赵老师认真备课、找资料，利用课上课下时间了解、熟悉学生，自己默默地克服了重重困难。赵老师的课得到了学校领导的好评，领导在中心学校的领导班子会议上也表扬他的课堂规范、有激情。这是赵老师深厚功底的体现，也是他默默付出的结果。

冬天的一个早晨，我因为有事提前来到了学校，到班里转了一圈，发现很多学生快上课了还没来，我问班长，咱班怎么有这么多人还没到？班长告诉我，好多同学都去接语文老师了。出于好奇，我去赵老师的宿舍看了一下，发现好多学生在幼儿园和小学之间的门口等他。见到赵老师后，学生们拥上来，握着他的手，挽着他的胳膊，还有近不了身的就在远处看着他。孩子们呼喊着，欢笑着，兴奋地挥动着手。这种情景我第一次见到，师生之间原来也可以这么亲密无间！赵老师告诉我，孩子们还经常在办公室帮助他打扫卫生，告诉他发生的新鲜事、小秘密。自从他支教以来，孩子们给他送过苹果、糖、一小包茶叶等等，都愿意把好东西送给他，当他婉言谢绝时，孩子们无比地遗憾。

同学们常对赵老师说，"老师，我让我妈给你做一身新衣服吧，这样周末你就不用回家换衣服了。""老师，你在我们这留下来吧，不要走了！""老师，周末到我家吃饭吧！"学生都愿意亲近赵老师，信任他，心悦诚服地接受他的教育。我觉得不仅是因为赵老师的人格魅力使学生愿意亲近他，更是因为他对学生的真爱，让学生信其道。爱是一种信任，爱是一种尊重，爱是一种鞭策，爱是一种激情，爱是一种能触及灵魂、动人心魄的教育过程。

班里有个叫宋哲的特殊学生，很难安静地坐在座位上。他一会儿坐在椅子上，一会儿坐在地上，不知道在找什么，还自得其乐的样子，一会儿又来到讲桌前，问老师该做什么，也没有什么目的性，好像就是来走一遭，老师的批评在他那就只有几分钟的记忆。他上课的时候总要去上厕所，我原来以为孩子贪玩，下课忘了上厕所，不让他去怎么行，小孩子万一忍不住……那就去吧！很多老师都和我反映过这个问题，但是在语文课上他却表现得很安静，也不出去上厕所了。时间长了，我问赵老师，有什么妙招能让如此不安分的孩子安静下来？他笑了笑说："哪有什么妙招，我只是跟他说，他只要安静地听课，我中午的鸡腿归他。"一个小小的鸡腿，竟然改掉了孩子的坏习惯，这也能体现出赵老师非凡的观察力和对学生的熟知程度。这倒是让我这个班主任汗颜了，人家不愧是优秀教师，看来还得多向赵老师学习啊！

一眨眼到了期末，成绩出来后，我们汇总了一下，语文平均分 70.5 分，竟然有 14 人不及格。赵老师对这个成绩很不满意，觉得他的教学是失败的，无法面对家长。他认真地分析了原因，试卷的主要问题看书写就知道，就是答题不专心不认真，凡是书写比较规范的分数就比较高。通过探讨，我觉得分析分数不要停于表面，要深究背后的原因，是什么导致分数比较高或比较低？我们今后应该怎么做，或者说努力的方向是什么？学生比较小，他们不知道原因，他们需要的是指导。老师的指导往往又是面向全班学生的，而每一个孩子都是特殊的、唯一的，他们都有不同的原因，如心志的松懈、心智发育的特点、性格的特点、认知的问题。有一些问题不去过多干预，随着时间流逝慢慢就会变好，而有一些问题则需要干预。正如病人一样，有的病人可以自愈，多喝水慢慢地就好了，有的病人需要用药，有的病人需要动手术。对于我们的孩子需要什么样的管教，每一个孩子都不一样。天下没有包治万病的良方，有的话，所有人都可以得诺奖，所有人都可以成功，但那不现实。我认为赵老师真心为了学生，不单单看重分数这一点值得我们学习。

　　这一年的故事很多，也不能一一道来，时间过得飞快，眨眼就是分离时，最后我借用毛主席的一段话为搭档一年的赵老师践行：我们大家要学习他毫无自私自利之心的精神。从这点出发，就可以变为大有利于人民的人。一个人能力有大小，但只要有这点精神，就是一个高尚的人，一个纯粹的人，一个有道德的人，一个脱离了低级趣味的人，一个有益于人民的人。

　　最后真心希望赵老师经常回来看看时常想念他的孩子们！

基于大概念的多元课程整合
——从跳蚤市场说起

山东省阳信县翟王镇中心小学　王村华

阳信县翟王镇中心小学跳蚤市场

当下，课程改革之风盛行。各校纷纷开展的项目式学习、综合实践活动，以及愈演愈烈的STEAM教育①等，无一不彰显着学科课程融合的理念。培养学生的核心素养就是着重发展学生能力的全面性与整体性，注重让他们掌握知识背后的学科能力、思想方法，以及对现实问题的解决能力等。很显然，单纯地依靠分学科教学无法有效培养学生的核心素养，这也正是当下全国各地都将"多元课程融合"作为改革突破点的原因所在。

而所谓的"大概念"则是在具体学科概念的基础上，将学科关键思想和学科内容联系起来的特殊概念，其具体包括学科核心概念、跨学科概念和哲学概念等。

正是在如此清晰的理念指导和课程整合高度自觉性的驱动下，自2018年起，翟王镇中心小学就坚定地走在"基于大概念的多元课程整合"的道路上，学校及时调动各学科骨干力量，充分整合现有课程资源，打造了丰富多彩的多元课程体系，开展了诸多特色主题活动。现从日常学生活动——跳蚤市场谈起。

---

①STEAM代表科学（Science），技术（Technology），工程（Engineering），艺术（Arts），数学（Mathematics）。STEAM教育就是集科学，技术，工程，艺术，数学多领域融合的综合教育。

翟王镇是阳信县有名的蔬菜花卉种植基地，全镇有一大批农民的工作与蔬菜、花卉的种植销售相关。自然而然，从这样的家庭中走出来的孩子大多有着比较丰富的商品交易经验，且拥有较为敏锐的商业嗅觉。基于此，为充分利用这种得天独厚的区域环境优势，一个基于多元课程整合的"跳蚤大市场"应运而生。

为了让学校的"跳蚤大市场"真正能够为学生发展核心素养奠基，课程开发设计团队多次上网查阅资料，经过几次会议研讨，最后确定以"让孩子受用终身的大市场"为主题开展本次活动。为避免活动形式流于表层，课程设计团队周密计划每项流程，立足课程整合意识，基于课程育人体系，将活动主动权充分地还给孩子，让孩子在不知不觉中占领课程高地。

在"跳蚤市场中的海报设计"环节，海报以班级为单位进行呈现，具体主题、板块设计不设定统一标准。其指导目标是：各班要主打一类或几类商品进行销售，海报设计要抓住商品的主要卖点（针对提升学生的分类整理能力）；海报设计的形式力争新颖，如色彩、呈现的图案等（针对提升学生利用多学科知识解决实际问题的能力）；各班挑选热爱绘画、有表现能力的同学组成"海报智囊团"（针对提升学生的团队合作能力）；学校会在活动当天对各班海报的呈现效果进行量化公示（利用客观评价量化各班的表现成果）。

在所有活动中，我们为老师定义的角色为"活动顾问"。各班会选取一名活动组长，然后再组建多个团队，如海报智囊团、商品上架团（负责班级销售物品的分类、整理）、商品销售团（负责商品推荐、解说、交易记录等）、组织保障团等。在后期活动展示中，我发现有的班级竟然还设有"文艺汇演团队"，那些多才多艺的同学齐上阵，为吸引学生流量可谓是不遗余力，看来他们明白"流量创造价值"的真理啊！

就是在这样的设计要求下，在每次活动中，我们总是会发现很多夺人眼球的宣传海报。有的班级设计的海报样式很特别，制作海报用的卡纸分为前后两层：前面一层是俏皮的动物头像，后面一层是相关联的内容简介，图像与文字相互映衬，让人不禁驻足观望；有的海报内容分类很具体，我记得有一个班主打文具售卖，他们将海报分别设计为"文具包区""纸笔区""图书区"等，每个展区还配有醒目且具体的手绘图案和所售商品的主要特色介绍。总之，在琳琅满目的海报之间穿行，我们就像进入了一个风景秀丽的百草园，各种花草千姿百态、样式迷人，让人不禁流连忘返。

要不是有这样的一次跳蚤大市场活动，我恐怕永远也想象不出孩子们的脑海中竟然存在着如此绚丽的世界。

另外，还有各班所售物品价格卡片的制作、活动盈利情况的结算等等，学校都为之制定了详尽的要求。这些看似简单的活动要求背后，实际上就是以跳蚤大市场为平台，真正落实课程融合的活动目标。而且，与以往学科课程不同的是，学生们的学习积极性被充分激发，在课程目标的指引下，大家在不由自主的探究中享受着创造生活、改变生活的满足感与价值认同。

还记得上次举办跳蚤大市场活动时，我班同学售卖的是"创意玩具"。玩具的原材料是我替他们从网上采购的，都比较普通，主要有木条、弹簧等等，还附有设计组装的图纸。等材料摆在我面前的时候，我顿时有些后悔，因为组装它们对于小学生而言难度确实不小。但当时负责物品整理的组长却面露喜色，他高兴地对我说："老师，这次终于有我们大显身手的时候了。您是不知道啊，咱班的万洋同学正嘲笑隔壁班的同学售卖的物品毫无技术含量呢。"

他口中的万洋是我们班有名的"调皮大王"，我实在想象不出"调皮"和"细心"这两个意义几乎相反的词能有什么联系。于是我将信将疑地将材料交给了他们，并笑着说道："拿去吧，能组装几个算几个，只要能换回材料钱就行了。"

结果呢，跳蚤市场当天，科技含量十足的手工制作的玩具在我们班的展区一亮相，顿时就成了其他同学争相抢购的对象。我一看，有"太阳能风扇""遥控赛车""电动旋转木马"等等。孩子们的动手能力与想象力超乎了我的意料，那时，在我的心中，竟对他们有了一种莫名的崇拜。

第二天，在我的办公桌上，我收到一张心形的便条，外加一包薯片。便条上面写着：老师，感谢您对我的信任。现在，不光是同学们羡慕我，我也知道了原来我也可以创造价值。这是我用我赚来的钱给您买的薯片，请您品尝。顿时，我的眼角湿润了，这位同学在我的班级已有一年半多的时间了，我发觉我如今才真正地走进了他的心里，而这种触及心灵的教育才是教育的真谛。

让这股"土味儿"芬芳满园

山东省阳信县翟王镇中心小学　马冬花

一走进翟王镇，迷人的花香、菜香扑面而来。依仗独特的水土资源，翟王镇大力发展花卉大棚和蔬菜大棚已有二十多年的历史，花卉蔬菜种植规模迅猛发展，已经成为翟王镇的一张王牌，闻名遐迩。

翟王镇中心小学利用这一独特优势，带领学生参观穆

作者马冬花参加翟王镇学区师德宣讲活动

家花卉养殖基地和南商蔬菜大棚，请花农、菜农给学生们讲解花卉、蔬菜种植知识，开发出了具有翟王特色的校本课程——"花卉、蔬菜种植"。花卉种植以班级为单位在班内进行。蔬菜种植由学校提供基地，三至六年级各班各分到一畦地，春天开始播种育苗，在老师的指导下由学生利用课外活动时间独立完成种植。我们班种的是黄瓜，按劳动小组划分，每组一天，分工进行浇水、除草、松土……可是天有不测风云，就在黄瓜苗初长成，孩子们正商量着为黄瓜苗搭架子的时候，它们遭到了一场暴风骤雨的蹂躏。

周五我刚到学校，小组长孙伊迪就气喘吁吁地跑来跟我说："老师，我们的菜园……菜园要毁了！""别着急，慢慢说。""老师，我们的黄瓜苗经过昨夜的大风雨，都趴地上了，叶子上都沾满了泥，我看是活不了了。这是我们全班的心血呀！"孙伊迪说着眼眶就红了，流露出对黄瓜苗满满的心疼。了解到这一情况后，大课间我带着全班同学去"探望"了我们的黄瓜苗，我发现大部分的小苗都没伤到根和茎，于是决定借机开个班会，班会主题为：你认为小苗能活过来吗？为什么？"同学们，我们这节班会课不算辩论课，只是就这次小苗的遭遇自由发表自己的看法。"

　　同学们很自然地分成了正反两方。"我认为小苗活不了了，因为它们太小了，看着不如豆角苗、茄子苗泼实，通过观察，我觉得成活的可能性不大了。"遇事比较悲观的李子俊率先发言。"是啊，你们看小苗都趴在地上了，真心疼它们呀。"善良的贾瑞欣补充着。小组长孙伊迪自责道："唉，都怪我们，要是早一天把它们架起来绑到竹竿上就不至于这样了。"好多同学都有些泄气了，好像黄瓜苗活不了已成定局。这时候，我们活泼开朗的劳动委员说话了："大家不要灰心嘛，黄瓜苗虽比茄子苗、豆角苗等小苗脆弱些，可它们也是生命啊，我们要相信生命的力量！"此话一出，大家都吃惊地望着他，我也吃了一惊，没想到没等我引导，平时大大咧咧的李浩宇思考问题就如此有深度，虽有点理想主义，但这话是符合同学们的心愿的，是大家都希望听到的。我忍不住带头把掌声送给了他。一石激起千层浪，经他这么一说，大家都打开了思路。张一博说："我去黄山看到过山上的松树，在大山的石头缝里长得可茂盛呢，这就是生命的力量。""一粒压在石头下的种子，发芽都能把石头掀翻，这也是生命的力量吧？"姚一轩补充道。我顺手在黑板上写下"生命力"三个大字。"我还知道人的头盖骨是很硬的，除非用切割机，否则很难沿着它的缝隙把它分开，但在做研究时想把它分开就可以依靠种子发芽的力量，可见生命的力量之大。""小诸葛"孙瑞群说。我趁机补充道："大家看到'生命力'这三个字除了想到了植物还能想到什么，我们不妨把思路再打开一些。"

　　"我还想到了汶川地震中的'猪坚强'，它被埋在地下36天，获救后还活着。"思维敏捷的王婷婷说完，大家都笑嘻嘻地互相看看，纷纷点头。班长彭俊豪说："我觉得人的生命力最顽强，我最喜欢的英国物理学家霍金患渐冻症多年，不仅没放弃，还一直为人类作着贡献呢！"学习委员穆文博接着说道："我的偶像是'海豹人'尼克胡哲，他没有四肢，只有一条'小鸡腿'，可他的父母没有放弃他，他更没有放弃自己，现在的他获得了会计和财务规划双学士学位，成为了两个国际公益组织的总裁，拥有自己的演讲公司，还学会了打字、潜水、骑马、踢足球、游泳、高尔夫……他曾经来中国做过演讲，我希望能有机会见到他。"我伸出大拇指给了他们一个大大的赞，同学们热情地为他们鼓掌。孩子们给了我惊喜，我看到孩子们有这样正的三观，甚是欣慰。"说得好，无论我们是美是丑、是胖是瘦，在父母眼里，我们都是最好的孩子，他们什么时候都不会放弃我们。同时，不会放弃我们的除了我们的父母，还有我们的身体。"

我向同学们介绍了两个科学事实：

1.孕妇在即将生产的前几天，血液中的凝血指标会升高几十倍，那是为了防止生产过程中可能会出现的大出血。

2.人每天都有得癌症的机会，每人每天都会有 1 到 5 个细胞发生癌变，可每次都是人体内的其他细胞杀死了癌细胞，是你的身体拯救了你！

看着孩子们惊愕的眼神，我鼓励他们："知道了这些，你想说些什么呢？"孩子们一下子回过神来，争先恐后地发言。

"父母保护我们，我们的身体也保护我们。""每一个生命都是想活着的！"

"老师，我觉得小苗能活过来，它肯定也想活着。""能活过来！"大家居然异口同声起来。

"爸爸妈妈爱护我们，老师关心我们，我们才能健康成长。那小苗靠谁？"我问。"靠我们！"

"那你们打算怎么做？"

小组长孙伊迪站起来，干劲十足地说："老师，我们课外活动的时候马上把它们架起来，细心照顾他们，像爸爸妈妈照顾我们一样。"

果然，经过同学们的精心照顾，大部分小苗都活了过来，尽管小苗的生长速度可能受到点影响，但对孩子们来说却是"失之东隅，收之桑榆"，这场暴风雨来得好！

曾子说"身体发肤，受之父母"，爱护自己就是一种孝顺。孩子们通过这次班会课，知道了植物、动物都有超强的生命力，爱我们的人都希望我们好好活着，我们的身体强烈地想要活着，我们有什么理由不好好活着？这节课在孩子们心中种下了一颗珍爱生命的种子，随着年龄的增长，静待它生根发芽。曾子曰："慎终追远，民德归厚矣。"孩子们从小就懂得"慎终"，何愁民德不厚重？

我们农村的孩子们就是要扎根于农村这片沃土。我们具有本地"土味儿"

的校本课程与传统文化十分契合，让学生收获颇多，这样的"土味儿"岂不是越浓越好？在与这种"土味儿"打交道的过程中，孩子们感受到了照顾瓜苗和花草的不易，还体会到了父母的艰辛、生活的不易。不少家长反映，孩子替父母做事多了、性格温顺了、懂事了。我将继续带着孩子们在农村这片土地上摸爬滚打，让这种"土味儿"散发出浓郁的芬芳！

原来可以这样办学校

山东省阳信县翟王镇中心小学　丁晓努

作者丁晓努到桓台参加跟岗培训拍摄的照片

鸟语花香迎春来，人间最美四月天。在阳信县教体局的统一安排下，我们跟岗组一行共36人于2019年4月16日至4月19日，到淄博市桓台县参加了为期四天的跟岗培训活动。跟岗组36人被分成了三个小组，我有幸被分在了第一小组。跟岗一组跟岗的学校是桓台县实验学校，由河流镇丁家小学曹吉友校长任组长，水落坡镇大孙小学秦树强校长任生活委员，商店镇第二小学董雯雯校长任学习委员。

4月15日下午，在桓台县实验学校综合楼四楼，学校的领导们为我们跟岗一组一行11人举行了隆重的见面会，见面会由桓台县实验学校金铸主任主持。见面会上，桓台县实验学校的马成立校长向我们介绍了学校的发展历程与办学理念。从马校长的介绍中，我们了解到：实验学校从2006年建校至今，已历任两届校长。这所学校的办学花样虽不能称为"多"，但给人的印象就是"踏实、扎实"。在传承、发展的过程中，改变的只是一些管理的思路，始终不变的是历任领导对学校办学目标与办学理念的坚守。

桓台县实验学校为九年一贯制学校。学校以"让每一个生命更精彩"为校训，努力培养"全面发展，学有所长，行为高雅"的学子，创生了以"和实"为核心理念的学校文化，逐步铸就了"和实教育"品牌，建设了一所"呼吸在书香中、生长在运动场上、坐落在森林里"的生态校园。学校现设有教学、学生、人力资源、后勤、安保、党政六大服务中心，这六大部门的职责主要是对学校日常工作进行宏观方面的规划指导、服务与监督。

一、立足教师业务素质提升

在几天的跟岗培训中，桓台县实验学校浓厚的文化氛围令人印象深刻。在气势恢宏的中心读书广场上，《论语》《孟子》《大学》等诸多古典书籍的巨型雕像分薔两旁，让人对传统文化心生敬仰。在格调严谨的名人公园内，数十位古今中外的名人塑像熠熠生辉，他们默默地注视、激励着桓台县实验学校的师生们求真务学。

随着对桓台县实验学校的了解越发深入，我越来越体会到老师们之所以有如此开阔的发展，主要还是源于学校扎实的教师培训体系。马校长曾笑称实验学校的老师们是"一车一车"出去接受培训的。在近几年，学校老师们先后去过北京、上海、广州、宁波等发达地区接受培训。外出培训的教师回校后，还要做一件事，就是在大报告厅里和全校老师分享自己在外出学习的过程中看到了什么，听到了什么，今后应该怎么做。

相信有了这种教师培训工作的闭环思路，在主动或者被动的助推下，老师们的业务能力也就逐渐地提升起来了。学校还经常鼓励老师们在工作中要努力做"先行者"，不要做那种只知道按时上下班、加一天班要一天工资的人，做教育就要有教育的情怀。

二、注重教师成长平台搭建

在一上午的交流中，马校长对教师的"信任"也给人留下了深刻的印象。比如有老教师遇到电脑操作不熟练的问题，马校长就告诉他：如果今天不会，今天不学，今后永远都不会，我相信你一定可以学得会。开教师会的时候，马校长对老师们说：今后学生都由你们来负责，只要不触犯法律，出了问题，我来担着，所以你们尽管放开手去干。"最大的信任就是放权"是马校长给人最深的印象。

桓台县实验学校之所以会有持续不断的发展动力，主要是源于教师们自发地发展需求和能力。有关这方面的激励策略，我从副校长李淑华那里得到了答案。桓台县实验学校一直都非常注重为老师的发展搭建良好的平台。李校长说："老师们所有的本事都是在工作的历练中发展起来的。可以说不是从一线中历练出来的干部，今后很难有强大的发展后劲。"

这一点，在桓台县实验学校小学部的王凤主任身上就得到了很好的印证。王主任是小学音乐学科领域的正高级教师，在业务能力方面，王主任在山东省教师工作坊中也占有很重要的席位。这么多年以来，求真务实的基因已经根植于桓台县实验学校每个老师的骨子里，学校注重为老师们的成长搭建平台，让每一个老师在平台上奔跑、舞蹈、展示，学校正是通过搭建平台这一管理抓手，使一批批年轻教师成长起来。李校长还告诉我们：多干活、善合作、勤学习、长见识是提升教师专业水平最有效的途径。这么多年来，"搭建平台"一直是学校管理很好的抓手。一个活动，就是一个好的平台。

三、夯实课堂育人主阵地

桓台县实验学校让人感触颇深的还有学校的"两课"建设，即课本和课堂建设。学校重视课堂建设，关注教师在教学时课本上的内容是不是全讲对了？全讲会了？教师的课堂是不是真正高效呢？除此之外，桓台县实验学校还非常注重研发校本课程，鼓励所有教师研发校本课程，每一位教师想开设校本课程都必须经过申请审批、递交实施方案、学分制评价这样一个完整的过程。

4月17日下午，我们有幸看到了桓台县实验学校丰富的校本课程，78个校本课程深深地吸引了我们。科学实验室内，孩子们正在专注地做着物理类、化学类实验，有自己查阅课本的、有求助老师的，孩子们那种求真探索的精神深深地打动了我们。还有美术学科的团扇课程、国画课程，以及手抄报课、思维导图课、拼豆豆课等等。

王凤主任大力倡导的"小乐器大课堂"系列课程也令我们大开眼界。王主任将陶笛、竖琴等乐器渗透到每节音乐课中，提升了学生的音乐素养。吹陶笛、绘陶笛、做泥哨、诵陶笛等系列活动，将音乐和美术学科深度融合。王主任对我们坦言，在这么多年的教学中，她坚持让桓台县实验学校的每一个孩子都学会一门乐器。这种掷地有声的承诺让人折服。

四天的时间下来，桓台县实验学校那种团结、进取的教育情怀催人奋进。本次跟岗让我知道了明确方向、目标的重要性。桓台县实验学校马校长的豁达、教师们的积极、孩子们的阳光就像是一场春雨洒向了我们的心田。

非常荣幸能有这样难得的学习机会，感谢各级领导的支持与信任，感恩这几天以来所有的相逢，从工作中短暂抽离的这几天，给了我成长的契机，让我的灵魂和认知得以真正地净化和提升。回校后，我一定会积极地将所见所闻付诸实践，期待着一朵朵教育之花在梨乡大地盛开满园。

2019年的19次思维碰撞
——探索·培训·深耕

山东省阳信县翟王镇中学　李　鑫

在21世纪的20年时间里，翟王教育始终以"让翟王镇的孩子享受好的教育"这一理想信念为目标导向，在上级党委政府和教育主管部门的坚强领导下，在全镇人民的大力支持下，迈出了坚实的三步。在一次次的高端培训、教学研讨中不断深耕，做最有价值的事。

2019年4月20日翟王镇学区教育干部培训现场

探索

自2000年以来，翟王镇的几任教委主任都希望能够让翟王的孩子们享受到城市化的、现代化的、高质量的教育。并且在这个目标的引领下，不断地尝试、探索。"路漫漫其修远兮，吾将上下而求索"，在近20年里，翟王教育人先从自身的改革做起，搞教研、抓教学，但是苦于底子薄、思维具有局限性和受到经济基础的限制，很多思路、想法都已经是外面大中城市，乃至滨州都已淘汰的模式。于是翟王教育人开始不断思考，小心翼翼地伸出了向外探索的脚步。走出学校，走出乡镇，走出县城，走出滨州，走向全国。

当推开了一扇新的窗户后，翟王教育发现了更美的风景，开始借鉴大量优秀的教育模式，"他山之石，可以攻玉"。翟王教育在一次次的培训学习中，汲取新鲜的营养。但是正如众多探索一样，翟王教育在探索过程中总会走些弯路，比如什么培训都参与、拿来主义等等，还可能会进行一些低端的，毫无价值和营养的培训，有的培训并不适合翟王教育自身的发展。

2019年，翟王教育将培训目标定位为高端培训，在张主任的带领下，精心筛选适合自身发展的培训，认真挑选参加培训的人员，不断提升培训标准，并且在培训后不断进行研讨和思维碰撞，探索出一条适合自己的路。

培训

培训是通过培养加训练使受训者掌握某种技能的方式。2019 年的 19 次高端培训使越来越多的翟王教育干部开拓了思路，收获了沉甸甸的思想。

我有幸参加了其中的几次高端培训，印象最深的是在北京大学附属中学和滨州市实验南校区的两次。

在北京大学附属中学举办的"第八届全国中小学校长论坛"，着实让我认识到了大城市的教育，虽然只有短短的两天时间，但是在这两天里，我看到了北大附中的十大学院，体验了北大附中的打破班级走班选课，了解了新一轮教育改革如何培养学生的核心素养，感受到了新时代的学生们的动手创作的能力、排练舞台剧的能力、体育综合能力等。我还从这次高端培训中了解到了国家最前沿的教育改革思想和方向，看到了专家学者的现场思维碰撞。更想不到的是，邓亚萍亲临现场，依据自己的成功之路谈"体育是最好的挫折教育"。

还有一次是去滨州实验南校区的培训，在滨州实验南校区，我深刻感受到了其红色教育的扎实。几年的时间，滨州实验南校区从建设初的一片空白，到发展出学校文化、学生社团，以及一个个红色教育基地，无一不让我感受到学校领导和老师的深耕。

深耕

人们常说，在这个竞争激烈的时代，成功不在于你做多少事情，而在于你能否深耕自己、内视自己、提升自身价值并不断精耕细作。教育的真正目的是什么？是看这个孩子考了多少分吗？

北大附中告诉我，教育的真正目的是培养孩子的核心素养、生存能力，这些素养能真正地让孩子们终身受益，通过教育让每一个孩子都能获得今后立足于社会、学会生活的能力，这才是教育的真正目标。

滨州实验南校区告诉我，在学生的成长过程中，少不了红色教育，红船精神、雷锋精神、思想意识形态无一不在学生成长中引领着学生前进的方向，坚定的理想信念是一个孩子成才的灯塔。

"不啬微芒，造炬成阳。"翟王教育通过一次次的高端培训，不断探索，不断深耕，确定了自己的清源文化，"清源守正立德树人，赋能乡村教育振兴"，在党的二十大胜利召开之后，我们更要振兴乡村教育，走出有特色的翟王教育之路，培养有能力的学生，创办老百姓满意的教育，让翟王的孩子们享受好的教育。

苔花如米小，也学牡丹开
——与泰安名师卜庆振同课异构

山东省阳信县翟王镇中学　蔡同岐

"与智者同行，你会不同凡响。与高人为伍，你将登上巅峰。"为进一步增进教师专业发展，提升教师教研教改能力，2019 年 12 月，学区主任张海珍特邀"泰安名师"卜庆振老师参与我镇语文学科的"同课异构"研讨活动，对我镇教师和教学做全面有效的指导。我有幸参与了这次与名师"面对面"的学习，在学习中不断更新理念，拓宽视野；在交流中不断碰撞思想，擦出智慧的火花；在践行中不断创新提高，自我成长；在名师的引领下植下自信的种子，享受教育的幸福。

相识，植下自信的种子

2019 年 12 月初，学校通知我和宗鹏老师一起参与"同课异构"的研讨活动。收到通知后我既兴奋又忐忑，兴奋的是能和名师一起学习，共同研讨，这是一次难得的近距离和专家学习的好机会，忐忑的是自己作为一名农村教师，课堂教学能力实在有限，怎么敢班门弄斧，一时间十分惶恐，寝食难安。还好，

作者蔡同岐参加"同课异构"课堂

此时卜庆振老师主动给我们建了一个微信群，在群里，他引导我们明确"同课异构"的核心，"同课异构"教学活动既是一个"背靠背"的教研预设活动，也是一个"手拉手"的教研协助活动，更是一个"面对面"的交流体验活动，我们教师要充分利用这一平台，互相借鉴，取长补短，不断提高课堂教学的有效性，努力提升自身专业素养。他还帮助我们构建"同课异构"教研活动的基

本流程，共同商讨"同课异构"的课题、目标、流程和教学思想。在此期间，我查阅了大量资料，精心阅读文本，反复研讨名师教案，和同事共同切磋，随时向卜老师请教。在卜老师的悉心帮助下，我们终于完成了"同课异构"教案，带着一份喜悦，第一时间发给了卜老师。卜老师连夜给我们审阅了教案，并做了细致的批注，提出了宝贵的意见。他告诫我们，语文教学要有"大语文观""大单元观"。在设计教案时不但要注重文本本身，更要注重单元目标和整册书的教学目标。例如，对于《谈读书》这节课，他是这样给我最初设定的"学习目标"做批注的：

1.理解、积累文中出现的精辟语句。（批注1：这个目标的实现，除了勾画批注，是否需要朗读和背诵？）

2.学习举例论证、比喻论证、对比论证等方法的运用。（批注2：这里建议结合整个单元的文本，聚焦到"比喻论证、对比论证"的作用上。）

3.认识读书的益处，培养良好的读书习惯。（批注3：建议将"认识读书的益处"改为"多角度认识读书的益处"。建议将"培养良好的读书习惯"改为"提升阅读的广度"，这个提升可以结合培根总结出的不同种类阅读的好处来分析。）

同时，他还引导我们在设计中要巧妙选取入课的点。在课堂上，只有真正找到有价值的教学问题，才会有新的生成，学生在探究思辨中才会有自己的收获。教学要"以学为主"，注重对学生有效的评价，要基于"教学问题"进行研究，基于"有效教学"进行教学设计，不断对教学行为进行反思，不断提升自己的教学智慧，提高自己的教育教学水平。看到卜老师字斟句酌地进行批注，我深深被他精湛的教学艺术和一丝不苟的教学态度所折服。带着卜老师殷切的期望，又经过三天三夜反复地修改和同事悉心的帮助，我真正地完成了一节属于自己的课，最后的定稿也得到了卜老师的肯定，这为我以后的教学植下了自信的种子。

走教，去看孩子们快乐的笑脸

阳信县翟王镇中心小学　王云磊

音乐教师刘芳带病坚持走教

"散会！在座的各位校长和各位园区的园长们还有其他的事吗？"张主任一边合拢会议记录本，一边扫视着在座的参会人员说道。

"张主任，我还有点棘手事想借着这次会议向您汇报一下"粉刘小学的周永祥校长看着准备离会的张主任说道。

周校长是众校长中年龄最大的一位，德高望重。张主任当即一愣，但马上停下正合拢会议记录本的手，笑着对周校长说："您说，周校长。"

"合班并校真的不错，各方面的优质资源能快速共享，教育能均衡发展。可是，音体美老师都集中到中心了，剩下上文化课的几位老教师都挑不起这个担子。我们的音体美等薄弱学科开不起来，缺少专业的老师。我怕时间长了引起家长的不满，生源外流，更怕耽误了这批孩子们。其实不光我那里，其他地方也面临着这个问题。您看，能否给解决一下呢？"周校长恳切地说。

"对对对。多亏周校长提醒，我也正为这事头疼。"于校长快言快语，第一个随声附和。其他校长也顿时用期盼的眼神看向张主任。

张主任的表情顿时变得严肃起来。

"周校长提出的这个问题确实是个大问题，得尽快解决。咱合班并校为啥？还不是为了让老师们能更好地发展，让翟王所有的孩子享受到更好的教育，得到更全面的发展吗？咱不允许任何一个孩子掉队。大家想想有什么办法吗？"张主任的目光在会场上每个人的脸上扫了一圈，却一无所获。张主任说："那我和学区人事办的王志霞主任商量一下，尽快解决此事。"

散会后，张主任立刻找来人事办的王志霞主任，和她探讨解决此事的方案。

"每处再安排固定的音体美老师是行不通的，咱镇专业的音体美老师本来就不多。"王志霞主任很为难地说。

"好解决的事他们就不来找咱们了，这事虽然难，但必须得解决，可不敢耽误了下面各教学点的孩子们。你在翟王待的时间长，对全镇老师们的情况了解得比我全、比我深，再想想还有没有办法挤出人来！"张主任笑着说，语气很坚决。

王志霞主任没再接话，而是陷入沉思中。

"走教！"王志霞主任沉思片刻后，忽然灵机一动。

"走教，这主意好！你具体说说看。"张主任也从沉思中抬起头，眼睛盯着王主任说。

"张主任，您看，目前我镇的音乐老师一共有五位，每个人的教学任务相对较少，让他们每人每周到各教学点走教……"王主任思如泉涌，滔滔不绝地说着自己的想法。

"就按你说的办。尽快出台一份关于走教的方案，绝不能亏待走教的老师们，但一定要保证走教的质量。"张主任听完王主任的办法后又补充道。

"好！我马上起草方案，完稿后发给您审阅。"

王主任做事一贯是快节奏，雷厉风行绝不拖拉，谈话后立刻投入工作中。

几天后，五位音乐老师高高兴兴地走马上任，踏上了音乐走教之路，把歌声和欢笑声送到了每个教学点的每一间教室里，笑容挂在了每一个孩子的脸上。

教学点的孩子们在音乐课上甜美的歌声、纯真幸福的笑脸，是每位走教的音乐老师用爱和汗水换来的。在他们身上发生了很多感人的故事。

故事一，奋勇争先挑重担，团结谦让美名传。在走教任务的分工上，男音乐老师勇挑重担，主动挑选路程较远、班额较大的单位。顾新华老师年龄最大，承担起班额较大的李桥小学，苑群承担起路程最远的董徐小学，最年轻的营宝洁老师承担起路程又远班额又大的韩箔小学,刘芳和董卫卫两位女老师分别去穆家小学和粉刘小学。在任务分工方面展现出了翟王老师最美的一面——勇挑重担,团结谦让。

故事二,打完点滴奔园区,忘我敬业不喊苦。刘芳老师有两个孩子,大的刚上小学,小的还未上幼儿园,虽说白天有公婆帮忙照顾孩子,但晚上孩子们还是黏着妈妈不放。白天工作的忙碌再加晚上得不到较好的休息,时间长了,刘芳老师有时难免招架不住,可她从不请假缺课。记得有次病得厉害了,她仍坚持打完点滴就去给孩子们上课。用她的话说:一想到孩子们课间欢呼雀跃地迎接我的场景,我就不忍心请假。其他的音乐老师也是如此。

正是下定决心"让农村孩子享受公平而有质量的教育",翟王镇学区才实现了对教育资源的充分利用和科学共享,翟王的孩子也得到了各方面齐头并进的发展。在 2019 年市义务教育学生身心健康、艺术素养监测及劳动教育实施现状调查中,翟王镇学区学生的劳动教育、身心健康和艺术素养分别比市平均水平高出 23.4、17.79、10.22 个百分点,成为轰动一时的"翟王现象"。

"全面发展,质量领先",这是我们全体翟王教育人的决心与自信,也是我们必须实现且坚守的目标。想要实现并坚守这一永恒的目标,就要上下协力、不忘初心、牢记使命,努力实现翟王教育教学质量的全面提升,为创造"优质、均衡、特色、卓越"的翟王教育而砥砺前行。

于校长的挂心事

山东省阳信县翟王镇李桥小学　于东胜

六年前，春节假期刚过的一天下午，办公室的门突然被推开，我抬头，不禁一惊，进来的是一位七十多岁瘦骨嶙峋的老人，他穿着破旧的军大衣，满身油渍，袖口露着棉絮。老人领着两个孩子，大的是女孩，十二三岁的样子，小的是男孩，大约五六岁，他们的衣着和愁苦的表情与春节的喜庆氛围形

翟王镇李桥小学校长于东胜与送孩子上学的家长攀谈

成了强烈反差。老人右手紧紧地攥着一个老式黑色提包，两个孩子怯生生地躲在他身后，瑟缩着，眼睛里闪着怯懦。

我赶紧站起来问："大爷，请问你找谁？""我找校长。"

"我就是校长，有什么事吗大爷？""校长，救救俺们吧！"

我心中一惊，忙上前把老人扶到沙发上坐下，安顿下两个孩子。"大爷，发生了什么事情？"

老人把大一点的女孩往我面前引了引，说道："校长，这是俺孙女，两年前从这里转走的。"我仔细打量了一下女孩，她头发干枯，衣服磨得黑乎乎的。哦，我记起来了，这个孩子曾经是我们学校四年级的语文课代表，我还给她颁过奖，两年前办了转学，转到别的乡镇去读书了。但是那时候孩子身上穿着干净的校服、有着肉嘟嘟的笑脸，多么活泼可爱啊，而眼前的孩子棉袄袖口上的油污都磨得发亮了！

"校长，请你救救俺孩子吧！"

"大爷，别着急，有什么困难，学校能帮的我们都会尽力帮您！"

老人掏出了一盒香烟递给我，看着崭新的包装，应该是来学校的路上特意买的。"校长，你别嫌孬。"我笑着拒绝他的好意，让他在沙发上坐下，又沏了杯热茶，顺手从茶几上拿了烟，递给他。老人一副受宠若惊的样子，连连摆手说道："我有，我有，这个太贵了，俺抽不惯，没劲。"说着便掏出了旱烟兜，我见状便不再强让。

"校长你看看这些材料"，老人从皮包里拿出一摞脏兮兮皱巴巴的材料和好几个本本，"这是俺儿子判刑和俺儿媳妇生病住院的单子。"我顺手接过，里面有老人的低保证、户口本、医院看病挂号单、住院收费单据、法院和监狱方面的材料。

"俺这俩孩子命苦啊，这么大了，没娘没爹了。俺那个不孝儿子前几年犯了事，判了七年。儿子入狱后，儿媳妇就带着两个孩子回娘家过了，这个大的就转到她姥姥家附近上学。后来儿媳妇查出得了癌症，做了手术，现在还在她娘家，下不来炕了。到了孩子她姥姥家以后，俺孙女上了一个月的学就不能上了。她姥姥身体不好，一直都是俺这个孙女在她姥姥家照顾她妈。我也去儿子服刑的河北监狱找过监狱长，说明了这些情况，希望人家可怜可怜俺们一家……"老人说着，不禁老泪纵横，俩孩子也满脸泪水。

"孩子姥姥是疼他们，但孩子姥姥也老了，有些事做不了主，自己为难啊。孩子们去了以后，他妗子经常和孩子姥姥拌嘴吵架，孩子在那里经常受气。因为俺儿子入狱的事，他妗子也不待见孩子，让俺孙女干这干那的，有时表哥还打他们。俺这两个孩子再加上一个病人在姥姥那边，孩子姥姥实在是顾不过来了。大的懂事了，心里苦不往外说，这个小的可不会藏着，一骂他他就哭，我心疼啊！我和孩子姥姥商量着，让儿媳妇先在孩子姥姥家养病，过了年我先把两个孩子接回来。这不俺孙女想上学，老是催着我送她到学校来。我一个糟老头子，吃着低保又没有经济能力，就靠家里几亩地过日子，真供不起孩子念书啊！按理说，这个大的今年都该上六年级了，这不当时四年级还没上完，在家待了两年了。小的今年也五岁了，还没上幼儿园。校长，俺现在是来求你救救俺们，让孩子在你这里上学吧！"老人已泣不成声了。

"大爷，我了解你们的情况了，孩子上学的事情请您放心，我们学校是绝对不会坐视不管的，学校一定尽最大努力帮助她！学籍、学费的事情您也不用担心，俩孩子上学的费用我请示上级全部给孩子免除。"

老人听完这话，不停地说："谢谢校长，谢谢校长了！"他佝偻着起身，屈膝想跪下，我赶忙搀住他。

"孩子，你在四年级上了多久啊？"

"上了一个多月，后来我妈就得病了，就没再上。"

女孩声音小得像蚊子。我接着看了看一直没有说话的小男孩，他似乎更加害怕这样的场合，低着头，依偎在爷爷身上。

"孩子你几岁了？""五岁。"

"上幼儿园了吗？""没有。"

"大爷，闺女就留在我们这里上四年级，学籍和学费的问题我们学校想办法解决。小孙子就在我们这里上幼儿园，学费全免。我这就带孩子去见一下他们的老师，明天上午就让孩子来我校正式上学。"老人听后，抓着我的手，握得更紧了。

我站在办公室门口目送着孩子和爷爷离开，老少三人在冬日的阳光中，相依相偎着走出校门。望着他们的背影，我内心久久不能平静……

让人欣慰的是，所有的老师都特别关照他们，女孩除了刚到的几天和同学们比较生疏，之后很快便有了自己的朋友，与同学们在课间游戏嬉戏，淡黄色的马尾辫一翘一翘的，笑容灿烂。男孩也在幼儿园里快乐成长着，每次我去幼儿园，都会特意去他班问候几句或看几眼孩子。随着建档立卡等精准扶贫工作的深入开展，他们姐弟俩也得到了政府的帮助，穿上了免费的校服，坐上了免费的校车，免除了学费，还能享受到政府助学金等救助政策，姐弟两个的学业得到了根本的保障。孩子爸爸服刑的河北监狱的监狱长也专门来到学校对两个孩子的情况进行了调研，对孩子进行了慰问，并计划根据孩子爸爸在狱中的表现和其家庭扶贫的实际情况，在法律范围内给予孩子爸爸适当减刑。

每一个孩子都应该健康地成长，拥有快乐的童年。但是，还有些可怜的孩子因家庭变故而陷入困境，有的孩子因为父母再婚而被遗弃，有的孤儿可能没衣没食、无依无靠……可是我只是一个老师，一个小学的校长，有时目睹着他们的不幸，却做不了更多的事情帮助他们。可喜的是，近几年来，随着精准扶贫工作的深入推进，一个又一个的孩子得到了救助，在政府和有关部门的努力下，一个又一个的贫困家庭因户制宜地找到了他们的脱贫发展方向，更值得放心的是，政府对这些贫困家庭由原来的输血式扶贫转变为造血式扶贫，我们欣喜地看到现在一个个贫困户通过自身力所能及的劳动和各级的帮扶，真正实现了脱贫。我相信"众人扶船能过山"，一份份爱心和有力的精准帮扶可以帮助所有的贫困家庭坚强地走下去。

亲爱的孩子，你们正逢盛世！人山人海你我相遇，冬来暑往，我和老师们会陪你们一起长大。

你们的眼里是星辰大海

山东省阳信县翟王镇中心小学　张雅如

当我第一次站上讲台的时候，台下一双双天真无邪的眼睛看着我，带着好奇，带着真诚，还有一丝丝的欣喜。那时候我还没有发现，在班级的角落里，有一双眼睛也一直在盯着我。

这是一个特别"出名"的学生，刚分班时，就有老师让我注意他。我想着，一个二年

阳信县翟王镇中心小学学生

级的小毛孩儿我会搞不定？结果真是让我大开眼界：欺负同学，每天桌子底下扔一堆垃圾，上课没有书，听写没有笔，上课说话，不写作业，喜欢从楼梯扶手滑下去，真的是"罪行"累累。我有空就找他谈心，偶尔也会训斥一番，却并无改善。那时候学生们都喜欢我，唯独他例外，让人头痛。我试着联系家长，来的是他的外公。外公说孩子父母在他很小的时候就离异了，爸爸走了，妈妈再婚之后也基本不管他，他就跟外公一起生活，外公平时对他比较溺爱。听了他的身世，我开始引导他，发现他身上的闪光点并及时地表扬他，而他也在慢慢地发生着改变，眼睛里开始有了这个年龄应该有的天真和朝气。

这件事给我的触动很深，当孩子的眼中出现了他这个年龄不该出现的东西时，他或许也经历了不该经历的事情。这样的学生就像赢弱的幼苗，需要更温暖的阳光、更精心的呵护、更入微的关爱。我也开始明白老师的真正使命：我们不仅要传道授业，更要呵护每一个孩子的心灵，帮他们守护属于这个年龄的天真和快乐，让他们的眼里有星辰大海。

这件事情之后，我越来越喜欢寻找孩子们身上的闪光点。

　　合班并校之后，我发现，在教学点上学的学生眼睛里没有生气。因为原本学校老师就少，音体美课更是想都不敢想。每天不是 aoe 就是 1234，早就磨掉了一些孩子该有的朝气。不过他们学习非常努力，也肯吃苦，只是习惯差一点。

　　没办法，只能一点一点改变。课堂上提问不说话怎么办？我先点名，答对了我就猛劲儿地鼓励，一周之后终于有人怯生生地回答问题了。我又发现同学起来回答问题，其他同学都像等着看他答错一样嬉皮笑脸地看着。我就从来不说答错，每个人都可以有自己的想法，你站起来说，就是对的，慢慢引导出我想要的答案。几周之后，在我的课堂上，大家都争先恐后举手回答问题。然后我又开始引导孩子们回答问题要经过思考。渐渐地我发现，孩子们的眼睛亮起来了，因为他们有了自己的思考。课堂不再只是我的，而是我们的，甚至是他们的。在思考中得到答案让他们欣喜不已。这课堂，活了！

　　之后有一节课，我刚走进教室，有学生跟我说："老师，刘浩宇跟数学老师吵起来了，浩宇都哭了！"我吓了一跳，就问怎么回事。浩宇说："今天数学老师讲了一道题，答案是错的，我指出来，老师说我的答案不对，我们就辩论了半天，老师还是觉得他的答案是对的，我太着急想说明白了，就急哭了。"我问孩子们到底谁是对的，有支持浩宇的，有支持数学老师的。我听完之后真的开心极了！无论这道题谁对谁错，学生们真的开始自己思考了。那天放学之后，数学老师突然在家长群发了一条消息：同学们，今天浩宇说的是对的，我的答案错了。我都能想象到，孩子们看到这条信息会多么开心。

　　当然，在我们班还有几个学习后进生，写起字来笔画颠三倒四。但是他们或者特别喜欢看书，或者在打扫卫生时特别仔细。于是，我给他们分别安排了图书管理员和卫生委员的职位。自此，我们放卫生工具的小屋贴上了卫生工具使用和放置的办法。每次大扫除，都能看到有个小小的身影忙碌于我们班的每一个责任区。有一次，我上课的时候随手用了下卫生委员的小暖水袋，下一节语文课，暖水袋被重新灌满了热水放在了讲桌的正中间。我们的图书角也贴上了图书分类小纸条和借阅细则。上面的字迹仍然歪歪扭扭，甚至有很多的错别字，但是能看出图书管理员真的非常认真地在写。后来我又帮他建立了图书借阅手册。为了预防书籍丢失，我让他把所有交上来的书籍都记录在册，随时增添。有一天晚上，他的妈妈给我打电话，说孩子感冒发烧了，明天想要给他请假，孩子说："老师明天我不能去学校了，但是我把图书借阅手册带回家了。明天你先让别人登记在另外的本子上，我回去之后再誊上。"那一瞬间我几乎感动得热泪盈眶。我希望我的每一个学生，都能在班级里找到认同感，能热爱这个班级，欣喜于自己的每一点进步。尺有所短，寸有所长，可能有些学生因为这样那样的原因无法很好地完成学习任务，但不一定每个学生都要成为爱因斯坦、牛顿、伽利略，谁说一个平凡的人就不能闪耀出属于自己的光芒呢？

当我第一次站上讲台，你们用天真无邪的眼睛看着我，一脸的真诚和信任。而我作为老师，更不能辜负你们，我愿一直守护你们眼里的亮光，让你们的眼里永远都是星辰大海。

规划篇
以区带校（园），一个不掉队

一心五举——乡村学校教育
高质量发展的 20 年创新与实践

阳信县翟王镇中心学校　张海珍

一、问题的提出

中国式现代化的实现必须解决乡村现代化问题，而解决这一问题的关键是实现乡村人的现代化。由于城乡、镇域教育质量的差距，乡村师生向县城流出，乡村学校日益萎缩，这成为全国乡村学校共同面临的难题。笔者身为乡村教育工作者，有着 3 所乡村小学、1 所初中的工作经验，历经 20 年的实践摸索，创造了"一心五举法"，实践证明，此方法便于操作，十分有效，确保了乡村（镇）学校的孩子也能享受高质量的学校教育。

二、解决问题

（一）解决的主要问题

一是城乡、镇域学校之间存在较大的教育质量差距。

二是乡村学校师生向县城流出，乡村学校走向萎缩。

（二）解决问题的过程

第一阶段：初步探索阶段（2003—2008 年）

原阳信镇程坞小学是一所仅有 280 名小学生、11 位老师的乡村小规模学校，1～6 年级各 1 个班，高中或中专学历教师 8 人，初中学历教师 3 人，平均每个班有不到 2 位教师。学校地处偏僻乡村，管理松散，教师专业水平低且工作懈怠，教育教学质量较差。2003 年 8 月开始，针对学校实际情况，从精神引领开始，从细节问题入手，抓住文化、课程、教学、教研四个要素展开探索，确立"以爱为源、和谐发展"的办学理念，加强班主任管理、教师提升、学生培优辅差等工作，激发教师工作热情，不让任何一个孩子掉队。学校以三维目标的

"仿写—理解—落地"为重点扎实开展校本教研,开展"大小教研模式的探索",统筹协调"文化、课程、教学、教研"四要素,以"爱"为中心的乡村教育观和"文化+课程+教学+教研"的乡村学校教学质量提升法初步成型,初步确立"一心五举法",取得了显著的工作成效。

第二阶段:丰富发展阶段(2008—2010年)

2008年,河流镇的中心小学是刚刚从村子里搬出来的新建学校,有学生500余人,教师31人,教师平均年龄38.7岁,95%以上教师的学历为高中或中专。学校存在的问题和面临的困难非常多,比如,教师学历不算低但教学水平差,派出10位教师参加县优质课比赛,仅有2人获二等奖,其余教师均未获奖,甚至有两个学科的教师为倒数第一;学校无围墙,农村大集就在校门口,影响教育教学工作,若处理不当还会导致学校与社区关系紧张;乡镇企业较多,学生父母忙于打工,没有精力照顾孩子的生活和学习,有的早晨不到6点就把孩子送到学校等等。面对这些"老大难"问题,2008年10月,学校邀请市教研室刘红星科长等专家来校诊断、指导,召开教育干部、教师、家长代表、企业负责人共同参与的教育问计大会。经讨论,决定在继续运用"文化、课程、教学、教研"四要素举措的基础上,加强"服务、实践"。"服务"和谐了校、家、社区的关系。"实践"形成了系列乡村学校特色实践课程。这个阶段进一步完善了"一心五举法"的操作机制和规范。

第三阶段:系统完善阶段(2010—2013年)

2010年,转到阳信镇中心小学,当时学校有学生1 200人,专任教师46人,教师中县级以上教学能手16人。学校基础条件较之前的两所学校好很多,但因学校在县城驻地,家长要求高,处处和县直学校比较,面临着高质量发展的困难。且正值2011年课程标准修订,这对乡村学校一线教师来讲,既是机遇,也是挑战,班子成员思考如何通过深化"文化、课程、教学、教研、服务、实践"的实施,来实现学校的转型升级,于是采取了以下办法:

一是引进济南市纬二路小学烟文英校长主持的LDC教师学习发展共同体研究项目，结合学校实际，创新性开展了主题化、小组化、活动化、竞争式的教学研究活动。

二是以陶行知的"乐育英才，爱满天下"为支撑，建立了"爱·德慧·幸福"的文化体系。

三是以陶行知的"创造教育理论"为指导，以"创造性落实国家课程的乡村校本化特色课程实践"研究为基础，依据学生的兴趣爱好和个性特长，构建系统化、个性化的幸福课程体系。

在这个阶段，"一心五举法"不断扩大外延，体系更加系统和完善。

第四阶段：深化创新阶段（2013—2018年）

2013年的阳信镇中学是由四所乡村中学合并而成的义务教育初中学校，各种特殊因素造成学校人、事、物，以及教育环境等十分复杂，学业水平成绩全县最差。面对这些复杂问题，联系陶行知的"真的教育必须造就能思考、能建设的人"，笔者带领全校教职工厘清问题、摊开问题、解决问题，勇于走一条"创变—创新—创生"之路。一是针对真实案例的校本课程建设；二是针对学业水平落后，创新教学方式，实施分层教学；三是开展教育叙事研究和班级管理创新实验。在这个阶段，从教师、学生、家长的切身需要出发，用创新的思维量身定做"课程"，解决了实际问题，也使得"一心五举法"的内涵更加深刻、丰富、有效。

第五阶段：推广验证阶段（2018年至今）

2018年，转战到翟王镇中心学校。全镇学校包括1个教育园区和5个教学点。教育园区堪称大规模学校，5个教学点都是微型学校，6个办学场域的规模、师资、条件、环境等差别很大，实现镇域教育质量的整体提升并非易事。为此，班子成员研讨制定了《翟王镇中长期教育发展规划纲要（2020—2030年）》，确立了"实现教育科学发展，争创一流教育质量，办好优质乡村教育"的办学愿景和"实施'两年一段五步骤',推动镇域普通教育和谐发展"的战略。构建从"五域"到"五育"的幼小初三段一体化全链条式培养发展格局,并促使其进一步成熟,"一心五举"的工作方法也见了实效、成效。

"一心五举法"的应用,大力促进了教育教学质量提升,学生德智体美劳全面发展水平提升,教师师德师风和专业素养提升,课程教学实施水平提升,校本教研能力提升,家校社共育水平提升,让农村孩子实现了从"有学上"到"上好学"的跨越,实现了群众满意、政府放心、师生幸福的目标,正在向着优质教育目标挺进。

经过反复思考、论证、修改,乡村学校教育高质量发展的"一心五举法"逐渐成熟,并且得到了云南、安徽、山东等多地乡村学校的认同和认可。

三、"一心五举法"的主要内容

"一心"即爱心,"五举"即五大举措,五举是爱心的升华。"精练文化"是用积极向上的学校文化激活学校高质量发展的持续动力;"创新课程"是结合乡村实际,创造性落实国家和地方课程,开发乡村校本课程;"提振教师"是创新校本研训方式,促进教师快速成长;"唤醒学生"是顺应学生天性,张扬学生个性,激励学生全面发展;"影响家长"是实施"暖心行动",形成育人合力。

四、效果与反思

结合实际,从以下三方面进行特色创新与实践:

一是教育强镇筑基项目促进乡村学校教育高质量发展。

围绕《山东省教育强镇筑基行动实施方案》《山东省教育强镇筑基行动实施评价工作方案》的要求,以爱为出发点,引领师生树立正确的价值观念,进一步梳理清源文化体系,打造五育融合的清源课程,提升教师素养,健全内部管理机制。2023 年 10 月,张海珍在全省乡村教育振兴论坛做主旨报告《探索乡村学校优质发展的活水源头》。

二是依托学校文化特色，大力发展体育运动，用拼搏精神影响学生的意志品质。

2013 年至今，翟王镇中学手球代表队获得市级赛事第二名 9 次，获得市级赛事第一名 18 次，2023 年，滨州市第二十届手球运动会在我校举办，我校取得了 16 枚金牌的好成绩。翟王镇中学获得"全国青少年手球传统学校"等国家级荣誉称号。翟王镇中心小学扎实开展"足球进校园"活动，将足球运动普及到每个学生，被评为"全国青少年校园足球特色学校"。

三是科创教育成为翟王镇教育园区的又一亮点。

中小学提倡学生积极参与科创活动，培养自身的创新精神和实践能力。2018 年，翟王镇建立山东省第一个乡村学校科技馆。2019 年，翟王镇中学被评为国家级青少年科学调查体验活动优秀实施学校，开展的"构乡土特色的科创教育"被评为省创新教育研究优秀培育项目。2020 年，翟王镇中学获选山东省科普示范工程项目科普示范学校，获得支持发展资金 15 万元。翟王镇中学先后有 36 名学生的作文在"学习强国"平台上发表，"体验式课程模式"荣获市二等奖。

2021 年，张海珍获选浙江马云公益基金会乡村校长计划，获得了 40 万元学校发展资金，建立了地跨 11 个省区的 36 名乡村校长组成的张海珍乡村名校长工作室和特级教师、齐鲁名校长培养人选张海珍志愿服务队，对接滨州市无棣县小泊头镇中学、车王镇五营学校，定期送课助研，互助共融。

"一心五举法"在云南省德宏州芒市风平镇中心学校，以及山东省滨州市的阳信、惠民、无棣等共 11 个省区的 26 所乡村中小学得到了宣传推广，形成了一定影响。

没有调查就没有发言权

山东省阳信县翟王镇中学　王宝华

2020 年 7 月，阳信县翟王镇教育园区教育干部合影

张海珍主任到岗后，提出了规划发展的概念，进而围绕民生和教育发展需求进行了全镇大调研，依据 SWOT 分析表，对研究对象所处的情景进行了全面、系统、准确的研究，根据研究结果制定了相应的发展战略、计划和对策。

一、翟王镇学区教育优势

1.“三段一体化”综合教育园区高端建设，实现资源共享，打造幸福教育高地。

2.地理位置优越。该乡镇距离县城 10 公里，90%以上的教师在县城居住，生活方便。

3.翟王镇以农业发展为主，具有天然的优质水土，蔬菜、花卉产业发展迅速，乡风淳朴，乡土文化资源尤其丰富。

4.翟王镇教育近二十年发展迅速，中学的手球运动、科技活动均荣获国家级奖项，2019 年的中考成绩在乡镇评比中名列前茅。中心幼儿园荣获全县第一批省级示范园称号，均有较好的业务发展基础。

5.全县推行课后服务工程，积极解决学生乘坐校车、配餐、午休方面的问题，促进学生全面发展、解决家长后顾之忧、增强教育服务能力。

6.校长队伍稳定，大部分校长任职时间较长，熟悉学校管理工作，且都是乡镇本地人，利于协调外部环境，促进学校和谐发展。

二、翟王镇学区教育短板

1.机制问题。教师绩效考核未与工资挂钩，缺乏教师流动机制，晋升职称无岗位，导致教师产生严重的职业倦怠，教育教学质量水平不断降低，生源流失率近三年来逐年增长，形成了质量发展恶性循环。

2.名师匮乏。与同类学校相比，小学学段教师有市级教学能手 0 人、县级教学能手 1 人，幼儿园各级教学能手 0 人，骨干教师比例严重偏低，缺乏有效的教师培养机制，更没有形成骨干梯队。

3.设施设备不足。由于园区建设任务仍未完成，中学公寓楼、餐厅、报告厅在建，教学楼、实验楼刚刚启用，配套设施设备暂时不到位。

三、翟王镇学区教育发展的机遇

1.乡村振兴战略。国家对于"三农"的发展愈发重视，而教育是农民走向富裕的必要条件，因此国家会更加重视教育发展，尤其是薄弱的乡村教育。2015 年教育部出台了《乡村教师支持计划》，2019 年 7 月，山东省人力资源和社会保障厅、山东省教育厅联合印发《关于建立我省基层中小学教师高级职称制度的通知》，设立基层中小学教师高级职称，建立基层教师"单独评审，定向使用，兑现待遇，离开无效"的职称评审制度，有效提高了基层教师职业吸引力，为乡村人才振兴提供了有力保障。

2.名校导航。2019 年 11 月，翟王镇学区中小学加入了《教师博览》杂志社发起的"全国名校发展共同体"，定期组织种子教师进行研修和学校品牌打造，成为翟王镇教育实现跨越式发展的重要路径。

3.全国教育大会、十九届四中全会精神。

四、翟王镇学区教育发展的挑战

1.民办学校发展迅速。大量优质生源流向民办学校，乡镇学校生源质量越来越差，教育教学难度不断增大。

2.城市化进程加快。乡村大批农民进城购买住房，乡镇学校生源数量不断减少，经费数额也随之减少，形成恶性循环发展态势。

五、翟王镇学区教育发展的策略

基于上述的教育现实和政策，我们制定了符合现实、可执行的发展战略。发挥优势因素，克服弱点因素，利用机会因素，化解威胁因素。

（一）利用优势因素，把握机遇

1.制定《翟王镇学区中长期教育发展规划实施纲要（2020—2030 年）》，制定《翟王镇学区章程》，科学规划乡镇教育发展格局，将学校教育与乡村振兴结合起来，共同为打造美丽、魅力、幸福的新农村而奋斗。

2.制定镇域幼、小、初"全链条式"协同发展战略。构建翟王镇教育园区"三段一体化"课程体系，一段为低龄儿童（3～8 岁），研究方向为"快乐体育+"，打造快乐体育+兴趣、爱好、习惯、素养、公民常识等，让孩子学会爱、学会分享、学会快乐；二段为小学段，研究方向为指向核心素养的基于大概念的深度学习课程模式探索，以财商课程为平台，整合国家、地方、学校三级课程元素，培养学生情境中操作和运用知识的能力，养成学生科学探索的良好习惯，提炼生活中的智慧元素与素养养成相结合，使学生终身受益；三段为初中段，研究方向为指向绿色教育质量的基于课程标准的深度学习课程模式研究与实践，在小学段核心素养养成的基础上，按照初中生的身心发展特点，使初中生理性认识知识的获得途径，不再依赖于家长和老师，尝试自主学习、成长、担当社会责任，成为未来建设社会的栋梁之材。以上为全链条式的螺旋上升发展战略，力求实现各个阶段的精准目标。

（二）利用优势因素，直面挑战

1.构建丰富多彩的课程体系。一是分层教学课程，因材施教，保证每一个孩子的学业合格；二是为每一个孩子"量身定做"课程，最终让每一个孩子都能够爱上学校的每一处角落、爱上学习的每一堂课、爱上每一次充满生机活力的校园活动，哪怕是让孩子带着无限留恋的感情离开校园；三是做好全方位服务课程，包括课后服务、假期空中课堂等，解决农村家庭的后顾之忧。

2.借力滨州市特色学校创建活动。打造特色项目，达到特色学校标准，比如学校手球运动成绩辉煌，可以把手球运动与拼搏精神、快速反应等结合起来，开设校本课程。还可以开展乡土文化主题实践活动，充分利用乡土文化资源，与学校课程建设相结合，打造爱家乡的特色主题课程，形成学校办学特色。

（三）克服弱点因素，把握机遇

1.继续大力推进基础教育综合改革，坚持和完善现代化学校管理制度，加强学校治理体系和治理能力建设。把握机遇，适应挑战，大胆改革管理机制和质量评价机制，建立系统的绩效考核办法，强化过程管理，促进教师队伍建设，提高教育质量，实现教育优质均衡发展，办好人民满意的教育。

2.加盟全国名校发展共同体，开展"教学评一致性"深度学习改革实验探索。主动走出去、积极请进来，对标对表，向名校看齐。鼓励教师与名校骨干教师结对子帮扶，在活动互动与交流影响中获得理念的提升、实践水平的提高，享受研究、探索带来的新奇感受，提高人生境界。

3.翟王镇学区名师工程梯队建设项目。根据翟王镇2019年十大工程计划，成立教学教研精英团队和种子教师团队，以课堂为抓手，以提高质量为目标，以承担的市县专题项目研究为平台，开展展示、竞赛、推优等系列活动，提高教师专业发展水平。力争在三年内，使市县级骨干教师数量比例达25%以上。

4.在积极创造工作业绩的同时，主动争取上级支持，不断改善办学条件，为师生发展创造前沿、科学、高效、便捷的环境。

（四）克服弱点因素，直面挑战

1.提高乡村教育吸引力。进一步实施标准化学校建设工程，打造"小而美、小而优"的乡村小规模特色学校，缩小城乡硬件差距；开展集团化办学，切实开展统一的教育教学活动，提高干部、教师队伍能力，增强竞争力，实现真正的教育优质均衡发展。

2.营造乡镇教育发展良好生态。防止争夺优质生源等恶性竞争，努力营造乡村公办学校发展的良好生态环境。

从摸着石头过河到顶层设计
——在新任职教育干部座谈会上的发言

山东省阳信县翟王镇中心小学　刘爱国

尊敬的各位领导：

大家好！根据会议安排，我从以下两个方面简要谈一下自己的工作：

一、任职以来的工作情况，着重说明针对学校存在的困难和问题所采取的措施和办法及取得的成效

2018年下半年，第一是完成了六处小学3～6年级合班并校工作，面临的困难首先是46.6%的家长持怀疑或者不认可的态度，其次是26.6%的教师对合并后的任职学校有不同意见，针对以上问题，采取校长包干责任制，召开了校长座谈会、重点工作部署会、全面启动会三次会议，从讨论交流到全面实施，从浅显认识到深度理解，从着眼现在到面向未来，经历了一个认识不断深化、境界不断提高的过程。最终，解决困难，成功合并。

第二是非法幼儿园整治工作，存在的突出困难与各乡镇是共性的，翟王特殊的困难是基础条件相当薄弱，而且没有一处较好的幼儿园，大家水平都不高，都差不多，抱团消极对抗，在这种情况下，我们通过真诚帮助，先后安排三次外出学习、一次观摩交流、六次与公办园一起的培训工作，赢得了民办园负责人的理解和支持，最终关停6处，突破了既定指标。

第三，做好镇政府安排的相关工作，由于小学部分竣工，教育园区建设有了大体上的轮廓，镇政府把教育园区当作本镇的重要亮点，在一个学期的时间内，先后安排八次观摩交流活动，这样也为镇政府作了贡献。

第四，业务层面，开展了两个方面的研究和操作，一方面是初三年级与滨州实验学校对接学习，掌握最新的中考理念和备考方法，实施分层教学，为实现中考目标打基础；另一方面是从幼儿园入手，开展家庭教育工作，开设家庭课堂，每周三由校长、园长分别做课，引领家庭教育的发展，上学期共完成家

庭教育课 82 节，做到协同育人。

第五，多元调研、思考、讨论、设计整个乡镇教育工作，撰写《兴建教育园区　振兴乡村教育》文章，做出了 2019 年工作规划设计，过年以后，各项工作有条不紊地展开，能够较好地适应过年之后较快的工作节奏。

二、下一步的工作打算，重点是针对如何落实学校精细化管理、提高教育教学质量、强化学生管理和个人成长计划等问题

（一）关于学校精细化管理

1.学校精细化管理定位

思考：学校精细化管理是为了什么？仅仅是工作细致化吗？当然不是，那么精细化管理的指向是什么？质量是学校工作的核心，所以，我们提出一个课题《指向质量的学校精细化管理研究》，我们从课题研究的角度，进行理论论证、背景分析、课题界定、目标确定、课题实施、课题保障等，设计精细化管理的思路，从而获得精准、深度的思考，使工作不浮于表面，而是有着丰富的内涵。

2.研究学校精细化管理标准，将其转化为自我使用的评价标准

我们对阳信县学校精细化管理标准进行了研读，以顿号为节点，逐字分析，就像学科老师分析课标一样，确保熟练掌握。然后根据翟王镇教育工作实际，把各种评价标准进行有机融合，形成了翟王镇指向质量的学校精细化管理评估标准，目前已经定稿，并下发给全镇学习。

3.开展学区干部下基层活动，实践评估标准

为了督促各学校抓好落实，我镇开展了学区干部下基层活动，建立了常规体系，本着帮忙不添乱的原则，落实好"四不两直"要求。具体方案是：

学区干部下基层活动方案（试行）

一、指导思想

为深入贯彻落实上级教育主管部门及翟王镇学区"担当作为、狠抓落实"的教育工作会议精神，强化落实精细化管理，增强服务意识，更好服务基层。本着"帮忙不添乱"的原则，落实好省厅干部下基层"四不两直"的要求（即

阳信县翟王镇学区主任张海珍到翟王镇中学学生公寓建设工地调研

不下通知、不打招呼、不带陪同、不听报告,直奔基层、直奔现场),齐心协力提高教育教学质量,竭尽全力办好人民满意的教育。经翟王镇学区领导班子研究决定,开展学区干部下基层活动。

二、任务目标

1.活动主要围绕提高教育教学质量、实现内部精细化管理深入开展调研分析;

2.本着服务基层的意识,充分利用工作经验,为基层进行工作指导、排忧解难、做点实事;

3.结合分管工作,对教育工作会议要求及精细化管理和平时工作安排部署的落实情况、变化情况等进行调研评估,及时总结经验、推广借鉴。

三、组织领导

成立学区干部下基层活动领导小组

组　　长:张海珍

副组长:刘爱国　李法喜　王之君　王志霞

成　　员:李建忠　王振强　高秀芹　史振亮

　　　　　于东胜　王宝华　张瑞霞　周永祥

四、参与人员

镇学区各科室负责人、各单位相关人员。

一　组:刘爱国(组长)　孙国金　李春华

二　组:李法喜(组长)　张景福　商卫忠

三　组:王之君(组长)　李法典　孙德岩

四　组:王志霞(组长)　李福新　岳新华

五、活动时间

即日起,至少每两周活动一次;一组和三组每月的第一周和第三周活动,二组和四组每月的第二周和第四周活动。具体活动时间、地点，由各小组自行决定。

六、活动要求

至少每两周下基层一次（1天），活动时间、地点（单位）由各小组自行决定【例如一组在四月份的第一周周二（4月2日）上午到粉刘董徐、下午到韩箔李桥，在四月份的第三周周五（4月19日）上午到穆家中心小学、下午到中心幼儿园（第二轮完成）】。各科室根据《翟王镇学区2019年十大行动工程目标》《精细化管理细则104条》结合各自分管工作和各自制定的《xxx科室学校精细化管理评估细则》《xxx调研评估记录表》，深入基层调研，查看工作要求落实情况、学校师生变化等情况，指出亮点、找出不足、提出建议和要求，及时进行总结，形成调研报告并对各单位进行量化评估；原始记录表、计分表留存备查。《调研总结报告》《调研评估计分汇总表》电子稿最晚于活动结束后次日发送到镇学区平台或微信，以便及时汇总公示和存档。调研总体情况请及时向主要领导汇报。

上述工作三月份已经完成了第一轮，既有数据报告，也有质性分析（数据及报告附件补充），4月1日召开了专题会议进行反馈交流，各学校校长对自身工作有了全面的认识，各学区干部通过下基层活动、整理报告等流程，也较好地提升了自身的素质和水平，尽管很辛苦，但工作有了充实感和获得感。

（二）提高教育质量的前提是培养优秀的老师

一所有名的民校的校长说，招生秘诀有很多，招聘到好老师、学校里培养好老师，才是其中的关键。

而在翟王镇，老师们工作很认真，但是教科研成绩多年来全县倒数，至今，很多老教师不知道课题是怎么回事，2018年市县教学能手评选，报名的老师不少，评上的一个没有，在全县知名的老师少之又少。

面对此现状，我先后设计了几个表格，做了几项调查，包括：

参加工作以来荣获市县优质课奖项的老师；

参加工作以来获教学专项荣誉称号的老师；

参加工作以来教学成绩名列全县前三的老师；

参加市外培训的老师；

任职班主任 10 年以上的老师……

建立了电子版的翟王镇教育人才库，综合分析老师们的工作阅历、成绩、表现等，制订培养方案。

方案一：本学期开学初，组建了三个课程研究团队

1.教育园区建设综合性研究团队：由我负责带领学区团队及学校部分干部进行研究。

2.智慧工程研究团队：由学区教学办牵头，由 5 名信息技术老师组成。

3.课程实施研究团队：由学区教学办牵头，由 7 名骨干青年教师组成。

上周四已完成小学"4+N"教学模式研究定稿。中学作业改革由教师代表田雁雁在全县教学研讨会上做典型发言。

方案二：中心小学骨干教师走教活动

为了弥补定点小学师资不足的缺陷，由中心小学选派部分骨干教师到定点小学送课，受到定点小学师生的热烈欢迎。同时让走教的老师锻炼了才干，提升了思想境界。

方案三：请进来，走出去，互动沟通，增强团队意识，提高团队能力

根据年前制订的计划，正月十三，全镇 50 名小学干部教师到滨州授田英才学园学习交流，确定的学习主题为：班本课程设计和提高教育教学质量。主题明确，交流针对性强，所见所闻都能够带给老师们深刻启发。回校后，老师们通过反复讨论，目前正按照计划进行外出学习有效嫁接工作，学区不断跟踪学习情况。本周四，邀请实验小学孙婷婷、张超老师到园区指导如何充分利用现代化教学资源，做新时代教师的主题学习，让干部、师生能够站在理念的最前沿、思想的最前线，审视教育教学常规工作，使自己的付出有价值。

方案四：组织干部研训活动

提高教学质量的关键在于教师，而在教师团队的成长中，干部带头又是关键。那么，如何锤炼干部素质？

一是开展每两周一次的研训例会，届时会组织汇报交流、经验分享、案例分析、点拨指导等，使例会不再是简单地安排工作，而是一个实践、学习、提

升的平台。

二是开展专题研训活动。4 月 13 日，组织全镇教育干部参加"做最好的中层"团体式培训活动，邀请部分名校长进行现场指导。5 月中下旬，邀请对标学校，北京市育英学校密云分校校长李志欣来校指导，并与教育干部面对面座谈，围绕如何进行干部共读一本书、如何做有志趣的教育干部等话题进行沟通，使教育干部工作有方向、有思路，成为有思想的教育行家。

三是确立干部考核机制，根据 2019 年度工作计划，制定了干部工作十条底线准则，并以此为依据，制定干部评价考核标准，将过程性考核纳入暑期中层干部聘任成绩评定，激励教育干部自我成长、自我实现。

除了以上思路，我们还特别注重对教师的人文关怀。第一，要求学区干部下基层，直奔课堂，与老师和孩子们交流，了解师生切身需要，尽最大可能满足师生在工作和生活上的需求。第二，充分尊重一线老师的意见，重大决策都要深入沟通，争取让每一项政策都能够起到服务的作用。第三，梳理与老师们密切相关的数据和政策，比如职称晋升计划表、人才计划等与老师们有关的所谓的教育"好事儿"。当然，对教师的管理也有红线要求，我们整理了有关文件，组织学习，严肃问责。

（三）注重多元、合力办学校

3 月 9 日，经过精心筹备，组织了全镇第一次教育工作大会，会议邀请了局领导、镇领导、村支书、优秀共产党员代表、学生代表、家长代表、学校各层面的优秀代表，把门球项目推向全国的于军老师、李桥小学校长于东胜等人进行了发言，会议从上级政策、政府责任、村子里老百姓的期待、共产党员教师的本分、学生的渴望、家长的热切期盼等层面，对教育进行了全方位的分析。

（四）建立有效评价体系，强化学生管理

在学生管理方面，目前正在探索"好习惯银行"评价体系，由学校申请平台，老师、学生、家长共同参与，评价关键指标是"学习水平、道德与社会、思维发展"，由中心小学负责主持研究并初步实施。中学建立学校综合评价系统，以评价为引领，促使学生素质全面提高。

　　最后，关于个人成长计划，我想到了古人有三不朽，立德、立功、立言，说白了，就是做人、做事、做学问。我会将这三大标准作为自己的座右铭，一是不断学习，争创佳绩，争取不辜负领导的期望；二是撰写教育随笔，多总结、多积累，力争形成实践和理论较成熟的文章，并在省市级刊物发表 1～2 篇。

　　谢谢大家！

（2019 年 4 月 1 日）

一张图纸——十年规划在眼前

山东省阳信县翟王镇中心幼儿园　张宁宁

翟王镇学区中长期教育发展规划纲要
（2020—2030年）

阳信县翟王镇学区中长期教育发展规划纲要（2020—2030年）中提出，翟王教育的办学愿景是：实现教育科学发展，争创一流教育质量，办好优质乡村教育；发展战略为：实施"五步走"战略，推动镇域普通教育和谐发展。

在全镇大调研的基础上，通过客观分析和研判群众对教育的期盼和需求，翟王镇学区编制了镇域教育发展规划，绘制了教育发展规划图。

总目标：2020—2030年，经过10年的改革、创新和发展，争取实现翟王镇学区所辖学前教育、义务教育达到全县一流标准，实现区域乡村教育优质发展目标，让农村孩子在家门口享受与城市同等甚至优于城市的教育，为培养德智体美劳全面发展的社会主义建设者和接班人奠定坚实基础。

阶段目标：2020—2022年（关键词：制度），建设一支符合"教育好干部"标准的高素质领导人员队伍。大力推进基础教育综合改革，坚持和完善现代化学校管理制度，加强学校治理体系和治理能力建设，创建县级一流质量品牌。

2022—2024年（关键词：文化），形成镇域内幼儿园、小学、初中既各具特色，又协同发展的有机结合体。打造充满活力和创新精神的教师队伍。充分挖掘学校管理潜能，稳步提升教育教学质量，进一步缓解生源流失、教师职业倦怠等问题。

2024—2026年（关键词：素养），完善富有效率、更加开放、有利于科学发展的教育体制机制。教育教学质量稳居全县第一方阵，"三全"育人的体制机制健全，进一步激发教师的积极性和创造性，创建市级一流质量学校品牌。

2026—2028 年（关键词：模式），学前教育优质均衡发展，办园质量显著提高。小学教育形成体现核心素养的大概念下的深度学习课程模式，初中形成指向绿色教育质量的深度学习课程模式。

2028—2030 年（关键词：品牌），打造乡镇教育智慧高地，实现镇域幼、小、初"全链条式"协同发展，真正办好老百姓家门口的每一所学校，创建省级乡村温馨校园品牌。

实施十大工程　推动内涵发展
——翟王镇学区 2021 年工作计划和要点

阳信县翟王镇中心小学　王志霞

2021 年全镇教育和体育工作的总体要求是：高举中国特色社会主义伟大旗帜，深入贯彻习近平新时代中国特色社会主义思想、党的十九大精神和全国、全省教育大会精神，全面贯彻党的教育方针，以加强党的全面领导为统领，以"工作落实年"为抓手，以"精细化管理"为主题，以队伍建设为根本，以改革创新为动力，持续推进重点工程建设，不断优化教育发展环境，全面提高教育教学质量，加快教育现代化进程，促进义务教育优质均衡发展，办好人民满意的教育和体育。

一、实施"领航工程"，全面加强党的建设，坚持党的领导

（一）规范党建工作，完善党建管理，争创县党建工作先进集体

加强党对教育和体育工作的全面领导，发挥党员的先锋模范作用，围绕学区中心工作，结合教育教学实际，组织党员开展丰富多彩的活动，树立党员形象，充分发挥党员的先锋模范作用，力争让每位党员在师德、教育、教学、教研方面都成为带头人。进一步建立健全党员活动及考核记录，为党内评优工作提供可靠依据，"七一"期间评选表彰 2021 年度优秀党员。同时要加强教师教育体系建设，推进教师培养培训工作，不断提升教师的能力素质。做好教师录用、职称评聘、绩效考评等工作，改进教师管理，激发教师活力，为翟王教育的发展打下良好的基础。（责任领导：李法喜）

（二）加强党风廉政及师德建设

切实加强反腐倡廉教育，加大落实党风廉政建设责任制的力度，层层签订党风廉政责任书。认真落实教育干部承诺制，加大对校长的监督和考核力度，定期召开谈话提醒会议。进一步规范中小学收费行为，加大督查力度。加强教师队伍建设，不断学习，规范廉洁从教行为，层层签订严禁有偿家教办班责任

书。认真协助做好群众信访来访工作，加大查处违纪违法案件的力度。（责任领导：王之君）

二、实施"平安工程"，提升学校安全管理水平

建立安全管理长效机制，构建和谐稳定、平安幸福的教育园区。认真贯彻落实《山东省学校安全条例》，将县安全职责纳入"三定"要求，加强校车、食堂、安保、预防学生溺水等安全工作，进一步推进"学校安全工作标准化信息化管理"及"学校安全责任岗位化管理"；落实《中小学校岗位安全工作指南》，实行一把手负责制、一票否决制和责任追究制，提升学校安全管理水平，确保不发生校园安全责任事故。普及学生体检工作，做好近视防控和传染病防治，加强禁毒知识教育，做好对重污染天气的应急响应。加强舆情监测，建立健全信访维稳工作机制，明确管理责任，确保不出现重大舆情事件和信访不稳定事件。（责任领导：张井福、王志霞）

三、实施"质量工程"，精细化管理学校，锤炼出德才兼备的干部、教师队伍

（一）推进教育体制机制改革

改革完善综合考核评价机制，深化"县管校聘"交流轮岗改革，按照县级相关部门对我镇中小学重新核定的编制数，落实县教育和体育局"总量控制、动态调整"的方针政策，积极合理地调整全镇教师工作岗位。落实职称制度改革的各项政策，公平、公正、公开地做好教师专业技术职务评聘办法。推行绩效工资改单，执行好将事业单位人员年终一次性奖金纳入绩效工资范围的工作，体现多劳多得、优教优酬。（责任领导：王志霞）

（二）努力打造高效课堂

督促各校在初步形成"课堂教学模式"的基础上，优化教学过程，推行启发式、讨论式、参与式教学，组织镇域内高效课堂经验交流活动，使授课方和观课方都能得到不同程度的发展。大力组织教师参加"提高学生核心素养"主题读书活动，要求各单位发放学习笔记本，定期围绕"提高学生核心素养"主题开展学习讨论活动，择机召开专题读书论坛。强化信息技术在教学中的应用研究，鼓励学校创建基于现代教育技术和网络教育资源的新型教学模式。（责任领导：张国岩）

（三）抓好教师业务能力建设

抓好教师业务能力建设。完善"三名工程"建设，健全教师培养培训体系，努力培养卓越教师、教育家型教师。落实五年一周期的教师全员培训制度，贯彻落实《阳信县中小学教师继续教育学分管理办法》，组织教师参加 2021 年山东省"互联网+教师专业发展"全员研修和"一师一优课、一课一名师"晒课、赛课活动，努力构建教师终身学习体系。积极参与"爱满梨乡教书育人好团队"创建活动，实施新教师入职初期培养工程，落实上级"三区"人才支持计划等任务，做好学区特级教师岗位竞聘遴选工作。（责任领导：刘爱国）

（四）创新开展教科研工作

在充分调研论证的基础上，吸纳部分敢作敢为、有思路、有办法的青年骨干教师，组成一支"教科研工作"团队，参与我镇的教科研工作。召开专家论证会，开展高效课堂模式探索研究，全面提高教育教学质量，培养德智体美劳全面发展的新时代合格人才。自本学期始，平时注意搜集素材，捕捉老师们教育教学工作的闪光点，并督促做好、做强、做出特色，整理汇总成课题研究资料。静候各级课题立项通知，积极整理上报，确保我镇课题研究工作扎实有效，实现"多立项、真研究、准结题"的目标，切实提升参与教师的教科研水平。（责任领导：张国岩）

（五）创新人才引进途径

执行《阳信县教育系统人才引进与管理暂行办法》，积极引进高层次人才，充实教师队伍。严格把关代课教师聘任工作，探索符合我镇教育特点的教师招聘办法，提高新教师入职标准和专业水平。（责任领导：王志霞）

（六）完善教育质量评价体系

持续推进市"现代教育质量管理评价改革实验县（区、学校）"建设工作，加强中心小学改革实验学校试点工作，先行先试，探索经验。推动教育质量综合评价信息系统应用，落实普通中小学校长任职综合考核评价，组织教育质量监测，科学使用监测工具，合理得出监测结果。（责任领导：王志霞）

（七）加强全镇教师的统筹安排管理

进一步巩固中心小学合班并校工作成果，推进开展音体美教师、专业幼儿教师走教工作，逐步协调解决定点小学薄弱学科师资短缺问题。（责任领导：王志霞）

四、实施"和谐工程"，提升文明和谐校园建设水平

（一）完成两个"一体化"体系构建

一是德育课程一体化，打造家庭教育社区；二是幼教工作一体化发展。学习德育课程相关文件，带领老师们认真研读，促进德育与教学一体化发展。在此基础上，引进家庭教育项目，带动家庭文化、良好家风传承等发展，促进家校社协同育人目标的实现。幼教工作一体化发展是指由中心园牵头，设计好全镇幼儿园的协同发展规划，解决民生服务问题，给政府交上一份合格的民生答卷。（责任领导：商卫中、高秀芹）

（二）加强学生日常行为规范教育、文明礼貌教育和养成教育

充分利用学校红领巾电视台、广播站、宣传栏、板报、国旗下的讲话、队会课、晨会课对学生进行文明礼貌教育，加强红领巾文明示范岗监督，让学生形成良好的行为习惯，让文明之花开满整个校园。（责任领导：商卫中）

（三）创建文明校园

加强班级文化建设，各学校应布置好图书角、学习园地等中队活动阵地，营造良好的班级氛围，树立班级形象。各少先中队应按照"规范+特色"的要求

着力打造自身特色，本学期将继续开展流动红旗的评选工作。（责任领导：商卫中）

（四）加强法治教育

各学校制订普法教育计划，努力抓好学生的法治教育活动。组织学习有关法律法规，增强学生的法律意识，让学生从小学会依法办事，继续聘请法制副校长和法制辅导员来校开展法制辅导讲座。（责任领导：商卫中）

（五）进一步发展学前教育、特殊教育

健全学前教育制度，坚持以习惯教育为重点，抓好园风园貌建设。严格落实《3-6岁儿童学习与发展指南》，实施"以游戏为主体的幼儿教育"。进一步完善幼儿园内部管理规章的落实检查措施，尤其是岗位职责操作细化，加强过程管理，实现精细化管理目标。加大对制度的学习宣传力度，努力使内部规章制度真正转化为全体教职员工的自觉行为。加大队伍建设力度，加快教师专业化进程。加强中心幼儿园建设，彰显中心园示范辐射作用。（责任领导：商卫中）

（六）做好中华优秀传统文化传承工作

做好中华优秀传统文化传承工作。贯彻落实《国家中长期语言文字事业改革和发展规划纲要（2012—2020年）》和《国家语言文字事业"十三五"发展规划》，引导广大群众规范使用国家通用语言文字。组织参与第22届推普周活动，完成2021年语言文字工作，实现建设任务目标。（责任领导：刘爱国）

（七）实施好教育行业扶贫工作

规范后勤采购，加强安全工作的管理。在每学期开学前完成采购办公用品，学生用书和免费教材也应在开学前发到学生手里。把上级审定的代收费项目及标准传达给中小学每位教师，坚决杜绝乱收费、乱征订现象，使全镇教职工严格遵守财务制度和财经纪律。（责任领导：李法典）

（八）做好财务集中核算工作

加强过程管理，及时统计教育经费使用情况，做到底码清楚、准确，每月向主要负责人汇报，为领导合理使用资金提供依据。年底向学区教代会汇报资金使用情况，加强财务监督。加强收费管理，各学校收费（包括保育费、餐费、校服费、代收代管等）必须先申请，在收费项目、标准、家长满意度经多方论证通过，分管领导、主管领导签字同意后方可收取。各中小学、幼儿园按规定收取的各项费用必须及时足额上缴（收费名单必须由班主任、经办人、校长签字），不得截留或挪作他用，严禁私设小金库。校车费、保育费必须全额上缴，不能出现整千、整万数。（责任领导：李福新）

（九）加强教育督导工作

发挥教育督导员作用，保证我镇教育综合督导、随机督导及其他专项督导工作的顺利开展，提高全镇依法治教水平。对照标准，补齐短板，积极推进国家义务教育优质均衡发展县创建工作。学习县综合督导评估文件及标准，对接现状，精准发力，争取突破。（责任领导：王志霞）

五、实施"生态工程"，净化教育生态环境

（一）加强非法校外培训机构无证幼儿园治理

继续巩固上学期的治理效果，制定20121年工作目标，积极行动，想办法，不拖延，不达目的誓不罢休，早日完成各片区的工作任务。（责任领导：商卫中）

（二）推进立德树人工作，提高少先队大队部的监督协管能力

继续推行队干部值日、红领巾监督岗制度，将各班的卫生、文明礼仪、纪律、两操、红领巾佩戴纳入文明班级、优秀班主任考核，确保常规工作持之以恒、抓细抓实。使全校形成班班争先、比学起超的良好氛围。（责任领导：商卫中）

六、实施"未来工程"，培养师生终身学习的良好习惯

建造新时代"三味书屋"，以经典阅读系列活动为载体，建立青年教师发

展联盟（含编外教师），培养未来教育家人才。启动图书馆建设、经典阅读系列活动，并成立青年教师发展联盟，由优秀青年教师团队引领阅读水平的提升，给学生未来学习打下坚实基础。丰富师生校园生活，传承中华优秀传统文化，为学校积淀一种优秀的文化力量，使师生成为有文化理想、文化品位、文化厚度的人，促使学生在考试中取得优异成绩，为学生终身学习奠定良好的文化基础。（责任领导：王志霞、张国岩）

七、实施"智慧工程"，多措并举，全面提高办学水平

（一）强化中考政策和中考备考研究

督促中学落实九年级复习备考的教学教研、考试训练、考生心理、考生生活等细节性工作，做好中考政策和中考备考研究，以阶段性教学质量测试与分析为抓手，加强对中考试题的命题原则、命题类型的分析，在提升教学质量、提升教学成绩方面做足做强文章，力争使我镇中考质量有新突破。（责任领导：张国岩、李建忠）

（二）引进新东方OKAY智慧课堂项目，实施智能教育，留住优质生源

小学六年级下半年开始至初中毕业，要有深深的危机感，要想办法举全镇之力，留住优质生源。引进新东方智慧课堂项目，由中学负责对接滨城六中组织实施，目标是前100名学生一个都不少。（责任领导：张国岩、李建忠）

八、实施"健美工程"，全面提升人民群众身体素质

（一）加强学校体育工作

树立"健康第一"的理念，落实《山东省学生体质健康促进条例》，建立、实施学生体质健康监测制度和学校体育工作评估制度，开展大课间"阳光体育"运动，落实中小学生每天一小时体育锻炼时间。出台《翟王镇体育运动代表队管理办法》，加强运动训练基地建设，成立镇级体育运动代表队，提高运动员的训练质量和水平，努力在县级、市级运动会和市级以上各级体育赛事中取得优异成绩，更多更好地培养输送体育后备人才。（责任领导：李春华）

（二）加快青少年校园足球发展

开展各级校园足球特色学校创建活动，落实每周一节足球课要求，督促体

育教师积极参加县局及以上部门组织的体育教师、足球裁判员培训，提高校园足球师资水平。积极响应县局对足球特长生招生的优惠政策，让我镇足球体育特长生得到充分的发展。加强青少年业余训练，打造校园足球赛事品牌。（责任领导：李春华）

（三）积极为音体美教师搭建平台，促进音体美教师专业发展。（责任领导：李春华）

九、实施"美丽工程"，建设"小而美、小而优"的乡村小学

加强"小而美、小而优"乡村小规模学校建设。各定点小学制订 2021 年度建设计划，以"小而美、小而优"为目标，发扬独立自主、自力更生、艰苦奋斗的精神，让学校的角角落落整洁有序，让学校真正变成美丽的家园。（责任领导：王之君）

十、实施"幸福工程"，建设师生幸福育人环境

按照进度顺利完成教育园区项目工程建设。按照发展建设规划，加快翟王镇教育园区的建设进度，在 2021 年尽早完成翟王镇中学学生餐厅、体育馆、塑胶运动场和男、女生公寓建设，完成翟王镇教育园区附属工程和路网、管网、绿化、硬化等建设，使在建项目全面竣工。（责任领导：孙德岩）

幼教集团化发展带来的新机遇和新业绩

山东省阳信县翟王镇中心幼儿园　　高秀芹

翟王镇幼儿教育集团以翟王镇中心幼儿园为龙头，共有 6 个园区，其中翟王镇中心幼儿园为核心园，还有粉刘学区联盟园、穆家学区联盟园、董徐学区联盟园、李桥学区联盟园、韩箔学区联盟园。翟王学区幼教集团本着对学前教育模式积极探索的态度，在全镇区域内形成了"资源共享，优势互补，以强带弱，共同发展"的良好的办学格局。在各联盟园教师聘任自主、财务核算独立的基础上，逐步实现了集团内"办园条件同改善，规章制度同完善，园务管理同规范，保教质量同提升"的工作格局。

一、资源共享

集团中心园通过"三个共享"带动分园快速提升。

共享管理模式。为充实分园的管理力量，中心园区培养业务干部和骨干教师到分园担任支教园长。中心园可以印制统一的标准化管理手册，下发到各分园，建立起高标准的工作秩序。

共享园所文化。集团层面达成了共同的发展目标，形成一致的办园理念，确立了和而不同的办园文化思路。

共享教育资源。集团各分园在完善各自课程的基础上，实现对中心园区优质课程资源的共享。

二、优质发展

通过群策群力，集团制订三步走计划。

第一步的重点是抓"规范园"，集团内部实施"八统一"管理，即统一制度建设、统一园所标识文化、统一课程管理等。

第二步的重点是抓"信心园"，旨在帮助分园发掘潜力，调动内驱力，从"输血"向"造血"转变。

第三步的重点是抓"特色园"，挖掘各园不同的资源优势，形成各自的办园特色。

通过三步走，翟王镇学前教育形成以强带弱、优势互补的均衡、优质发展局面。

三、快速提升

综合调研后对分园的基础设施进行改造提升，如铺设人工草坪、外涂内刷等，让幼儿园面貌一新，方便了幼儿的户外活动。通过地胶铺设、卫生间改造，以及教室主题墙和家园栏的更换等硬件基础设施的全面提升，所有分园均达到了省三类的标准。

四、良好业绩

以"核心园+联盟园"为基本模式的翟王镇幼教集团主要围绕各园教研协作、保育工作等制定学期工作重点，通过集团内师资培训、园本教研、师徒结对、同伴互助、师资交流等方式，促进集团内教师的专业发展，激励中心园不断发挥引领示范作用，带动联盟园管理工作和保教工作的开展。

（一）扩大了优质资源的覆盖面

翟王镇幼儿教育集团通过集团化办园，在核心园的带领下，实现集团内教育教学管理、环境创设和教学研讨等方面的资源共享，以强带弱，提升集团内幼儿园的管理水平和保教工作质量，让更多联盟园在短时间内进入高位优质发展的轨道。

（二）催化了教师队伍的专业成长

在集团内搭建教师沟通交流平台，通过各层面的集中培训、经验交流、师徒结对等方式实现核心园与各联盟园教学上的交流、

阳信县翟王镇学区幼教集团授牌现场

培训上的同步，提高集团内教师的整体素质。

（三）提升了教学科研水平

核心园定期为联盟园教师提供观摩、听课、说课、跟班学习的机会，同时，积极组织"送教下学区"活动，让优秀骨干教师深入村级园举办讲座、开设示范课、交流教研信息，提高联盟园教师队伍的素质。

（四）加快了特色发展

在集团内选择几个试点幼儿园，根据园所布局和地域文化的不同，积极鼓励和支持其结合自身实际，确立自己的办园方向和文化，核心园在其校园环境创设和教育教学规范上予以支持，使其以规范做品质，以特色求发展，做到集团内"一园一特"，提升集团各园办学质量，使我们农村的孩子也能享受到优质的学前教育服务和资源。

核心园以点带面，拓展和整合了各项资源，优化了队伍，营造了积极、和谐、向上的幼儿园文化氛围，使集团园软硬件设施得到全方位提升，在制度管理、课程实施、文化建设等多方面形成自己的特色，取得了 6 个园区齐头并进、均衡发展的集团化办学成果。

文化篇
立足新时代，传承好传统

给孩子一个幸福的世界
——以阳信县翟王镇学区为例浅论镇域教育
如何实现从量的提升到质的升华

阳信县翟王镇中心小学　张国岩

一、写在前面

翟王镇地处阳信县中部，略偏西南，总面积 66.958 平方公里，耕地面积 6.76 万亩，辖 6 个工作片，89 个行政村，总人口 4.1 万。笔者对翟王镇学区五年前的印象如下：

一是乡村教师年龄结构偏大，新生力量不足。据统计，全镇有教师 213 人，其中 45 岁以上的教师人数为 107 人，占比 50.2%，越基层的学校教师平均年龄越高。近几年，正值二十世纪七八十年代原转正民办教师退休高峰，国家延迟退休政策一旦实行，全镇教师队伍老龄化现象必将进一步加剧，部分教师群体难以快速接受新的教育思想，知识储备和专业素养无法适应新课改的要求。

二是教育管理者管理理念落伍，对教学教研的业务指导力不足，与当前课程化管理要求存在差距。

三是多数教师视野狭窄，欠缺责任感，敬业精神不足，存在"小成则满、坐井观天"的思想，对工作疲于应付，缺乏创意与激情，不爱读书，把日常工作看作是简单的重复，仅仅局限于完成教学任务，对个人的成长缺乏规划，更不懂得如何去发展自己，职业归属感严重缺失。

作者张国岩主持阳信县翟王镇学区 2020 年
第一届青年教师"说课程"比赛

二、量的提升

（一）改善办学条件，有效整合教育资源

翟王镇教育园区现有"中学－小学－幼儿园"十二年一贯的格局优势，教师学历达标率 100%，资格达标率 100%，中小学在校学生 2 516 人，中小学生入学率 100%，公办园在园幼儿 704 人，学前三年幼儿入园率 98%。新建 84 个班级规模的教学楼、公寓楼、餐厅、报告厅，拥有全县最大的运动场，占地 40 余亩，拥有标准的田径场、篮球场、排球场、足球场、手球场、乒乓球场，单杠、双杠等设施齐全，建设有 1 500 平方米的室内体育馆。三栋实验楼内图书室、阅览室、实验室、艺术功能室、舞蹈室、书法教室、创客教室等功能用房齐全，实验设备完善。图书数量、实验仪器、音体美器材等设施配备达到国家二类标准。此外，校园内所有的时空都进行了课程化设计，让每个孩子都能够在校园里找到自己的存在价值，都能够自由、幸福地成长。

（二）严抓规范夯实基础，开启教师发展之旅

2019 年 3 月 9 日，翟王镇教育工作大会召开，会上重点推荐了两篇文章，分别是《后六中学：做好常规就是奇迹》《向课堂管理要效益》，要求教育干部借鉴学习并运用于本校常规管理中。会议上重点强调了胡建军校长的"公式化"总结："常规+细节+过程=奇迹"。会上确定了"以赛促学、以赛促研、以赛促教"的教研常规总基调，以师生比赛活动为抓手，激发教师研究和学生学习的热情。

（三）紧抓研训提升境界，拓宽思维发展广度

翟王镇学区积极承办市县学科教学研讨会，于 2019 年 10 月 24 日至 31 日，积极筹办了四次市县学科教学研讨会，包括全县小学英语"高效课堂建设推进暨教学质量提升"教学研讨、全市初中数学"送教送研"活动等。2019 年 12 月，学区统一组织翟王镇教育园区校长及业务中层近十人，先后参加了"山东省第二届当代好课程研讨暨青岛市精品课程建设与实施现场会""山东省县域教科研工作研讨暨学校发展现场会""教学评一致研讨暨威海经济技术开发区现场观摩会议"。2019 年 12 月 16 日，特邀泰安市东平县东平街道中学齐鲁最

美教师卜庆振老师做客翟王镇，召开了"同课异构暨迎接 2020 年毕业班学业水平监测工作推进会议"。所有与会代表一致决议将"教学评一致性"观念引入我镇中小学课堂教学之中，彻底解决教师要带着学生去哪里、怎么去等棘手问题。

（四）狠抓课堂精准发力，构建深度学习平台

大力推动"教学评一致性"课堂教学研究和"4+N"高效课堂教学模式实践研究，充分发挥省级外出培训骨干教师的引领作用，将"教学评一致性"课堂教学研究落到实处，逐步完善体现"学—评—教"一致的学程模式，提高课堂的思维含量和逻辑性，最终实现"教、学、评"一致，以此激活教师发展内驱力。

三、质的升华

其一是教师的专业认同感明显增强，成长的愿望强烈，并有了清晰的成长规划，教师找回了曾经的激情，职业幸福感明显提高。

其二是教师在参与课题研究的过程中，养成了良好的习惯，即每日读书、及时反思、勤于动笔、打磨课堂、修炼基本功等，这些好的习惯必然会对教师的职业生涯产生影响。

其三是积累了丰富的研究经验，探寻到了农村初中教师成长的道路，人人追求成长的氛围已经形成，校园充满积极向上的正能量。学校的内涵发展势头强劲，先后代表阳信县承接了市级教学工作观摩现场会 3 次，学校管理精细化、多元课程融合等项目皆受到领导的高度赞扬。

四、问题与思考

在引领教师专业成长的实施过程中，仍存在着一些问题：

第一，教师的专业成长还带有功利主义的色彩。只要是与职称晋升或当前利益有关，就积极参加，反之，积极性就不强了。这是我们今后需要引领解决的问题。教师的成长只有摆脱了功利主义，才会走得更远。

第二，40 周岁以上的教师在专业成长道路上存在畏难情绪。这是我们需要进一步思考改进的工作，我们需要进一步拓宽渠道，为教师的专业成长开疆辟土，争取在思想引领、名校发展共同体、名校联盟等方面有所突破，主动出击，借助外力资源，培植、壮大我镇名师队伍，为落实乡村振兴战略贡献教育力量！

第三，教师在学校的文化认同感缺失。当前学校在教育教学常规管理中还存在诸多问题，需要进行科学指导并优化教师的教育教学行为，努力从制度约束走向文化认同。要努力打造并擦亮"清源文化"品牌，用先进的文化理念引领教师的发展和学生成长，将"清源文化"渗透到教育教学的每一个细节，让每个生命都真正被爱照见。

这片肥沃的文化土壤

山东省阳信县翟王镇中学　王　婷

翟王镇地处山东省滨州市阳信县中部，略偏西南，位于富饶的黄河三角洲开发区南端，是山东半岛和京津塘的连接地带，又是渤海经济开发区与沿黄经济带的交汇处，北至阳信县城，南与惠民县接壤，因镇政府驻地为翟王村而得名。明永乐年间，泽（方言读 zhai）、王两姓人从河北省武邑、枣强一带迁来，立村泽王庄，后逐渐将"泽王"沿革为"翟王"。

翟王镇总面积 66.8 平方公里，耕地面积 6.76 万亩，总人口 4.1 万。翟王镇是山东省"省级文明镇""省级卫生城镇"，是"山东省生态循环农业示范区"，由于土地肥沃，地下水质优良，灌溉条件较好，农业生产综合条件优越，群众素有种菜的传统，是有名的蔬菜之乡。

翟王镇不仅有着优质的农业资源，还有着浓郁的文化氛围。在清末时期，阳信县翟王镇雹泉庙学校创立。雹泉庙学校位于翟王镇雹泉庙村，翟王镇雹泉庙村位于今阳信县城西南部，翟王镇政府驻地西 5 公里，雹泉庙旧址位于该村东北角，今翟王镇韩打箔中心幼儿园内。据当地村民回忆，该庙正门前有古槐。清朝后期，雹泉庙僧人渐少，庙宇荒芜，村民素有尊师重教的传统，便利用庙产改建"义学"。雹泉庙村自清光绪三十年官办学校以来，历经了社会动荡、时代变迁，但办学历史始终未曾中断。1945 年阳信县解放后，党和政府高度重视教育事业的发展，尤其是在改革开放后，雹泉庙学校的办学条件和师资水平均得到了很大的改善，为社会主义现代化建设培养和输送

阳信县翟王镇雹泉庙村史馆

了大批人才。

雹泉庙村不仅有学校，还有庙堂。据了解，雹泉庙村在明朝永乐年间建村，村里有一座古庙，供奉雹泉神像。后来在镇党委、政府的指导策划和大力支持下，在县文物保护中心和县党史研究中心的悉心帮助下，村"两委"班子经过认真研究，充分利用特有的优秀传统文化资源，打造了以"留住乡愁，铭记历史，创造未来"为主题的村史馆。

翟王镇不仅有历史悠久的学校、意义深厚的村史馆，还有源远流长的革命文化。阎容德是阳信县翟王镇老观姚村人，受蔡元培等人兴办的"中国教育会"影响，逐步接受民主革命思想，在1906年于济南参加中国同盟会，是鲁北地区较早的同盟会会员。他倡导济南武定府籍的学生组成旅省同乡会，为回乡兴办学校发起募捐。同年毕业后，在学友、同盟会会员王炳煃（沾化区古城镇王见南村人）的协助下，经多方奔走求援，在武定府治所惠民县城创立鲁北第一所新型学堂——武定府十县公立"棣州高、初等小学堂"，即棣州公学。前有走革命道路的阎容德，后有来阳信进行土地革命运动的"杨永福"。1947年11月6日，毛岸英化名"杨永福"，随时任中央土改工作团团长的康生等人，到达山东渤海区委驻地阳信县李桥村。当时他的身份是康生的情报员和联络员。根据工作进展和上级指示，渤海区委决定在李桥村进行建乡试点工作，并在王架子村召开了专门会议。在会后的选举中，大家提名杨永福（毛岸英）同志为计票员，经投票选举产生了新的乡政权。

"一方水土养一方人"，翟王镇的传统文化不断传承、发展、提升，翟王教育就是在这样肥沃的文化土壤中蓬勃发展起来的。

翟王教育文化符号与基因

山东省阳信县翟王镇学区

李春华、于秀花、张雅如、高秀芹、安荣玲

翟王镇教育园区标志寓意：翟王镇教育园区的标志外形采用圆形，是因为它代表着稳固、安全和团结，意味着翟王教育园区这个大家庭的全体师生在稳固安全的环境中共同努力，创建圆满、和谐的幸福家园。外圆上半部分是"翟王镇教育园区"的汉语拼音全拼，下半部分是"翟王镇教育园区"汉字；内圆中间的图形是一艘游动的小帆船形象，它是"翟王教育"的首字母"Z""W""J""Y"的变形，寓意着翟王教育园区这艘小帆船，会承载着在园区上学的孩子们的所有美好梦想，驶向辽阔的知识海洋。

翟王镇中学标志寓意：翟王镇中学的徽标由外环和内圆组成，底色为蓝色，有梦想之意。外环上半部分分布汉字"阳信县翟王镇中学"，下半部分是"翟王中学"的汉语拼音全拼。内圆的上半部分是帆船，代表学校，中间有两条粗线，上面一条代表学生，下面一条代表教师，多条细线代表教师对学生的多元之爱，又似一个上升的阶梯，意为向高处攀登。两条粗线与多条细线构成字母 Z，为翟王镇中学首字母，下面是海洋，象征翟王镇中学在知识的海洋里迎风破浪，扬帆远航。内圆下部正中以橙色字体"阳信县翟王镇中学"进行适当调节，避免了蓝色背景的沉闷。

翟王镇中心小学标志寓意：翟王镇中心小学前身为翟王镇明德小学，"明德小学"是由捐建学校的台湾橡胶大王王永庆老先生亲自题字命名的。因此学校的校徽采用了甲骨文体"明"字。取其明白、明确、旺盛之意，期望学生在学校明事理、学知识，有旺盛的生命力和学习力，愿意探索与研究，明确自己未来的目标。此外，还取其照亮、明亮之意，寓意学校和教师是引领学生不断成长的太阳，照亮他们的未来之路，让他们的人生一片光明。

阳信县翟王镇中心幼儿园标志寓意： 翟王镇中心幼儿园的徽标采用圆形，

寓意相信每个生命都圆满，相信每一位教师和宝贝们都有自我发现、自我学习、自我调整、自我完善和自我成长的能力。外环的绿色代表幼儿园里孕育的宝贝们都是农村田野的希望，是祖国的未来。两个红色人蹲下来组成的心形，代表家庭和幼儿园协同起来，用爱呵护宝贝的成长。中间的白花为梨花，字母"Z""W"是翟王首字母的变形，寓意希望通过高质量的学前教育给翟王的宝贝们插上飞翔的翅膀，让他们自由翱翔在梨乡大地上。数字2012代表翟王镇中心幼儿园新建园址在2012年投入使用。

翟王镇明德园标志寓意： 翟王镇明德园园徽的主体

形状为爱心形，寓意幼儿园是一个充满爱的大家庭。爱心内的黄色部分代表阳光，里面的小树苗代表幼儿，象征孩子们扎根在幼儿园这块肥沃友爱的土地上茁壮成长。下面字母取自"大学之道，在明明德"中的"明德"，寓意弘扬光明正大的品德要从娃娃们抓起。整个图案形象简洁，色彩明快，积极向上，体现了幼儿园健康、活泼、快乐、和谐的氛围，突出了团结奋进、蓬勃发展的办园前景和园所文化特色。

向您致敬

山东省阳信县翟王镇中学　孙　悦

俗话说：家有一老，如有一宝。于学校而言，老校长、老教师就是学校无形的财富，是学校的精神与信仰。

老校长——李建忠

2020 年 9 月，初见李校长，2022 年 9 月，与李校长挥手告别。

虽然与李校长仅仅共事了两年时间，但这两年是我职业生涯的起点，李校长无论是在生活上还是在工作上，都给予了我莫大的帮助。

生活上，我们初来乍到，几个人挤在一间小平房里，生活条

阳信县翟王镇中学校长李建忠
（2014 年 9 月—2022 年 8 月在任）

件不是很好，尤其是冬天，空调制热功能不行，打开之后，就只能听见空调外机的"绵言细语"，似乎是不敢出风。门框也不严密，再加上冬天的风很细，很会见缝插针，就算是包裹成"粽子"，在宿舍也常常感受到凉意。我们把问题反映给李校长后，尽管学校经费比较紧张，李校长还是立即为我们购置了电暖风等取暖设备，让冬天不再寒冷。诸如此类，李校长为我们解决了太多太多生活琐事，让我们没有后顾之忧，可以安心工作。

工作上，李校长努力助力我们年轻教师的成长，不但为我们每位年轻教师找了师父，深入我们的课堂进行听评课，指导我们的工作，还与我们每个人深入谈话，根据每个人的教学学科、性格特点等为我们量身打造职业发展规划，吹散我们眼前的迷雾。李校长在工作中和我们常说的一句话就是："爱与责任是我们永恒的师魂，传道、授业、解惑是我们神圣的职责。"

是啊，尽管只和李校长共事了短短两年的时间，但是在这两年里，我们深深地感受到了李建忠校长对于教育的热爱，对于翟王镇中学的无限眷恋。正是因为有如此优秀的李校长组织引领我们的成长，我们才能快速地进步并取得一定成就。

老教师——王春兰

2020 年 9 月，我正式加入了翟王镇中学这个大家庭，踏出大学的校门，迈进翟王镇中学的大门，从学校到学校，身份却在悄然间发生了变化，我不再是那个青春懵懂的少女，而是要成为孩子们的领路人了。身份的巨大转变，使我内心很是惶恐，常常坐立不安，不知道怎样才能成为一名合格的教师，不知道怎样与

王春兰老师（左二）在翟王镇学区
2022 年教师节表彰大会上受访

孩子们、老师们相处，不知道是否能够成为孩子们所喜欢的老师，不知道……不知道……

初入职场，我很是迷茫，不过，还好有她，她像束光一样照了进来，照亮了我前进的道路，她就是我们学校的王春兰老师。在我看来，对一个人最高的评价就是希望自己在将来能够成为像她一样优秀的人，王老师于我而言就是这样的人。为何？请听我慢慢道来。

在生活上，我刚来到这儿，人生地不熟，水土不服，是最先接触到的同处一个办公室的王春兰老师让我感受了温暖，王春兰老师温暖又热情，我们彼此之间全无生疏、隔阂，她在生活上给予了我无微不至的照顾。我晚上突然发烧，王老师毫不迟疑地骑车陪我去医院输液，怕我冷，又把自己的羽绒服脱给我，盖在我身上，衣服暖在身上，更暖在心里；我吃不惯食堂的饭菜，王春兰老师就趁中午的时间给我开个小灶，我常常吃上王老师蒸的南瓜、煮的青菜……饭菜充实了胃，更充实了情。

在工作上，我更是以王春兰老师为榜样。一次，王老师问我："作为一名教师，当你站在讲台上，望着那一双双渴求知识的眼睛，如何让自己的生命之树常青，让自己的思想之源永不枯竭，让自己的学生健康快乐地成长，你想过吗？"她告诉我：答案只有一个，那就是多读书，不断读书，以书为侣，终身学习是我们每个人不让自己的生命过早枯萎的唯一选择。现如今，王老师除了坚持任教生物，研究生物，还坚持学习心理学，考取了心理咨询师证书，努力帮助孩子们解决心理问题，就在去年，她还获得了省级特殊教育基本功比赛的一等奖。

是啊，从风华正茂到银丝悄悄显露，变的是岁月与容颜，不变的是王老师教书育人的赤诚之心，她用自己的行为诠释着爱与责任。

岁月又逢春，流芳不待人，及时当勉励，立德修自身。致敬我们的老校长、老教师！现在，我要接过你们的教鞭，将乡村教师那无私的爱心、难以割舍的责任、努力让农村孩子享受到与城市一样的优质教育的信仰一直传递下去，永不言弃！

七年级来了个年轻人

山东省阳信县翟王镇中学　赵冬梅

"问渠那得清如许，为有源头活水来。"青年教师就是活水，需要持久补充。如果一个集体、一个单位很久没有新人进入，那么整个单位的氛围就会有些死气沉沉，像一潭死水，缺乏竞争意识。取得成绩者，容易自满，止步不前。后进落伍者，更加没有打压的外力，日渐疏懒。这就好比心理学上的鲶鱼效应。懒惰的沙丁鱼会闷死在运输车上，而如果放入一些有活力的、好动的鲶鱼，鲶鱼不停地蹦来蹦去，上蹿下跳，就会迫使沙丁鱼活动，降低它们的死亡率。利用外部环境的刺激，减少在职人员的职业倦怠，增加他们的危机感，激活他们的工作能动性，这是一个很好的方式。

所幸的是，我们学校七年级去年来了个年轻人——任雨婷老师。她是作为免费师范生被分配到我们学校的。

作为新入职教师，她初登讲台难免会存在紧张的心理，会出现动作不协调、思维短路和注意分散等问题，不能更加有效地关注学生，也不能对学生的课堂表现进行更加透彻的观察，这就导致课堂教学管理的质量和效率偏低，不能满足学生的知识需求。她在进行课堂教学管理的过程中存在语言不到位现象，主要就是在讲课的过程中语速过快，不能结合学生的接受能力，仅仅从完成自身教学任务的角度着手，这样就会导致学生的思维不能跟上教师。

针对以上问题，学校制订了详细的帮带计划，即"青蓝工程"，也就是一对一师徒帮带活动。她

作者赵冬梅主持翟王镇学区 2021 年教师节大会
访谈节目

几乎每节课都去听师傅或其他优秀教师的课，听课记录上记得满满当当，有疑问的地方，下了课追着老师问。这种勤奋好学的精神使她进步很快。

语文组的老师们经常深入课堂对她进行指导、传授，充分肯定其长处，对其短板给出具体的改进建议，循序渐进地给予她指导和帮扶。在设计教学流程的过程中，指导她具体的步骤，在设计每节课教学目标的时候，指导她要结合课标、单元目标、学情等进行设计。

经过半学期的打磨、培养、引导，她终于能够快速站稳讲台，成为独当一面的合格教师了。在汇报课展示的时候，语文组全体老师都给了她很高的评价，并且提出了很中肯的建议。她孜孜以求的勤勉也激励着身边的老师们。

老教师有着丰富的教学经验和方法，但欠缺热情，容易四平八稳，进取心不够强大。而且人到老年，有的是万事看开，有的是心灰意冷，有的满足现状，有的身体差劲难以承担重任，继续保持着旺盛斗志的老年教师数量有限；中年教师也有着比较丰富的教学方法和经验，可是受家庭拖累，心有余而力不足，未免瞻前顾后，患得患失，在家庭、教育子女、事业三者关系的处理上，顾此失彼；青年教师有工作热情和闯劲，但没有教育机智、教育小窍门，对学情的掌握程度较差，上课容易出现偏差，要走不少的弯路。青年教师上课的通病就是教学目标定位高，教学环节设置多，一股脑儿把知识塞给学生，很少考虑学生的接受情况，贪多势必会嚼不烂。青年教师简单地凭借主观经验，认为某些问题很简单，在重难点问题的处理上有所欠缺。但青年教师的可塑性特别强，他们思维活跃，有一定的上进心，没有套路框架的限制，接受新鲜事物的速度快，而且没有家庭的烦琐杂事分心，精力超级充沛。

学校领导很善于发现年轻教师身上的潜力，根据他们的所学特长和性格特点，安排他们承担学校的一些社会事务性活动，如负责学校的新闻报道和文字材料撰写，承担校内团委的一些工作。这样就促使年轻教师能够在新的岗位上体现自己的价值，展现才华，全面发展。只有老中青比例适当的教师队伍才是最有创造力的队伍。在帮助新入职教师成长的道路上，我们也都在成长着，进步着。

当90后教师"占领"乡村幼儿园

山东省阳信县翟王镇中心幼儿园　李伯睿

90后幼儿教师伴随着"叛逆、冷漠、自私、脆弱、现实"等负面词汇，同时展现着"张扬个性、学习能力强、有活力、淡定、兴趣爱好广泛"等特点，正逐步进入幼教领域，并成为幼教行业的新主力军。我们农村幼儿园也随着社会大趋势，逐渐被90后教师"占领"。

我是一名80后教师，现在，就我自己的所听、所看、所想，说一说90后幼儿教师在我们农村幼儿园的成长情况。

一、初入职场

工作强度大是幼儿教师日常工作的常态，除了带班，教师还需要在家长工作、教研工作等方面投入精力，这让刚刚入职的新老师精疲力竭。"孩子太调皮了，班级里人又多，我发现孩子们整天都闹哄哄的，和他们讲道理，一点都不听，一点办法都没有，非要我吼几声，才有点效果，只要他们不吵我就已经很开心了。这一天下来，我的嗓子又干又哑，以前不怎么生病的，没工作几天，

作者李伯睿课堂教学

就开始感冒、咳嗽，一直好不了。"委屈的华华哭诉着说，"太累了，我不想干了"。而我们这些幼儿园的"老人"只会觉得这太矫情了，就这点事还至于辞职不干？

"90后"出生于经济快速发展的时期，家里生活条件都较好，或是独生子女，或是家里的老小，而幼儿教师除了教育还承担着保育工作，天天与管理孩子的吃喝拉撒等事项打交道，在这个阶段，身体抵抗力普遍下降，生病在所难免，觉得委屈也是能理解的。

当华华老师迎来在幼儿园的第一个国庆节时，她对幼儿园工作的看法悄悄地发生了变化，她主动提出向大家展示轮滑表演。此后，幼儿的轮滑训练工作由她负责，她越来越喜欢幼儿园了。"在这里能做自己喜欢的事情，并且孩子们都觉得我可厉害了，我还收获了一批小粉丝，嘻嘻。"现在的华华老师，话语间充满自信、满足和对孩子们的喜爱。

二、注入活力

圆形细金属框眼镜、韩式"蛋卷"发型、粉色的皮衣、金属色百褶裙……穆家小学幼儿园智慧老师的"气场"使她看起来很不像一位农村幼儿园教师。但作为大班老师兼班主任，她在这所小学幼儿园已经工作一年了。

近年来，乡村教师资源短缺一直是乡村教育的头号难题。乡村教师一直面临着数量不足、老龄化等问题。智慧老师属于第一批控制总量备案管理人员，她们的加入对乡村教师队伍建设起到了雪中送炭的作用。

智慧老师表示："孩子们见到我都非常高兴，在我们幼儿园里，老师都是60后、70后，80后的基本上没有，然后就是我这批90后控制总量了。孩子们突然看到我这个年轻老师，特别喜欢跟我一起做活动，我说什么他们都觉得新鲜，这让我也感到很开心。"是呀，幼儿园里来了年轻的老师，我们也很高兴，加入了新鲜血液，有助于我们的孩子更好地成长。

是孩子们的天真、笑容，深深地抓住了智慧老师的心，让她舍不得对这些孩子放手。智慧老师利用放学后、周末的时间，发挥自己的美术特长，为幼儿园绘制了丰富多彩的墙绘，给幼儿园带来了无限的生机和活力。

90后幼儿教师王宁（左一）接受访谈

三、自我提升

对于每一个刚刚进入职场的年轻人来说，未来的个人发展前景是选择职业时的重要参考因素，这对于 90 后乡村教师来说也一样。不少 90 后乡村教师表示，选择成为一位乡村教师不是为了金钱和名利，而是为了自己的职业理想。

"虽然我们新教师在入职前接受了培训，但是教育教学、家园沟通等方面的知识还是需要在入职后，在不断的学习和体验中去获得。虽然幼儿园也给我们提供教研机会，但更多的是对老教师的'依样画葫芦'。"在个人能力提升方面，恺欣觉得自己得到的外出学习和培训的机会还比较少，"我觉得，我们老师还是要经常走出去的，线上的教研、培训与现场的看、听、感受是不一样的。组织乡村教师到别的地方培训可能比较困难，有机会的话我希望培训老师能够来到基层对年轻乡村教师进行指导"。恺欣老师说的，我深有体会，如果老师不走出去看一看、听一听，真的不会有所提升。

"我打算有机会就去读研，这并不是我一个人的想法，其他老师都有这样的打算。"当问起未来的规划时，恺欣老师这样回答。其实，目前乡村教师急需获得学历提升渠道和职业发展空间。优秀教师在成长过程中，不仅需要物质待遇上的保障，更需要专业发展和职业发展空间。

四、中流砥柱

90 后幼儿教师有很多优势，可总结为以下几点：有活力、有朝气；乐于助人；创新能力强；理性、务实和担当。

90 后乡村幼儿教师入职后虽然面临经济、文化环境、职业发展等多方面的困难，但是不可否认，这个群体充满着自信、学习能力强，为我们乡村幼教注入了新的活力，促使乡村幼教领域蓬勃发展。

见贤思齐
——宗鹏老师写给学生的第 15 封和第 28 封信

第 15 封信

可爱的 8.1 班的孩子们：

希望此时此刻你们正满怀期待地等待着今天的这封信。

有一组成语叫"兼听则明，偏信则暗"不知道你们是否知道（如果不知道读完信就查一查），作为班主任，我希望对班里发生的一些事情能够做出客观公正的评价，而不是只听一

作者宗鹏（中）在教育干部培训会现场

面之词，做出误判。就这一点来说，大家上周做得就非常好。在日记中大家都能对自己做的事情和班里发生的事情做出公正而客观的评价，没有私心也没有任何偏袒，最难得的是还能在受到委屈和不公正的待遇时，能从对方的角度思考，理解对方。这就说明大部分同学已经具有了我和你们常常提到的换个角度思考问题的能力，在面对问题的时候不再一味地指责对方，而是反思自己身上的不足。我相信如果你们每个人在今后遇事时都这样思考，那么你们都会成为了不起的人，所以我在这里要把表扬送给你们每一个人。其实，当别人夸奖你们已经长大了的时候，并不仅仅说你们年龄增长了，更多的是在表扬你们在为人处世方面表现出来的大气，能换个角度思考问题就是一种大气的表现。

说到表扬，上周同学们做了好多值得我表扬的事儿，比如，有几个同学的写字有了明显进步，有几个同学的学习态度有了明显变化，不再是像小和尚撞钟一样得过且过，而是变得非常积极，有同学能主动到办公室问问题，还有同学能主动让我提问……当你们主观开始努力的时候，我就知道，进步正在向你们招手。

很久很久以前，我读过德国著名哲学家雅斯贝尔斯的一句话，他说："真正的教育，是一棵树撼动另一棵树，一片云推动另一片云，一个灵魂唤醒另一个灵魂。"你们每天起早贪黑，来到学校接受教育，在学习到了各种文化知识的同时，你们是否意识到了自己思想上的变化呢？真正的成长其实就是发生在不知不觉间。我改变了你，你也改变了我，这就是教育。

孩子们，当你在受到表扬时不骄傲，相信自己可以做得更好；当你在受到打击时不气馁，能及时反思自己的过失；当你在取得进步时不自满，叮嘱自己没有最好，只有更好；当你在退步时不失信心，坚信自己下次定能成功……相信我，你就是上天选中的那个可以担大任、做大事的人。

最后，再一次把我周五送给你们的那句话送给你们：

愿你如水，看似柔顺无骨，却能变得气势滚滚，波涌浪叠，无比强大；看似无色无味，却能挥洒出茫茫绿野，累累硕果，万紫千红；看似自处低下，却能蒸腾九霄，为云为雨，为虹为霞……

预祝：尽你所能，无问西东，月考顺利！

班主任

2018 年 12 月 23 日

第 28 封信

可爱的 8.1 班的同学们：

周末愉快！

重要的事情要先说：下周二月考，希望你们没有忘记，并利用这个周末好好准备。

如果没有特殊情况，月考后会进行一次大调位，依然是进步的同学可以优先选择位置和同位，所以，你们懂得应该怎样做。

上周五我们八年级组进行了主题为"四月的诗"的演讲与诗词诵读活动，你们表现得都非常棒，特别是那几位主动领读、领唱的同学。

陈颖的演讲多好啊！她没有像另外的那两位演讲的同学一样说一些冠冕堂皇的套话，就是真实地叙述了我们班里的几位"活雷锋"的事迹，我在台下听着就非常感动，我想那几位被表扬的同学也定会心潮澎湃，激动万分。其实我更加自豪的是我们班所表现出的积极的正能量。孔子说："见贤思齐焉，见不贤而内自省也。"咱班的其他同学一定要向魏文晓、刘昂、赵云剑、王欣悦、马少华、王晨、宋浩然、徐晓萍几位同学学习。我希望有更多的同学能够进入我们班的光荣榜，也希望大家向陈颖同学学习，用一双欣赏的眼睛去发现班内同学身上的闪光点，让我也有机会向你们学习。教育理论中提到"教学相长"，我是老师，但我希望通过向你们学习得到进步，以后大家可以对我进行监督，我也要见贤思齐。

当然我还必须要表扬于丽娜、高艳萍和刘晓冬三位同学，当我说要举行诗朗诵活动的时候，她们三人立刻就报了名，大家一定要学习这种积极参与、为班集体争光的精神。有时候参加活动并不只是为了自己，还是为了你所在的集体。于丽娜同学这两天感冒发烧，喉咙也疼，但她还是克服了所有困难，坚持上场，最终与高艳萍和刘晓冬同学成功演绎了《将进酒》。

最后的诗唱诵是临时加的节目，所以准备得比较仓促，但是，当周五早晨我找领诵人进行分工的时候，大家或毛遂自荐，或积极推荐，我们用了最少的时间完成了任务分工，最终马少华、刘昂、马瑞琛、王欣悦、陈颖、于丽娜、高艳萍、刘晓冬几位同学勇挑了重担，他们也必须得到表扬。

总之，我希望以后你们每个人都要积极地参与到集体活动中，为集体争光，也为个人添彩！

2019 年 4 月 14 日

2 号楼一楼

阳信县翟王镇中心小学　赵　燕

时值盛夏，"学本教学"在我们学校开展得如火如荼，老师们的眼界拓宽了，孩子们的自主学习能力提升了，为了更好地践行"学本教学"模式，学校决定打造"学本教学"文化长廊。

众所周知，校楼道文化是学校精神文明的具体体现，是一所学校独特的精神风貌。楼道是校园文化建设的主体，它利用楼道墙壁因素去陶冶感染学生，让墙壁"说话"，它是一幅"有主题的画"，是一首"无声的诗"，但情深意切，融知识性、教育性、艺术性于一体，达到"润物无声"的教育目的。我们2号楼一楼作为主要"阵地"，四年级级部三个班全力以赴。

听到"风声"的几个学生在课间操时间来到办公室，叽叽喳喳地要准备帮忙，我说："好啊，那你们知道具体要做什么吗？又该怎么做呢？"几个孩子你看看我，我看看你，一脸茫然。我接着说："做事情之前一定要有计划，有了计划，就有了步骤和目标，这样才能避免时间的浪费，一步一步地把事情做完。"几个孩子听完以后纷纷点头。我眼前一亮：为何不交给他们自己制作计划、自己装饰呢？于是我对他们说："这样吧，你们几个分别负责自己班级外面的部分，看看如何把我们的走廊装饰起来，而且主题要和学本教学有关。你们可以吗？"几个孩子信誓旦旦地说："放心吧，老师！保证装饰得漂漂亮亮的！""那你们打算分几个版块？都由谁负责？"几个孩子面面相觑，最后傅子轩说："老师，我们先商量商量，然后再告诉您。"

我以为他们会等到明天再回来找我，没想到放学前，他们又来到办公室，"老师，我们想好怎么做了。每个班都要设计班徽和班训，但是别的版块尽量不一致。我们自己都想好自己班的版块了。"傅子轩说。听完以后我一惊，还能想到班徽班训呀，看来这次放手是正确的。"那你们需要什么材料和老师说，老师准备，然后你们制作。"于是就有了接下来的几则小故事。

故事一：凡事预则立，不预则废

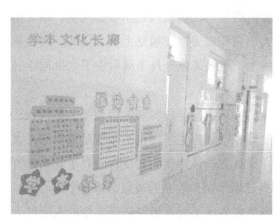

阳信县翟王镇中心小学 2 号教学楼一楼

四一班这几个孩子相当有主见和主意。傅子轩同学为总负责人，她安排好每个版块的负责人和分工，然后就和张同学一起设计班徽。终于，在折腾了一中午后，班徽初见雏形，但是两个人又因为一个小小的图案发生了争执，两人各执一词，争得面红耳赤。我看僵持不下，就说："你们都各自说一下为什么会用这个图案，有什么特殊含义吗？"两人各自陈述，一个认为托举的手势好，一个认为打开的书本好。"你们能折中一下吗？就是能不能设计成手和书的结合呢？"两人听后说："哦，老师，我们知道了！"

接下来便是涂色，两个人闷着头用马克笔认真地着色，可是我却发现了不对的地方。"等一下再涂。咱们班设计的班徽是不是有4.1两个数字啊？你们都把颜色涂好了，写在哪呢？"

傅子轩说："哎呀，老师！我写了，可是被颜色遮盖住了，看不清楚。这可咋办啊？"我一看，可不是，黑色的字体，蓝紫色的底色，隐隐约约能看出4.1。看来还得给"小马虎"傅子轩上一课，"你看，咱们用了中午休息的时间才把它做好，可是在涂色的时候却出错了，多可惜呀！咱们还能再修改一下吗？""老师，放学后我再重新画一个吧，这个颜色确实是我涂错了。""那我们为了以后不再犯这样的错误，该怎么做呢？"傅子轩说："老师，以后我会提前在草纸上涂一下颜色试试色，提前试试，这样就不会出错了。"我顺势说道："对啊，我们做任何事情之前都要有一个计划，凡事预则立，不预则废。所以，今后不管遇到什么事情，一定要做到心中有数。"孩子们认真地点点头。

故事二：诗集保卫战

四二班位于楼道中间、2至4楼楼梯口的位置，所以好多学生可以看到他们的楼道设计。他们的装饰快要接近尾声了，版块比较多，其中有一个版块是"诗海拾贝"，这可是他们班最引以为傲的版块了，负责人是李心如同学。她让小组内创作诗歌，诗配画，然后统一大小装订成册，在墙壁上粘上粘钩，绑上鱼线，再把这些诗集用小夹子挂到鱼线上，这些诗集一挂上就吸引了大批同学驻足欣赏，受到了孩子们的喜爱。

但是，有一天午休过后，四二班的韩承宇同学急匆匆地跑到办公室找我："老师，你快过来看看吧！我们班的好多诗集都烂了，也不知道是谁弄的，太气人了！"我跟着他来到外面一看，果真有一排诗集的封皮有的卷了起来，有的被撕烂了，还有的掉了角。孩子们自己亲手制作的东西被毁了该有多伤心啊！于是，我安慰他说："这么好看的诗集被弄坏了真可惜，破坏诗集的人太气人了。不过眼下咱们还是先补救一下吧，找相关的小组长重新制作一下封皮，也当是一次锻炼啦！"谁知韩承宇说："老师，我们做好了再被他们破坏了怎么办？""对啊，我们该怎么办呢？有没有什么办法可以保护我们的诗集呢？"我问道。韩承宇说："老师，这样吧，我们小组几个人轮流执勤，下了课我们就站在门口看着，他们就不会再搞破坏了。""我觉得这个办法可行，那你们自己分工执勤吧。"从那直到学期末，他们班的诗集再也没有被破坏，这得益于这群守卫者。

故事三："透明人"的转变

在这次装饰楼道的过程中，有一件事对我的触动最大。四三班的班主任陈老师推荐了一名女生张依诺来设计班徽和负责其他需要画画的工作，但是我却有点纳闷，因为这名女生在班级里属于"透明人"，上课从来不举手回答问题，下了课也安安静静的，不怎么和同学交流玩耍，看上去特别特别的柔弱，学习成绩也一般。

但是，在制作班徽的过程中，她却显示出超强的领导和组织能力。指挥这个同学裁剪，指挥那个同学叠东西，井井有条，特别有条理。事后，我找她谈心："你看，在你的带领下，咱们班完成得真好，而且你设计的班徽很别致、很有创意呀！你做起事来条理清晰，在制作过程中和同学们也相处融洽，可上课的时候你为什么总低着头，不回答问题，而且也很少见你和同学们一起玩耍啊？"张依诺双手交叠着，显得有点紧张，她慢吞吞地说："老师，我有点害怕，我怕回答错了。""没关系，大家都是从错误中得到正确答案的，不要害怕，大胆地说就行，就像你指挥咱们班同学制作班徽一样大胆就行。"

谈话之后，在课堂上我会特意提问她比较简单的问题，虽然她有时候也会答错，但是在我的鼓励和赞美下，她变得比之前开朗了，下课也能和几个女生凑在一起说笑了，如果不是这次楼道文化建设，她或许还是我眼里的"透明人"，默默地做着自己喜欢的事情，不被关注，也不会变得开朗。

这次把楼道文化布置交到学生的手中，让他们做主，学生的思维在制作中不断地碰撞、彼此磨合，不仅提高了学生的创造力，还锻炼了他们的组织能力、协调能力，培养了他们的自信心。相信在今后的学习中，他们也会收获更多。

美育，有啥用

山东省阳信县翟王镇中心小学　　菅宝洁

　　我小的时候，有一天早晨，爸爸把我带到一个假山上等日出，在太阳出现的那一瞬间，他给我把耳机戴上，在那一刻，我好像是第一次感受到了阳光，我好像是第一次看到那丝丝缕缕的阳光透过树枝洒在草尖上，那条熟悉的小河潺潺而过，阳光就跳跃在水面上，小鸟像音符一样叽叽喳喳地穿梭在树枝间，而我，就身处于这一切可爱的事物之间，在那一刻，我被深深地感动了。一曲终了，我内心充盈着强烈的情绪，我有一种非常强烈的欲望，想把这一切表达出来，而这首曲子——格里格的《晨曲》也成了我的挚爱，同时，留在我记忆中的还有那天爸爸带着微笑的目光。有音乐陪伴的人生就是这样，带着记忆，带着温暖，带着爱。

　　长大后我成为了一名小学音乐老师。我参加教育工作已有八年，但是在很多时候，作为老师，我也会有一些困惑。

　　之前我教的大多都是考试类课，从去年开始终于有机会上音乐课，我兴奋至极：当我讲到冼星海先生的《黄河大合唱》中"风在吼，马在叫"壮阔的历史场景和磅礴的气势，表现出黄河儿女的英雄气概。讲到贝多芬的《命运交响曲》，贝多芬在失去听力的情况下，利用骨传导的方式，把一块木头放到嘴里，另一边连接钢琴，他说"我要扼住命运的咽喉，它绝不能使我完全屈服"，他用无坚不摧的意志和毅力同不公平的命运作了不屈的抗争，谱写了辉煌的篇章！讲到我们的国歌《义勇军进行曲》，在民族危亡的关头诞生以来，它激发了多少中国人民的爱国主义精神！每当讲到这里，我不禁手舞足蹈，作为老师的自豪感爆棚。就在这时，有一个女生直接质问我："你讲这些有啥用？考试能提分吗？你就是在浪费我们的时间。"我自认为也算伶牙俐齿，但是在这个时刻，我竟无言以对。

　　是的，她说得对，没用，不能提分。

但是亲爱的同学，我并没有浪费你的时间。因为在刚刚这一刻，我没有在教你考试，我是在做教育，美育教育。

作为一个老师，一个教育工作者，我希望在课堂上不仅仅能教授学生实用性的知识。如果仅仅是拼知识，拼记忆，我们已经输了。

进入 21 世纪以来，我国

作者菅宝洁（右二）参加翟王镇学区 2020 年第四届青年教师"说课程"比赛获一等奖

教育界对美育在育人方面的重要意义和独特作用已经形成共识；美育研究、美育理论、美育实践都有了较大发展；教师对于美育的自觉性不断提高，学生的审美和人文素养也不断得到提升。同时，由于一些人在艺术教育方面的过度专业化和极端功利化倾向，加之在观念上又往往把美育等同于艺术教育，这就会出现有些学生的艺术专业和职业能力增强了，反而在审美和人文素养方面趋于弱化或缺失的现象。艺术教育的发展并没有同美育的发展形成良性互动，二者有时不仅不成正比，反而是成反比的。这就表明我们的美育，特别是美育教学在一定范围内出了问题。

慢慢地我们已经听到了部分家长这样的声音："学会数理化，走遍天下都不怕！""音体美永远是副科，不考试，没用！""音乐都可以用电脑做了，不用学乐器！""美育还有啥用？"

是啊，美育还有啥用？

我在课堂上跟那个孩子说，网上前段时间有一个段子，说之所以要你们学习音乐、美术，接受美育教育，是因为当我们看到一群候鸟在湖边栖息的时候，我们能够安静坐下拿出笔绘出飞鸟与湖水相伴的美丽景色，而不是在那吵吵："我去，全都是鸟！"在我们去戈壁旅游、骑着骏马奔腾之时，我们唱着"天高云淡豪气涌，黄沙滚滚戈壁滩"，而不是在那喊："哎呀妈呀，都是沙子，快回去吧！"班里笑声一片。这当然是一种调侃，但是在不自觉间就道出了美育教育的核心含义。

美育教育，不仅传授知识，更能提高个人修养，增强我们对生活的感受力，从而认知自己，并不断提高自己。我认为，这是美育教育赋予我们的重要价值和意义，也是指引我们前行的希望的明灯。

改进美育教学要着眼于提高学生的审美素养，凭借动人的课堂教学，让学生的情感世界得以纯洁化和高尚化。美育主要是一种情感教育，是作用于人的情感和心灵的教育。在我们的美育教学中，美育发生作用的机制或效果是"感动"，是"动之以情"。人们常说，"教师是人类灵魂的工程师"，想要担当好这个角色，美育的实施是不可或缺的，因为它是教师走进学生情感世界或心灵世界的捷径。所以，美术课的色彩、音乐课的音符、语文课的文字、历史课的记忆，都应是富有动人的情感的，而非单纯的技巧和知识。美的特征之一就是动人性，就是能感动人、打动人；不能动人，就没有美，也不会有美育。

教育是人的建设的基础工程，成才先要成人，而审美和人文素养是成人的关键要素和基本的衡量指标。缺少审美素养，人会变得越来越世俗、低俗；缺少人文关怀，人会变得越来越冷漠。因此，围绕"提高学生审美和人文素养"来切实改进美育教学，是美育内涵建设的根本，也体现着人的建设基础工程的时代要求，是审美教学革新、发展进程中必须坚持的正确方向，也是提高美育教学科学化水平的必由之路。

美育教育要让学生认识到外在美、形式美，但更应侧重的是对于内在美的揭示和培育。只懂得欣赏财富或权力所装饰起来的富丽的光彩，不懂得欣赏劳动或汗水凝结起来的素朴的荣光；只懂得欣赏白云，却不懂得欣赏黑土；只注重养眼，却不注重养心；只知道周迅的表演，却淡忘了鲁迅的呐喊……内在美被轻忽，我们怠慢的不是思维的深度，而是民族的灵魂。

自古以来，强大的民族都是重视美育教育的民族。以色列、德国，以及日本的教育是全世界学习的典范。以色列在小学就开设宗教学，哲学是德国中学生的必修课，当我说到在日本，大学生在完成繁重的学业之后依然参与茶道培训、艺术鉴赏等活动，身边的一位老师就问了那个特别经典的问题："这有啥用啊？""这些美育教育是教育的重要组成部分，是修心啊，它能让学生更好地了解自己。"

而我们的国家，我们的民族，更是如此，中国之所以被称为文明古国，经千年颠沛而魂魄不散，历万种灾厄而总能重生，就是因为我们重视教育，我们尊师重道。

曾经，我们说"美育有啥用"，这与财富不成正比，造就了我们这个社会浮躁的状态。然而什么都可以浮躁，唯独教育不可以。教育是社会良心的底线，是人类灵魂的净土，是立国之本，是强国之基。教育为了啥？美育为了啥？教育，就是在帮助个人认知自己，帮助这个民族认知自己，只有这样，我们才可以掌握个人的命运，创造这个国家的未来。

教育者也好，受教育者也好，我们都要做到北宋教育学家张载所说的读书的真正目的：为天地立心，为生民立命，为往圣继绝学，为万世开太平。

所以下次，我还会在课程时间内教会孩子们课本上该学习的歌曲，但是我会多讲 5 分钟，我会多讲 5 分钟的贝多芬，多讲 5 分钟的洗星海，多讲 5 分钟的聂耳，别再问这东西有啥用。这多出来的 5 分钟，我不再教你音乐，请允许我做一次教育，做一次美育教育。

我不需要锦旗

山东省阳信县翟王镇中学　张德军

2022年7月的一天，中考已经结束，卸去一身疲惫的我正在家里休息，突然接到学校的电话，说让我马上返回学校，有一位学生家长要找我。我心里非常纳闷，匆匆忙忙赶回学校，远远地看到在教学楼大厅里，一群人正围着校长在说着什么。一见到我，有个人就大老远跑过来，使劲儿抓着我的手，嘴里不停地说："谢谢张老师，谢谢张老师……"我一头雾水，不知道这是怎么回事。几句话聊下来，我才知道原来他是我班的刘德齐的家长，他竟然是专门来给我送锦旗的！其实在这之前，这位学生家长就已多次打电话要感谢我，要请我吃饭，要到我家里去，但都被我回绝了，没想到他们竟然想到了这个办法！

说起刘德齐，他之前是一个自由散漫但很聪明的学生，虽然学习成绩在班里中游，但是距离高中录取分数还有一定差距。初三分班时他被分到了我班，一年的时间里，在我的严管和思想教育下，这位同学发生了翻天覆地的变化，不仅行为习惯有了很好的改变，学习成绩更是进入了全年级前20名！在一次开家长会时，他爷爷一再表示感谢："多亏了张老师了，要不是您，俺孩子就完了。"孩子爸爸也多次打电话发出邀请，要请我吃饭，每次我都是说："放心吧，孩子一定能考上高中的。你不用请我吃饭，多关心关心孩子就行。我不仅希望孩子能考上高中，我希望他能在高中继续努力，争取考上一所好大学。他有实力，咱都要多鼓励孩子！"最后，尽管经历了疫情，刘德齐同学还是以优异的成绩被我县第二高级中学录取！家长之所以来送锦旗，

作者张德军（前左五）与级部教师在翟王镇学区
2021年教育工作会议上受表彰

就是为了表达他们的感激之情。

给我送锦旗这件事，事先他们根本没向我透露，来校后他们是这样解释的："张老师，俺知道，只要跟你说了，你一定又会百般回绝的！"面对如此真诚的家长，我也很感动，欣慰地接受了这面锦旗！

无独有偶，我班还有一个同学刘朝旭，他的情况和刘德齐几乎一样，只是成绩还要差，而且逆反心理特别严重。我经过了解得知，这个学生从小一直由爷爷奶奶和姑姑看管，他的父母一直在北京打工，很少陪伴照顾孩子，孩子与家长产生了很深的隔阂，导致根本不听家长的管教。我就一直调和孩子与家长的矛盾。疫情期间，孩子感染新冠病毒，在医院接受长时间隔离治疗，一直没有与家长联系，家长打电话也不接，急得家长都哭了，总是找我问孩子的情况。面对沮丧的家长，我总是说："你们一定要相信孩子，他绝对能照顾好自己，作为班主任，我一定会尽力帮你们！"经过我的协调，家长和孩子终于解开了心结。刘朝旭在中考时也没受到疫情太大的影响，成绩十分优秀，如愿以偿顺利考上了理想的高中！刘朝旭家长在我不知情的情况下，给我做了两面锦旗送来，尽管我一再回绝，他们还是送到学校来了。

作为班主任，我觉得只要我们秉承着认真负责的态度，怀着满腔热情，不负家长嘱托，真诚关爱学生，我们就一定能感化学生，赢得家长与社会的理解与支持，创设出和谐的家校关系，提升社会的满意度，为办好人民满意的教育贡献自己的一份力量！

教学篇
让农村孩子插上翱翔的翅膀

一个叫张康的孩子

山东省阳信县翟王镇中学　冯志盼

虽然教师是平凡的，但是教育却是伟大的。那些本身就优秀的孩子只要稍加引导就可以了，而真正更需要和渴望受到关注的反而是那些特殊学生。教师往往会嫌弃、冷落特殊学生，殊不知，学生看起来最不值得爱的时候，恰恰是学生最需要爱的时候。有时，错过一个教育学生的机会，就可能错过学生的一辈子。他们同样是含苞待放的花朵，只要我们用耐心和爱护、尊重与欣赏、理解和宽容精心培育，这些花朵同样能够绚烂地绽放。

特别的爱给特别的你

"山之所以成为山，是因为它不放弃挺拔；水之所以成为水，是因为它不放弃流淌，只有认清自己并永不放弃的人，才能成为一个有价值的人。"

这是一个叫张康（化名）的孩子贴在自己书桌桌脚上的一句话。张康是我的一名学生，我是他的班主任，走进这个孩子的生活，是特别的一天，只记得那天天特别蓝。

好像每个班主任都有扒墙角的习惯，第一节上课铃响后，我偷偷到教室巡视，同学们秩序井然，学习状态不错，我刚要离开，余光扫到了靠墙而坐的张康身上，他正在呼呼大睡，当时我怒火中烧，一大早竟然在睡觉，怪不得成绩这么差，我恨不得立马把他叫出来，可是任课教师正在讲课，我只好忍耐，继续观察一会，只见任课教师悄悄走到他身旁轻轻地敲了敲他的桌子，他抬头瞅了瞅，接着又趴下继续睡觉，简直太嚣张！为了不影响其他同学，任课教师只能继续上课。好不容易熬到下课，我立马把他叫到了办公室，我强压心中怒火，问他："为什么上课睡觉？"他回答说："当然是因为困了！"我又问他："晚上干嘛去了？"他说："睡不着！"我又耐着心问："有什么事吗？为什么睡不着？"他说："没事，就是睡不着！"（很明显，他在抗拒回答问题，而且对我很反感。）我就让他回教室了，并提醒他下节课不许再睡了。

办公室里的一些老师被他的态度气坏了，说："你看，这个孩子，只要你有事找他肯定气个半死，一点礼貌没有。"我问老师们，他平时上课也总是睡觉吗？老师们想了想说："这种情况确实很少见。"我马上找到了他父亲的联系方式，给他父亲打了电话，但是我并没有说他违纪的事，我说孩子看起来气色不是很好，没有精神，是不是发生什么事了？他父亲想了想说："没事啊老师。"我又严肃地说："这关乎孩子的心理健康和成长，有事一定不要瞒着我，老师的办法总比家长多些，也更科学。"他父亲沉默了一会儿，说："那我就和您实话实说了吧，我的母亲已经不在了，父亲有癫痫病，需要有人照顾，前些年妻子长期在家照顾老人，不能工作，只有我一个人去赚钱，家里经济压力大，去年妻子离开家外出打工了，可是老人没人照顾，小康跟着我承担了很多。老人时常晚上发作，就像昨天晚上，折腾了一夜才救过来，白天他精神肯定不好，他不是故意的，孩子自尊心强，不想让我告诉你。"我挂了电话，心情很复杂，班里又多了一位"可怜"的孩子，早早地懂得了生活的艰辛，却又十分倔强，让人无能为力。

我又把小康叫到了办公室，让他趴在桌子上睡一会儿，我告诉他，我已经和任课老师们嘱托过了，不会怪他。我还告诉他，以后家里要是有事就告诉我，千万别着急，夸奖他是个能承担责任又懂事的孩子，并叮嘱他以后和老师交流时要注意礼貌。我明显看到，眼泪在他的眼眶里打转。

从那以后，他看到我开始打招呼，脸上明显有了笑意。每次看到他，我总会说一句："小康同学，好好加油"。虽然他的成绩还是不理想，可我却看到一丝希望之光在冉冉升起，也许我能改变他呢！

作者冯志盼课堂教学

班级里的"张康"不止一个，尤其在我们农村地区，有很多留守儿童、家里有重大病患、父母离异的孩子，这些孩子就像折翼的天使，想要起飞，却总是少了一双有力的翅膀，渐渐地很多孩子放弃了挣扎，出现了各种各样的问题，成为了班里的"学困生"，而他们恰恰才是我们更要关注的群体！

班级里这些特殊的孩子有的会唱歌，有的会画画，有的有体育天分，有的擅长做手工，有的有指挥天赋，有的朗读很有水平……我尽量让其有所发展，慢慢找到自己的舞台。

请不要放弃每一个"学困生"，请走近他们，尽我们的所能帮助他们找到自己的价值，让他们也能够在属于自己的领域绚烂绽放！

改造我们的课程
——以初中体验式课程为例

山东省阳信县翟王镇中心小学　张国岩

一、课程体系构建目标

以《义务教育课程方案（2022 年版）》为指导，坚持创建道德体验以铸品德、人文体验以通情志、科学体验以利实践、运动体验以强体魄、艺术体验以修素养、劳动体验以得技能的课程育人目标。

二、课程体系构建主要版块解读

（一）品德与修养课程

品德与修养是我校课程体系的一大模块，它包含基础性课程（道德与法治课程）、拓展类课程（安全教育、养成教育、团队活动）和 VIP 类课程（感恩教育、法治讲堂、文明礼仪、党史学习教育、红色教育等）。

道德与法治课程是一门以初中学生生活为基础，以引导和促进初中学生思想道德发展为根本目的的综合课程，该课程具有思想性、人文性、实践性、综合性的特点，为学生成为有理想、有本领、有担当的社会主义合格建设者奠定基础。

作者张国岩在翟王镇学区 2021 年教育工作会议上作教学工作报告

在此基础上，为满足不同层次学生的需求，我校开设了拓展类课程和 VIP 类课程，打破学科知识体系框架，从人与人、人与自然、人与社会的关系出发，组织学生参与各种活动，同时利用主题班会、主题军训等各种学生的活动，让学生在活动中认识社会，进而形成自己的人生观、价值观。

（二）人文与社会课程

人文与社会课程教学要达到的最终目标有两个："有趣"和"有用"。基础课程为语文和英语两大学科，将深奥的语言学原理用通俗的、恰如其分的话语表达出来，将语言现象背后的文化娓娓道出，是我们追求的基本目标。终极目标最终归结为"实用"：关注身边的语言现象，深入探究汉语语言现象背后深层次的文化特质，以培养学生的人文情怀。

（三）数学与科技课程

数学与科技是我校课程体系的另一大模块，它包含数学、物理、化学、生物、信息技术五门基础性课程，魅力物理实验、多彩化学实验、神奇生物实验、科普基地等拓展类课程和标本制作、创客教育和计算机编程等 VIP 类课程。

（四）体育与健康课程

体育与健康课程是学校课程的重要组成部分。本课程是以身体练习、阳光运动为主要手段，以学习体育运动知识和心理健康知识、掌握体育运动技能、放松心情、缓解学习压力为主要内容，以增进学生体质、树立顽强拼搏精神、培养过硬心理素质和良好心态、为终身发展奠基为主要目标的课程。

身体健康、心理健康是协同发展的共同体。因此在培养学生健全体魄的基础上，我校又开设了心理健康课，目的在于培养学生的阳光心态和完美人格，提升学生的社会适应能力。课程重视培养学生的自信心、坚强的意志品质、良好的竞技道德、合作精神与公平竞争的意识，指导学生合理把控情绪，培养良好的心理素质。

VIP 课程有雏鹰手球操、跃动花样篮球、人生规划课。

（五）劳动与实践课程

劳动与实践课程是学校课程的重要组成部分，旨在提高劳动教育育人效果。学校开设劳动教育课程始终站在劳动育人的角度上，培养学生的创新精神和实践能力，通过劳动教育弘扬劳动精神，促使学生形成良好的劳动习惯和积极的劳动态度，切实体会到"生活靠劳动创造，人生也靠劳动创造"的道理，培养学生的社会责任感，促进学生全方面发展。

基础性课程有劳动教育、综合实践。

拓展性课程有环境与卫生、家庭劳动和社会实践。

VIP课程有社区服务和绿色种植基地。

（六）艺术与审美课程

艺术审美课程是以音乐、美术为基础课程，采用艺术手段和内容进行的审美教育活动，是美育的重要组成部分，任务是培养学生的审美观念、鉴赏能力和创作能力。以培养鉴赏能力为主，培养创作能力为辅，使受教育者在欣赏优秀艺术品的实践中学习审美知识，形成审美能力。艺术与审美课程补充了学生的认知视野，接受美学教育能激发学生创新和创造的能力。

三、课程体系构建意义和作用

1.构建"五育并举"课程体系：品德与修养课程、人文与社会课程、数学与科技课程、体育与健康课程、劳动与实践课程、艺术与审美课程。

2.拓宽六大育人途径：课程育人、文化育人、活动育人、实践育人、管理育人、协同育人。

3.发挥"七馆一园"作用：体育馆、手球馆、科技馆、创客实践馆、瓷都馆、悦音馆、悦舞馆、薪火传承园。

4.树立了八种意识：爱国爱党、遵规守法、诚实守信、感恩怀德、安全健康、节约环保、实践创新、向善向美。

翟王镇中学"体验式"成长教育课程体系的开发和实施，能够充分发掘教师资源，发挥每一位教师的特长，让学生爱上学习，自觉成长，让教学生态更加和谐，将翟王镇中学的学生逐渐培养成"知类通达，强立而不反"的"大成"少年。

"4+N" 高效课堂教学模式简介

山东省阳信县翟王镇学区　王村华　李春华　丁晓努　李福新

一、高效课堂建设背景

按照滨州市教育局《关于在全市中小学推进高效课堂建设的意见》精神和阳信县教育体育局《推进高效课堂建设三年行动实施意见》要求，基于以落实核心素养为导向的课程标准、单元整体设计、突出自主合作、注重探究实践的课堂教学思想，阳信县翟王镇中心小学以促进学校内涵发展为宗旨，以创新教师教学行为为前提，以深入推进我校课堂教学改革、实现高效课堂建设为目标，切实改变教师的教学行为和学生的学习方式，实现全校教师教学工作的"轻负高效"，真正提升教育教学品质。我校创新高效课堂的教学策略，以学生自主学习为基础，以思维品质培养为中心，以过程训练为主线，突出以学定教、以教促学、以学评教，逐步形成"4+N"的高效课堂教学模式。

二、基本教学模式阐释

"4+N"高效课堂教学模式，主要由两部分构成，第一部分为"4+N"高效课堂教学模式中的"4"，它指的是课堂教学中我们所关注的四个着力点；第二部分是"4+N"高效课堂教学模式中的"N"，是指授课者遵循模式，但又不唯模式，凸显个性化的教学特色，即不唯模式，唯高效。

作者李春华（右一）、李福新（右二）在教育干部培训会现场

（一）"4+N"高效课堂教学模式中的"4"

又分作"保障学生习惯养成"和"保障课堂高效"两个维度。

1.保障学生习惯养成维度。包含两个环节，均需在课前2分钟候课时实施。

（1）课桌面模式化。"课桌面模式化"即要求学生将所有的学习用品按统一位置摆放于桌面，体现"置物有定位"原则。旨在培养学生做事严谨细致的习惯，无形中保障了课堂学习的高效。

（2）课前一字。各学科均坚持"课前一字（单词）"的示范训练，用好黑板贴，指导学生写好汉字或英语单词。旨在通过持之以恒的训练，达到对小学生毅力的培养，并且渗透心理素质的培养，这对提高小学生在课堂上的专注力效果显著，同时保障了课堂学习行为的高效。

2.保障课堂高效维度。其有两个着力点，其一是要求教师每节课必须设计"学历案"，其二要求教师必须贯彻课堂上"教学评一致"的理念。

（1）学历案引领。学历案，以教案为基础，经过老师精心设计，引导和辅助学生预习和课堂自主学习，使学生借助学历案在老师的指导下逐步达到自主学习的目的，从而为课堂教学的有效性奠定基础，逐步提高学生的预习和自学能力，逐步由被动转向主动。从"教案"到"学历案"的转变，其本质是教学重心由教师如何"教"转变为学生如何"学"，把教师的教学目标转化为学生学习的目标，把学习目标设计成学习方案交给学生。

（2）教学评一致。简单来说，教学评一致性是基于标准教学的一种行动策略。所谓"教"，就是通过一个课时或一个单元的学习，教师需要让学生"学到什么"，也就是教学目标；"学"指的是在学习活动的组织过程中，设计的学习任务和教学活动；"评"是指对学习活动进行反馈纠正，以便更好地教学。在教学中，"教学评一致性"的合理应用是课堂达到高效的最好保障。

就一节课而言，教师在备课时，必须明确三个基本问题"我要把学生带到哪里去（目标）""我如何知道学生已经到哪里了（评价任务设计）""我如何安排教学过程以便于学生有更好的表现，也有利于我了解学生学到了什么（教学环节）"，体现目标、教学、评价的一致性。

（二）"4+N"高效课堂教学模式中的"N"

这里的"N"即授课者个性化教学特色。个性化教学是素质教育的必由之路，但个性化教学不是随意乱为的教学，而是在统一的教学模式的基础上，融入自己教学主张、教学方法和师本课程的教学。它是教学"入模"后又"出模"的发展升级，是教师不断实践、反思、学习、再实践、再研究的表现。

三、实施及效果

学校开展了多次"4+N"高效课堂教学模式展示交流活动，老师们积极参加。"4+N"高效课堂教学模式交流活动是智慧与创新的碰撞，是理论与实践的磨合，是提升与历练的再现。在课堂实践中，老师们按照"4+N"课堂教学模式的操作程序进行课堂活动设计，关注课堂知识的生成过程，强化了生生互助、师生互动的自主探究，努力实现教师教学方式和学生学习方式的转变。

老师们充分利用了学生资源，调动了每一个学生的学习积极性，提高了学生的学习效率，并及时科学地评价小组及其成员的表现，充分地让学生展示，激发学生比、学、赶、帮、超的兴致和愿望，加大了对学生自学能力的培养调控力度。

在 2020 年 10 月阳信县"聚焦高效课堂，推进教学创新，提高教学质量"研讨会上，我校多名老师做了专题发言。在 2020 年 11 月阳信县小学各学科优质课评选中，我校参赛的 7 位选手全部获奖。

让学习变得有力量

山东省阳信县翟王镇中学　李春华

作者李春华（右一）参加疫情防控志愿活动

说到"教育"，总觉得这是一个空大的概念。《教育学》中这样定义教育：广义的教育，指的是凡是增进人们的知识和技能，影响人们的思想品德的活动，都是教育。而狭义的教育主要指的是学校教育，即教育者根据一定的社会或者阶级的要求，有目的、有计划、有组织地培养人的一种活动。由此可见，教育是需要社会、家庭和学校各方面共同努力完成的。

自从接触"学会学习"教学项目，阅读了《让孩子爱上学习》等系列书籍后，我对教育的理解变得更加清晰，我认为教育就是让孩子们的学习变得有力量。而如何让学习变得有力量，也是需要方法与技巧的，需要从本质上了解"孩子学习这件事儿"背后的心理学规律，走出对孩子学习的指导误区。

一、让孩子的学习变得有趣

我们都曾有过这样的经历：工作到忘我，时间过得飞快而愉悦。如果让孩子从爱好出发，激发他们的忘我精神和征服欲，让他们从小就体会到为兴趣而忘我的快乐滋味，久而久之，他们便会主动去寻求这种感觉。比如，当下倡导的借助游戏的方式提高孩子的语言表达能力。对于6到12岁的孩子来说，游戏是最能吸引注意力的一种教学方式。游戏可以激发孩子们语言表达的兴趣。并且在游戏的过程中，有大量的语言沟通的机会，这样可以有效促进孩子语言理解能力和表达能力的发展，起到事半功倍的效果。

我印象最深的一个游戏是"配音游戏"。选择一些动画、电影等的片段，在播放选择的片段时关闭声音，家长和孩子分别扮演不同的角色，跟随场景说出自己的台词。当孩子大些时也可以提高难度，不按原有台词来配音，而是自编台词，还可以加入一些离奇的情节。目的就是培养孩子语言表达的流畅性、模仿言语的能力。

除此之外，我觉得也可以开展"我给课文配配音"的活动。请同学们当小朗诵家，利用多种方式朗诵教材中的课文或者儿歌等。将每个人的成果在全班展示，展示后由教师和学生给予评价。教师要引导学生进行有效的评价，从学生想象的合理性、配音内容、说话语气等多角度进行评价，挖掘同学们的优点并予以表扬，恰当指出缺点使其加以改正。

所以，作为教师和家长，要给孩子创造好玩的环境和文化场。正如在适宜的土壤中种子可以发芽，在适宜的文化场中，支持孩子以更加开放、平和、宽广和坚韧的心态来感受和体验这个世界，学习也会变得妙趣横生。

二、制定合理的目标

很多时候，孩子们在学习过程中会感到绝望，从而放弃。究其根源，就是因为孩子们没有学习动力，没有学习目标，也不知道自己当前的学习状态。

例如，如果我们驱车前往一个遥远又陌生的地方，去的时候往往会觉得长路漫漫，时间长的令人绝望，但回来的时候就觉得快了很多，这是因为回来的时候你知道目的地在哪里。所以一定要帮助孩子为学习设定目标，这个目标最好是具体、明确的，可以度量的。这样孩子们就能清晰地感知到自己的完成进度，能在短期内得到"目标完成"的成就感。而这些都是学习乐趣的组成部分。

三、学会正确地奖励孩子

在很多时候，无论老师还是家长可能都有一种困扰，就是不知道该如何给孩子有效的奖励。之前有家长向我反馈说，因为一直对孩子进行物质的奖励，后来孩子会要求买一些比较贵重的物品，如果没有奖励就不愿意完成任务。奖励是扬长教育，是激励教育，如果做法不当，很有可能适得其反。我认为在进行奖励时，可以采用如下小技巧：

1.奖励需个性化,才对孩子有吸引力。比如将激励物分为几个类别:活动类、用品类、玩具类、宠物类、精神类等等。根据孩子不同的行为表现、个人偏好等选择对孩子有吸引力的激励物。

2.物质性激励要适度,精神类激励很重要。在给予孩子物质性激励时也要配合社会性激励,如口头表扬、微笑、点头等。

3.说明奖励的原因,切勿把物质奖励当成贿赂品。要在孩子出现我们所期望的行为后再给予其奖励,让激励物指向孩子表现出的良好行为,否则会使激励的效果大打折扣。

4.不同阶段采用不同的奖励频率和奖励间隔。家长和教师在表扬学生时有几个误区,如重物质、轻精神;重结果、轻过程;重智力、轻德育。我们都知道,好孩子是夸出来的,在表扬孩子时我们要注意:表扬时要针对孩子的努力,而非聪明;基于事实表扬,而非虚假表扬;在孩子失败后,适当表扬更重要。

作为新时期的教师,我们还要不断地学习更多有效的方法,让学生变得越来越优秀。教育是长久之计,只有在平时对学生多些耐心,善于总结方法,因材施教,循循善诱,给学生适时的、有效的奖励,才能让每个学生的学习变得有力量。

从九大学园走出"大成"少年

山东省阳信县翟王镇穆家小学　崔素霞

翟王镇学区育人目标理念出自《学记》："一年视离经辨志；三年视敬业乐群；五年视博习亲师；七年视论学取友，谓之小成。九年知类通达，强立而不反，谓之大成。"

阳信县翟王镇学区育人目标

原文意思是：第一年考查学生断句分章等基本阅读能力的情况，第三年考查学生是否专心学习和亲近同学，第五年考查学生是否在广博地学习和亲近老师，第七年考查学生讨论学业是非和识别朋友的能力，这一阶段学习合格叫"小成"。第九年学生能举一反三，推论事理，并有坚强的信念，不违背老师的教诲，达到这一阶段的学习标准叫作"大成"。

翟王镇学区学前段以"三年视敬业乐群"为育人目标，培养幼儿专心学习的习惯和与人相处的兴趣；小学段以"七年视论学取友，谓之小成"为育人目标，培养学生探索辨析的思维习惯和人际交往的能力；中学段以"九年知类通达，强立而不反，谓之大成"为指导，使学生具备独立学习和举一反三的能力，并有坚强的共产主义理想信念。

为实现各学段育人目标，翟王镇学区根据教育园区的教育资源配置和功能，设置了以"九大学园"为牵引的课程体系：

【明德学园】2008 年，翟王镇中心小学迁址，更名为翟王镇明德小学。在明德楼内建构以随班就读教育资源为特色的特殊学生教育"明德"课程。

【青葵学园】2012 年，建成翟王镇中心幼儿园，开发幼儿户外游戏"青葵"课程，促进幼儿多维能力的发展。

【小成学园】2018 年，翟王镇教育园区投入使用，全镇 3 到 9 年级的学生全部集中到教育园区上学。以中心小学教学楼和实验楼九大资源场馆为阵地，打造提升学生学习能力的"小成"教学文化。

【六艺学园】在中学部东实验楼，研发以文学、口风琴、舞蹈、京剧、国画、瓷盘画艺术等为主题的"六艺"课程。

【衔土学园】在中学部西实验楼，以科学实验、科技创新为学习阵地，培养学生"蛾子时术之"坚持不懈"衔土"成土堆的精神。

【武德学园】2019年，全县南北跨度最大的室内体育馆和400米高标准塑胶跑道运动场投入使用。以"武德"为主题，设计特色大课间活动。

【不语学园】2022年，在教育园区综合餐厅内外，建构舌尖上的教育"不语"课程，教育学生体会物力维艰，劳动光荣，学习饮食文化和礼仪。

【乐融学园】在2010年、2016年、2022年，三栋教师公寓楼先后入住了48户教师家庭，男、女生公寓楼各能容纳500名学生住宿，建构以"家"为核心主题的"乐融"课程。

【大成学园】翟王镇中学立足于全学习的管理理念，打造以思维导图为主要形式的学科课程学习架构体系，培养"知类通达，强立而不反"的"大成"少年。

话说"线上教学"

山东省阳信县翟王镇中心小学　张玉兰

一场突如其来的疫情，阻挡了学生入校学习的脚步。战胜疫情是一轮考验，线上教学又是一轮考验。

"停课不停教、停课不停学！"

"不让一个孩子掉队！"

这是我们学区领导带领我镇全体教师发出的铮铮誓言，是我们教师的担当和良知，我们每个教师都肩负着责任和使命。

居家学习是一场学习的革命，没有固定的模式，一定要坚持育人为本、健康第一、因校制宜、以校施策、因材施教、注重效果的原则，充分调动教师、家长特别是学生的学习积极性。

"线上教学"渐入佳境。对于"线上教学"，我们从开始的手足无措，到现在的渐入佳境，一路思考，一路实践，一路共同成长。我们最初是跟随"空中课堂"与学生同步听课学习，视频中各位名师的循循善诱和精彩讲解一下子吸引住了我们的这些农村孩子们，小家伙们真是眼界大开，

作者张玉兰（右二）参加教学研讨活动

兴趣盎然。但随着时间的推移，这种"线上教学"也暴露出不少问题，当时间一长，学生新鲜劲儿过去了，再加上家长务工返潮高峰的来临，许多学生就不再认真听讲、回答问题，作业也不认真完成，甚至偷懒不做了。这对我们来说是一个挑战，同样也需要我们思考该如何应对这种挑战。

我们备课组在讨论后商定，利用钉钉直播的方式来授课，结合实际情况灵活开展线上教学。刚开始，陌生的钉钉直播让我们手足无措，我们对钉钉直播并不熟悉，面对着电脑屏幕，没有熟悉的黑板和粉笔，也没有学生的互动，仅

仅依靠课件和远程说教，怎样才能上好一节课？这对每位老师来说都是新的挑战。但方法总比困难多，在精心准备好的课件中，我们多采用层层递进的问答方式，激发学生的学习热情，使学生认真思考课堂问题，积极踊跃发言，将自己的想法发在公屏上，我们看着互动面板上一串又一串的留言，有回答问题的，有表示认同的，有进行反驳的，有针对回答进行分析的，也有帮助讲解的……在不断的互相讨论交流中学习到新知识，释放自己的真实情感。这样有趣、向上的课堂氛围让老师们意识到原来"线上授课"并没有那么难，农村教师一样也可以做"网红"主播。

"线上教学"催生新的授课方式。对于每一课时，老师们都会互相进行探讨交流，为每堂课寻找相关视频，筛选优秀课件，根据学生不同的掌握程度布置相对应的作业。每堂课的课前和课后，同事之间都会进行讨论，分享各自的想法和做法。面对 PPT 讲课存在着的不方便书写、缺乏示范性格式的教学问题，徐桂娥老师分享了自己的方法，即通过数位板可以直接在 PPT 上书写并且留下清晰的笔迹，这样就方便了课堂讲解，使学生在做题时能够有规范的格式；刘超老师分享了自己讲解习题的方法，他通过录制微课，对课堂中和作业中出现的疑难问题进行逐一讲解；孙中锋老师的问题设计有典型性，层层递进，举一反三，从而帮助学生理解习题中出现的问题，并且她无私地将自己录制的"知识胶囊"分享给大家一起使用，让我们受益匪浅；刘芳老师充分发挥她的教学智慧，有效利用教学资源，努力创设学习情境，便于学生更直观地理解授课内容，使线上教学效果最大化，这对我来说真是醍醐灌顶、耳目一新，我惊叹，原来线上教学还可以这样做。

"线上教学"时刻"以学生为中心"。为了让学生更好地参与课堂，掌握更多知识技能，我们在全方位、多层次做出了不懈的努力。在备课时，备课组组长刘辉老师建议要灵活使用教学语言，例如在指导二年级学生书写"慢"时，将注意事项编成顺口溜"竖心旁要挺拔，日子收，四字放，又字在下稳当当"，通过编顺口溜等一些创新方法让课堂形象生动起来，激发学生们的学习兴趣；刘超老师采用了屏幕分享和摄像结合的方式进行授课，在讲解知识时，播放屏幕上的多媒体课件，在讲解习题时，切换成摄像头直播，自己准备了小黑板，真人出镜，用粉笔一笔一画细致入微地书写和讲解，两种方式相结合，让学生身临其境全神贯注地投入课堂中，取得了良好的教学效果。

回首这段时期的线上教与学，我认为线上授课应该把握以下五点：一要了解和把握学情，做到胸有成竹；二要做好教学准备工作（资源与备课）；三要多互动沟通，吸引学生的注意力；四要及时做好评价反馈，及时查缺补漏；五要做好家校沟通，多维度促进学生的日常学习。

"线上教学"让我们教师在不断地思考、探索与改进，既提高了自身的教学本领，又催生了一种新的教学模式。

一个都不能少

山东省阳信县翟王镇中心小学　赵东芹

作者赵东芹（右一）参加"教学评一致性"
教学研讨会

我，一个九零后教师，从小的梦想就是成为一名老师，给孩子讲授知识、倾听他们的心声。

记忆中，小时候村里有很多玩伴，大家每天一起上学、放学、捉迷藏、过家家……但每个村里都有一些"与众不同"的孩子，有备受讥笑的"小可怜"，有躲在大门口或大树下偷偷看我们疯玩的自闭孩子，也有行动不便的残疾孩子。他们中有的也会和我们一样背起书包去上学，但时间不长，几年后学校里便没有了他们的影子，再后来甚至在村子里也寻不见他们的痕迹了。那时的我总在担心那些孩子被欺负，如今在想，后来的他们去了哪里，如今过着怎样的生活……

工作后，我参加了学校对重度残疾学生送教上门服务工作。在送教上门服务工作中，我发现有的孩子虽然智力残疾，但是懂得基本的生活常识，只是孩子的社交能力受到了严重的限制，没有机会与正常的孩子进行交往，又由于生活在农村，受传统观念的影响，导致他们无法入学，这一幕深深刺痛了我的心。我多么希望这些孩子也能学习一些知识，交到一些朋友。

即使有的残疾儿童能够上学，他们的入学也给学校的教育教学工作带来极大挑战：残疾学生需要乘坐校车，上下楼梯和中午在学校就餐都不方便……更重要的是他们由于肢体残疾导致性格自卑，渴望参加班级活动、渴望融入班级，但又敏感而胆小。

为了更好地照顾到每一个随班就读的孩子，学校出台了很多措施。学校规定"一班最多一人"（一个班级里最多一个残疾孩子），同时对相应班级的教师进行了选拔，选择责任心强、业务水平高的骨干教师担任班主任，选择有耐心、有爱心、业务能力强的任课老师与班主任搭档。还聘请专业人员对老师们进行特殊教育的培训，使教师的思想政治、职业道德、教育教学能力、教育科研水平在原有的基础上有了进一步的提高。

老师们与学生家长成立随班就读合育团队，合作建立成长档案记录册，清楚掌握孩子们的身体、家庭、生活环境、现有能力及特殊需求等情况。尹鸽鸽老师是一位刚毕业的年轻老师，担任三年级三班的班主任。她的班里有这样一个特殊的孩子：由于出生时缺血缺氧导致肢体残疾和脑部损伤，他刚上三年级的时候几乎不会走路，不会写自己的名字，甚至不能够喊出小伙伴的名字。为了照顾他，老师做了很多工作，有时候为了鼓励他，老师会让他从自己的座位上走到办公室，作为奖励，尹老师会给他一块糖果或饼干，有时候是小贴画，每次拿到奖品他都会特别开心。尹老师班里的孩子们也做了很多，有帮助他走路的，有帮他拿餐打水的，有扶他上厕所的。渐渐地，帮助他已经成为班里老师和孩子们的一种自觉行为，在大家的共同努力下，他学会了和同学说话，能够叫出小伙伴的名字。对于孩子来说这是多大的进步呀，在这样温暖的班级中，有这样温暖的老师，这样温暖的同学，他是幸运的，也会是个幸福的孩子。

我们在陪残疾孩子成长的过程中，即使前期做了大量工作，老师们在实际的教学中还是遇到了很多困难。学校里现在有智力和肢体残疾两种类型的4位随班就读学生。其中3名是肢体残疾，他们的认知能力、知识水平相对于同龄的学生来说相差不远，肢体残疾的学生的学习成绩不断进步，但是他们的心扉还是很难打开，在遇到身体方面的问题时不愿意与老师、家长和同学交流。他们有很大的心理压力，这种心理问题比表面上的问题更难解决，也更迫切地需要得到解决。

为了解决好这些问题，学校聘请了从事特殊教育工作的老师，为配合特教老师的工作，学校建立了六间高标准的资源教室，分别是康复训练室、团体咨询室、学习训练室、心理阅览室、宣泄室、关爱室。这些资源教室在工作日全天对学生、家长、随班教师开放。在此基础上，学校选择专门的心理辅导老师担任辅导员工作，与特教老师对接，每两周一次，带领学生在资源教室有针对性地开展心理辅导和康复训练。

在这几年的工作中，随班就读的孩子逐步从胆小、自卑走向开朗、自信，学习能力和生活能力持续进步。他们与健康的孩子一样，即使腿部残疾，也能上体育课，当守门员；即使缺少右臂，也能绘画出美丽的作品、唱出动听的歌；即使一只眼睛看不见，也能与学霸一争高低；即使智力残疾也在慢慢学习生活自理，学会交友……

我们不会放弃每一个孩子，孩子们也不会放弃每一次成长的机会。我们相信每一个残疾的孩子，相信他们的能力，相信他们能够成为"健康"的孩子。我们相信，只要用爱拉紧他们的手，他们就会一步一步走向开满鲜花的路，而到那时必定会有满路的芳香馈赠，而那时也必定是我们最幸福的时刻。

仇洪达的故事
——轰轰烈烈的教学改革"学本教学"

山东省阳信县翟王镇中学　张　双

"老师，我来帮你抽签。"王浩熠把手举得高高的，班里还有几个同学举起了手，表示愿意帮我抽签。"好吧，这次咱们就近来，王浩熠你来抽。"我把抽签盒子递给了他。

自从开始实行学本教学模式，为保证每个组的参与积极性，在展学环节，我调整了策略，随机抽签，大家一看随机抽签，都很乐意帮我抽。

作者张双（中）在翟王镇学区 2021 年月度论坛
比赛说"学本教学"中获一等奖

"王建娜小组！"王浩熠大声读着刚抽的签。

"好，请建娜小组上台展学。"我附和说，其实心里一紧，有好几次，她们组都会卡住，都卡在一个内向的男孩身上。

王建娜带领着小组四人上了讲台。

"这个问题由我们组来汇报。"王建娜声音很洪亮，"由我回答第一个问题，仇洪达回答第二个问题，王文涛回答第三个问题，杨梦玲回答第四个问题。"（经过多次培训，大家已经在互学环节经过有序交流，统一答案，做好了展学分工。）

王建娜声音洪亮地讲解了第一个题目，轮到曾经卡住多次的仇洪达了，大家都屏住了呼吸，前几次我都积极鼓励他，不知道这次他能不能说出来。

"由我来讲解第二个问题，滚摆在向上滚动的过程中，高度增加，重力势能增加，速度减少，动能减少，整个过程重力势能转化为动能。"仇洪达面向大家认真讲解着，虽然我们听着声音不大，但是他看上去不再胆怯。其他两位同学也很顺利地完成了讲解。

"我们组的讲解完成，其他小组还有质疑或者补充吗？"这个时候周政卓举起了手，王建娜示意他发言。

"我质疑仇洪达的答案，滚摆在上升过程中，高度增加，重力势能增加，速度减小，动能减少，这里面应该是动能转化为重力势能。"周政卓大声说。

学本教学的展学环节本就是师生之间和生生之间进行多向交流，引发思维碰撞，智慧交流的多角度互动的过程。

"谢谢你的补充，我刚才想错了，我同意你的观点。"仇洪达说，他声音不大，但是我看到了他眼里的亮光，心里为之一震。

以上是学本教学课堂中展示环节的一幕场景，这个叫仇洪达的小男生，以前回答问题，脸憋得通红，说不出话来，现在通过一次次的锻炼和鼓励，在小组展学环节终于实现了突破，能有力地说出自己的观点，我想只要孩子自信心上来了，万事皆有可能。

当然仇洪达只是其中的一个例子，除了他还有很多，我深深感受到孩子们越来越喜欢这种学习模式，在课堂上充满了活力，改变了教师一言堂的局面，通过自学、互学、展学环节的开展，让学生成为课堂的主角，教师后退一步变身为导演。

2021年3月，我校积极响应县教体局推进的学本教学课程改革的要求，多项措施并举促进学本教学落地，我校教师的教育教学观念、教学行为发生了显著变化，课堂教学面貌明显改善，学校焕发出勃勃生机。学校主要从以下几个方面开展的工作：

1.培训学习促提升，凝心聚力共成长

（1）2021年2月27日，我校召开"学本教学"启动专题会议，为做好学本教学推进工作，学校专门制定了《翟王镇中学推进学本教学实施方案》，李荣燕主任给大家做了《走向以学为本的教学》专题报告，开启我校学本教学探究之旅。

（2）2021年上半年，翟王镇中学五次精心组织参加"龚雄飞与学本教学现场指导"视频会议培训学习活动，促进老师深入学习领会学本教学理念。

（3）2021年3月23日，为帮助老师们更好地用好学本教学，学校选派种子教师赴商店镇中学，参与现场听评课学习交流活动。

2.读书促成长，交流共提高

2021年3月15日，为更好地实践"学本教学"，深化课堂教学变革，用好翟王镇学区下发的《龚雄飞与学本教学》一书，翟王镇中学发起全校教师共读《龚雄飞与学本教学》读书活动。

3.学本汇报展成果，科研交流促提升

2021年3月到4月，为了进一步推进学本课堂的打造，在现场学习培训的基础上，融合读书学习的理论知识，学校组织了三轮"学本教学"汇报听评课交流活动。汇报展示活动推进了学本教学的开展，老师们及时转变观念，课堂改革进一步深化，教学质量获得大幅度提高。

4.以课题研究为抓手，助推学本教学改革

为进一步促进教师专业成长，助推学本教学改革，翟王镇中学以课题研究为抓手，积极发动老师们开展课题研究，比如于秀华老师的学本教学专项课题《基于初中学生学会学习的创新教学模式研究》和张双老师的专项课题《基于学本教学的初中物理教学设计研究》。

学校之美，美在课堂。经过一个学期的学本课堂改革，课堂上充满了活力与激情，孩子们很乐于参与这种能彰显他们主体地位的课堂教学，教学效果比以前的传统单向讲授教学要好很多，当然，学本改革仍在路上，期待遇见更好的明天！

坚持做一件事，从极简到极致

山东省阳信县翟王镇中学　董俊芳

作者董俊芳（中）在翟王镇学区2021年月度论坛
说"规矩教育"比赛中获一等奖

袁隆平院士逝世，举国哀悼，山河共震，世界同悲。

袁隆平院士数十年来一直站在水稻育种的最前端，心无杂念，抛去功利色彩，恰恰达到了梦想的彼岸。从全人类的根本利益出发，而不是从个人利益出发，恰恰成就了个人的梦想。袁隆平说"我的梦想很简单"，而事实证明，这简单的梦想却解决了世界亿万人口的吃饭问题。一辈子只做了一件事，从极简做到了极致，我们由衷地崇敬与怀念——国士无双！

崇敬与怀念之余，我们能做的，只有学习发扬其精神，把本职工作做精、做细、做到极致。下面我将从几个方面交流一下我的认识与做法，有不当之处，敬请批评指正！

一、热爱党的教育事业，勇挑重担

立足本职工作，加强自我约束，从自身做起、从每一件小事做起，常怀敬畏之心，严守师德，以规矩行事，以纪律责己，争做党和人民满意的"四有"好教师。

梁启超曾说："敬业与乐业是人类生活的不二法门，是中国职业道德的两大准则。"教师应坚守淡泊名利、甘为人梯的精神，做到脚踏实地，乐于奉献，静心教书、潜心科研、热心服务、专心育人，以良好的思想和道德风范去影响和培养学生，坚守一个教师对国家、对社会、对教育事业的职责和神圣使命，在工作中迎难而上，勇挑重担。

二、教书育人，率先垂范

教书育人是教师的天职。教书是手段，育人是目的。以情育人，热爱学生；以言导行，诲人不倦；以才育人，亲切关心；以身示范，尊重信任。

教师想让自己的学生成为有用的人才，就必须把书教好。这就要求教师具备渊博的知识。在知识的海洋里，宇宙间的任何事物都只如同其中的一朵浪花，一粒泥沙，而教师就如同一叶扁舟，长年累月航行于其中，将一批又一批渴望成才的求知者送达理想的彼岸，风雨无阻，无怨无悔。浪头上行舟，难免惊心动魄，但也有欣慰与欢畅，选择了教师职业就选择了艰辛和挑战。

以身作则、为人师表，"无德无以为师"。我们对祖国的爱，对学生的爱，对事业和未来的爱，都表现在我们对自己的高标准要求的落实上。作为教师的我们，要具备健康的价值观和高尚的道德情操，要有一定的人格魅力。"身教重于言教"，率先垂范就是对学生真正的负责，就是潜移默化、影响深远的教育。

三、爱护学生，严慈并重

陶行知先生曾说过："你的教鞭下有瓦特，你的冷眼里有牛顿，你的讥笑中有爱迪生。"教师只有热爱学生，才能教育好学生，才能使教育发挥出最大限度的作用。可以说，热爱学生是教师职业道德的根本。教师爱学生体现在"严"和"慈"上。常言道："严师出高徒。"又说："严是爱，宽是害。"对学生不严不行，当然，严要得法，严要有度。慈，就是对学生要关心、爱护、宽容、尊重。充分鼓励学生的自尊和自信，关心学生的学习和成长进步，使学生全面发展。

四、落实常规，提高质量

在日常的教育教学工作中，努力提高理论修养，自觉加强业务的锻炼，以教学常规为标准，时刻要求自己的教学行为，更好地服务于学生。

随着课程改革的深入，学为主体、教为主导的教学理念已经深入人心。教师要践行"学本教学"，促进和指导学生通过有明确的目标、有深度思维参与、有方法反思的"自学""互学""展学"提高他们的学习效率，开放思维，拓展空间；开放情感，提升其学科素养。"自学"——有明确的目标、有深度思维参与、有方法反思，问题提出即围绕教学重难点，问题思维化，思维品质化。思维开发才是课堂的原动力。有效"互学"，对于学生的"盲点"，要通过合作补充把"盲点"做亮；对于学生的"误点"，要通过合作纠错把"误点"做对；对于学生的"弱点"，要通过合作总结把"弱点"做强。"展学"把单边的展示改为双边展导，在师生互动中实现展学的增值。调动更多学生参与对话和交流，有利于从广度上激活课堂；调动学生围绕问题展开争鸣，追求生生互动的效应，诱导学生产生思维碰撞有利于深度激活课堂。

五、加强学习，提升教师魅力

教师是学生心目中的榜样，必须努力学习，以身示范，成为学生心中的偶像和楷模。本着教书育人的神圣态度，真心实意，踏踏实实，通过读书、网络研修等不同的形式学习，自觉刻苦自我完善，打下良好的知识基础，构建完整的知识体系。做学习型教师，重视提高自身修养，以自己的人格魅力、学术魅力和工作魅力感召和吸引学生，起到良好的示范作用。

"减负"变奏曲

山东省阳信县翟王镇中学　李荣燕

收作业、查作业是每位老师都头疼的事，不仅仅有作业质量的参差不齐、作业内容五花八门、不交作业理由的千奇百怪，还有与孩子们因为不交作业谈话时的无可奈何。这不禁让每位老师感叹："我拿什么拯救你，我的学生？"

学生作业是课堂教学的延伸，是学生对课堂教学知识的巩固和内化过程，是反馈课堂教学效果的重要手段。然而每一次面对作业，师生这本该和谐的一对关系，总会上演一场"爱恨情仇"的大戏。没有无缘无故的"爱"，也没有毫无理由的"恨"，是时候改变教学思路了。

"双减"政策落地以来，我校进行了一系列"减负"改革，实施各种减负提质增效措施，促进教育良性发展。作业减负更是我校改革的重头戏，学校要求我们每位教师精心设计作业，同时因材施教，设置分层次作业，结合我校课后服务时间安排，严格控制作业量，保证学生利用在校时间就可以完成作业。当我以为这样就能够保证和谐时，学生的一个回答惊醒了我。

有一次，我问班里的同学喜欢什么样的作业，一个学生勇敢地回答："老师，我们不喜欢作业。"是啊，只要有作业，对于学生就是一种负担，特别是对于缺乏学习积极性的同学，这些负担会转化为对学习的抵抗心理，对于学习兴趣的培养更是不利。这样，老师布置作业不就适得其反了吗？

不布置作业，课上学习的知识就得不到很好的巩固和提升；布置作业，学生又消极抵抗，效果欠佳。这对矛盾怎么破解？我们还是从学习主体身上找到突破口吧，我于是又问学生："那你们喜欢做什么事

作者李荣燕（左二）指导学生做化学实验

呢？"学生的答案很多：唱歌、跳舞、玩游戏等等。"好吧，那我们就唱歌、

跳舞、玩游戏。"我当即答应了他们。我把不好理解的化合价编成朗朗上口的歌曲：一价钾钠氯氢银，二价氧钙钡镁锌，三铝四硅五氮磷，铜正一二铁二三。原子团也要记清，氢氧负一铵正一，酸根所有价为负，一硝二硫碳三磷。配上《樱花草》的曲调，化合价的课下巩固记忆变得简单有趣。

我把不好掌握的知识梳理成了押韵的诗词，以下是我改编的化学版诗词：

《水调歌头·金属》

红色赤铁矿，高温铁冶炼。合金性能优良，易熔质地坚。

活动顺序判断，制氢气氢之前，前换后溶盐。金属邂逅酸盐，类型多属置换。

有光泽，导热电，强延展。熔沸点高，常温固态汞靠边。

镁着耀眼白光，铁燃火星四散，真金耐火炼。继承钢铁质，珍惜我资源。

如果再配上《水调歌头》的音乐唱上那么几遍，金属的知识想不掌握都难。

我把不好记忆的化学反应改编成顺口溜，于是学生们对化学知识点就可以脱口而出：活泼金属遇稀酸，置换氢气往外窜。石灰石遇稀盐酸，二氧化碳气泡现。

甚至于元素符号不好记，我们就可以自创《元素舞》，把形体和符号相结合，是不是很有创意。当学习累了，复习内容枯燥了，我们不妨换一种方式打开我们的学习，我们也可以玩游戏，于是我设计了如下图所示的走迷宫游戏。

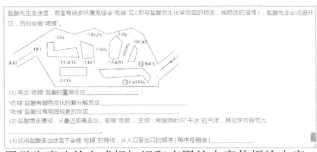

这样倾注教育热情的化学作业，深受学生喜欢。这样的作业，还是作业吗？学生还觉得是负担吗？创设让学生有深刻体验的问题情境，用学生喜欢的方式把知识和应用的内容传授给大家，我的作业，已经成了学生探究知识的乐园。

古语有云："授之以鱼，不如授之以渔"，我觉得，"授之以渔"的同时还要"授之以欲"，这里的"欲"就是学生主动学习的内驱力。由内而外的努力学习很重要，我们需要做更多的探索，寻找一条学生喜欢的学习路径。作业改革之路，道阻且长，我们携手共进。

作业改革创新　引领健康成长
——滨州市义务教育作业教学改革教学成果交流会

阳信县第一实验学校　李建忠[①]

为了提高课外作业质量，切实减轻学生过重的课业负担，提高教师设计课外作业的能力，我校根据《滨州市教育局关于进一步深化中小学作业教学改革的指导意见》《阳信县义务教育学段学科课外作业设计和优质作业共享实施方案》文件要求，结合我校实际，制订了学科课外作业设计和优质作业共享机制研究实施方案，加大了作业改革的力度。

一、统一思想，明确目标

（一）成立领导小组

为了使作业改革能够顺利地实施，我校成立了由校长任组长的领导小组，由教务主任和备课组长组成的工作小组。

（二）加强教师学习

为了让教师树立科学的作业观，提高课外作业质量，我校组织全体教师认真学习《滨州市教育局关于进一步深化中小学作业教学改革的指导意见》《阳信县义务教育学段学科课外作业设计和优质作业共享实施方案》文件精神，使教师充分认识学科课外作业设计和优质作业共享机制的意义，认识到作业改革的目的只有一个：减轻学生课业负担，激发学生学习兴趣，张扬学生个性，培养学生核心素养，使学生全面和谐地发展。

---

① 注：作者时任阳信县翟王镇中学校长

时任校长李建忠（2015年9月—2022年8月在任）主持阳信县翟王镇中学作业改革专题会

自2018年学校被滨州市教育局确定为作业改革试点学校后，我校在总结经验的基础上，进一步加强对教师的培训和引导，加强在作业改革方面的研究，掀起学科作业改革的热潮。

（三）成立作业团队

为了协调好不同学科作业之间的矛盾，我校以年级组为单位设立学科课外作业设计团队，由年级组做好学生学科作业的统筹安排，报教务处备案。

翟王镇中学学生学科课外作业设计团队

初一语文组　组长：马红香　成员：董　鑫　薛广玲

初一数学组　组长：张新国　成员：贾振民　杨　萍

初一英语组　组长：王青梅　成员：董立军　赵　芳

初二语文组　组长：门春燕　成员：董　敏

初二数学组　组长：崔素霞　成员：曾凡军

初二英语组　组长：邱宝泽　成员：商伟岩

初二物理组　组长：王　莉　成员：仇洪娟

初三语文组　组长：宗　鹏　成员：蔡同岐　徐家明

初三数学组　组长：王桂梅　成员：冯志盼　赵伟民

初三英语组　组长：王　敏　成员：宋　芳　张德军

初三物理组　组长：付　军　成员：王学云

初三化学组　组长：李荣燕　成员：冯新利

二、精心设计，张扬个性

（一）分层设计，形式多样

1.基本作业

面向全体学生，以巩固基础知识为主，作业内容符合课程标准基本学习目标要求，新颖、典型，不能机械重复、照抄照搬。

2.弹性作业

由同年级同学科教师共同制定，精心设计作业内容及形式，布置可供学生自主选择的分层选做作业，满足不同层次学生的发展需求。

3.实践作业

由同年级同学科教师共同制定，结合学科特点和内容，依托传统节日，特别是双休日、节假日进行统一规划，明确主题，采取读书、调查、访问、参观、考察、观察、实验、制作、劳动、社会实践等方式，注重体验、创新与合作。

（二）内容丰富，关注成长

1.学科作业。提倡各学科教师根据学科学习的特点，着眼于学生学习能力和综合素质教育的提高，创新学科作业布置的内容。

（1）基础巩固型作业。我们在基础作业中努力打造"五全"作业。"五全"是指全批、全改、全更正、全复批、全下水。对于"全批、全改、全更正、全复批"，顾名思义即可理解，"全下水"是指学生做作业之前，任课老师先按标准格式试做一遍，目的是掌握题目的难易程度和所需时间，然后预估学生所需时间，确定题目后再布置给学生。这样就能做到控制作业的完成时间和数量，有利于抓住知识要点。我们对学生错题的整理又做了进一步的细化，要求学生在整理错题的过程中，明确错题考查的知识点，并做出错题原因分析，力求举一反三，事半功倍。错题的整理有效弥补了学生的学习漏洞，针对性强。

（2）方法探索型作业。提倡布置一些通过比较、归类等发现规律、把握问题解决方法的作业，使作业变成学生解决问题的"金钥匙"，重视学生学习方法的积累和解决问题能力的培养。学生通过整理知识树、思维导图等，使知识更加系统化、条理化，有利于学生建构知识体系，培养良好的学习习惯。

（3）思维想象型作业。改革作业的内容，使作业成为激荡学生思维的导火索，使学生在深入理解知识系统的基础上实现思维创新。如化学课的元素符号不好记，可以采取让学生自编符号舞的方式进行学习，生动有趣，让学生在快乐中掌握知识。

（4）交流活动型作业。提高交流与合作能力是学生基础性发展目标之一，教师要重视布置交流活动型作业，让学生在交流活动中完成对知识的把握和理解。如语文学科可将排练课本剧等作为语文实践性作业，由小组合作完成。

2.实践性、探究性作业。丰富多彩的校园文化生活、社区生活、家庭生活也是学生发展的重要平台，作业布置的内容要拓展到学生生活的各个领域，结合学科特点加强与家庭、学校、社会的联系，加强知识与生活的联系，让学生学以致用、热爱生活、了解社会、成长自我。为了使学生的实践活动更加序列化、系统化、连续化，我校编制了学生综合实践作业手册。

（1）社区服务型作业。在促进学校与社区共建的过程中，积极组织学生开展社区服务活动，除了学校统一组织的大型活动，学校要科学设计社区服务型作业的形式、内容，将社区服务以作业的形式布置给学生去独立完成，让学生在服务中感受自身的社会价值，形成自觉为社会服务的意识。学校要采取相应的检查和督促措施保证作业质量。

（2）社会实践型作业。依托传统节日，让学生通过做调查、写体会、勤动手等方式，了解我国的传统文化、风俗习惯，在活动中增长知识、陶冶情操。借助母亲节、感恩节等特殊节日，让学生为父母做一件有意义的事，懂得感恩，学会做人。

（3）习惯养成型作业。为达到育人的目的，设计和布置习惯养成型作业，在正确书写姿势、讲究卫生、我爱劳动等方面进行布置，从学习好习惯、做事好习惯、做人好习惯、生活好习惯等方面入手，注重对学生良好习惯的培养。

（4）合作探究型作业。结合科学素养教育和小课题研究活动、学生社团建设、实验探究等，布置合作探究型作业，强化学生的交流与合作意识。加强指导，让学生学会通过实地调查、查阅资料、共同研讨等方法开展探究活动，做好探究型作业。

（5）读书拓展型作业。结合读书交流、演讲比赛、全县"诗文诵读"工程开放学校图书室、阅览室，规划学生的必读书目和选读书目，布置形式多样的读书拓展型作业，使学生在作业中学会积累、学会欣赏、学会表达，从对典型作品、典型人物的品读中获得人生感悟。

三、科学评价，保驾护航

（一）评价内容全面化

作业评价关系到作业布置的成效，我校的作业评价工作从教师的作业设计、布置和学生的作业质量、纠错等多个方面进行评价，对作业整个流程进行评价，保障了作业的质量。

（二）评价主体多元化

作业评价采取教师评价、小组评价、同学互评、学生自评等多种方式，根据不同类型的作业采取不同的主体进行评价，有时也可由多个评价主体同时对作业进行评价。

（三）评价工具多样化

作业评价不仅要关注作业完成的结果，还要关注学生完成作业的过程。教师要针对作业特别是实践性和探究性作业的内容和特点，设计相应的评价工具，如调查问卷、过程记录表、评价表等，了解和把握学生做作业的过程，增强作业评价的针对性和实效性。

（四）评价形式呈现化

对优秀作业和创新作业进行展示，利用榜样引领作用，促进作业改革不断完善。

（五）评价结果等级化

根据作业完成质量，采取等级评价，对优秀的作业要有表扬、激励性评语，对学生作业中存在的问题提出改进的建议，发挥等级激励的作用。

四、减负增效，教学相长

1.学科课外作业设计已初步形成一定机制，使学生作业设计方向明确、内容丰富、形式多样，促进学生课外作业的改革。

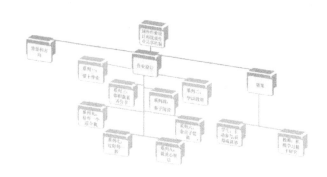

2.2019 年县教研室在我校召开英语学科作业改革研讨会，我校做了典型发言，进一步推进了我校学科课外作业设计的改革。

3.教师通过精心设计作业，切实减轻了学生的作业负担，提高了作业的质量。

4.多种形式的作业，加强了知识与生活的联系，张扬了学生的个性，提高了学生完成作业的积极性，培养了学生的综合能力。

5.作业架起了师生沟通的桥梁，成为课堂之外师生对话的一个平台，有利于因材施教，有的放矢。

6.通过批改作业，教师能够及时获得教学的反馈信息，发现学生学习的难点和弱点，对教师调整教学方式、内容和手段起到了重要的作用，有助于教师更好地服务教学。

7.学科课外作业的设计，促进了校本教研，加强了教师交流学习，提高了教师设计课外作业的能力，促进了教师快速成长。

五、回顾过去，展望未来

我们学校一直把作业改革作为学校的重点工作之一，在素质教育的春风中把每项工作落实到位，取得了一定效果，有效地指导了课堂教学活动和课外实践活动，做到了课内学方法、课外谋发展，丰富了学生的课内外生活，实现了课堂、生活、闲暇三位一体的教育机制，给学生提供了自由发展的空间，使他们的潜能得到了自主开发，个性特长得到了充分发展，拥有了无限的快乐和丰硕的收获。

但我们学校的作业改革也存在着一些不足和困惑，值得我们深入思考。

1.作业的内容及形式还不够丰富，不能满足所有学生的需要，我们还应进一步了解学生的思想动态，深入调查学生对课外作业的需求，从学生的需求入手研究设计作业，让学生在玩中学，在学中玩，达到轻负担、高质量的目的。

2.在对学生作业的评价上，我们还应该大胆创新，探索一套完善的课外作业评价机制，使不同层次的学生都能在课外作业中享受到成功的快乐。

3.在作业的布置上，要进一步实现以学生为主体，给学生自主选择的空间，体现以人为本的教育理念。

4.如何借助互联网时代辅助课外作业，让它发挥评价功能，有效共享和记录学生知识积累的过程，有待我们继续探索。

总之，作业改革不是一朝一夕的事情，需要广大教师不断地探索，不断地创新，树立"以人为本"的理念。减轻课业负担，让学生健康快乐地成长，提高学生的核心素养是我们永远的追求！

从问题出发

阳信县翟王镇中学　李福新

在实施"学本教学"的过程中，我发现了非常关键的一个环节——自学过程中发现并提出问题的环节。问题犹如教学的心脏，有了问题，思维才有方向；有了问题，思维才有动力。学生提出问题，是教学中"问题解决"的重要组成部分。教学活动本身就是以学生为主体的探索性学习过程，是激发学生的学习欲望、创造精神和开发学生学习潜能的过程。在学生解决问题的过程中，发现问题，提出问题，能够很大程度地调动学生学习的积极性、主动性和创造性，促进学生主动、和谐、全面地发展。那么，在教学中如何更好地在解决问题的基础上指导学生发现问题、提出新问题呢？

一、导学案的设计重视对学生提出问题能力的培养

教学活动中，教会学生远不如学生会学，让学生掌握行之有效的方法至关重要。

教师不能只重视对学生解决问题能力的培养，而忽视对学生发现问题之后提出问题的能力的培养，要相信每个学生都能提问、都会提问。在教学时重视对学生解决问题能力的训练，更要重视对学生发现提出问题能力的培养。导学案设计的问题要依据学生的年龄特点和认知特点，设计探索性和开放性的问题，在解决问题过程中给予学生更多的自主探索的机会，让学生在观察、实验、猜测、归纳和整理的过程中去体验：一个问题是怎样提出来的？一个概念是如何形成的？一个结论是怎样探索和

作者李福新在翟王镇学区 2021 年工作总结会议上
汇报工作

猜测到的？这个结论是如何被应用的？通过这样的问题形式，使学生真正体验知识的建构过程，去发现问题，以致提出新问题，产生疑问，引起思考。疑问会激发学生探究的欲望，同学们以最高的热情开始了对新知识的探求，创造正是从这里起步。

二、课堂教学过程中创设优质和谐的问题情境

（一）教师自己设计问题时多取之于生活

设置与现实紧密相关的生活化问题，让学生感受用知识解决周边生活问题的乐趣。学生慢慢会越来越喜欢学习，从而形成良好的习惯，并会把它融入自己平时的学习中，不断探索发现新的问题。利用学生喜闻乐见的实际问题，激发学生的学习兴趣，学生必然会产生学习的动机和探究的欲望。

（二）适时的幽默，力促和谐的师生关系

在问题教学中增加教师语言的幽默感，使课堂气氛活跃，至少使学生消除问题以外的思想顾虑，更有利于激发学生的求知欲，开发学生的心智、潜能，让学生大胆去探索发现新问题。俗话说："亲其师才能信其道。"学生只有喜欢老师，才能喜欢老师所授的这门学科。

（三）在评价过程中，应多给学生笑容；多鼓励、表扬，少批评、挖苦、指责

当学生有新的发现，哪怕是微不足道的，教师都应该从学生实际出发给予学生笑容和鼓励。也只有这样，才能提高学生提问题的积极性，从而让学生提出各种疑难问题、有创造价值的问题、意义深远的问题。

三、教学过程中注重教给学生提出问题的方法

（一）教师要做好示范

学生的一切活动大多是从模仿开始的，提问也不例外，教师应注意提问的"言传身教"。在教学中，教师要结合学生生活和教学内容，有意识地为学生提问做示范，启发学生体会教师是如何提问题的，并把发现问题的思维过程展示给学生看，为今后学生能正确地、独立地质疑奠定基础。

（二）使学生明确在哪儿找疑点，逐步教给学生在学习中寻找问题的方法

教师引导学生从学会提问到善于提问，除了对学生的提问给予积极鼓励和正确评价，还应教会学生提问的方法。学生在质疑问难时，主要是运用观察、比较、综合分析、判断推理、抽象概括、归纳演绎等逻辑方法，但随着年龄和知识的增长，学生还会用到非逻辑的方法，如猜想、假设、推测等。在教学中，教师要注意启发引导学生运用上述方法去发现问题和提出问题。

（三）要保证学生提问的质量

学生提的问题有时不得要领，有时只言片语，有时浅显幼稚。教师在关键处要扶一把，送一程。采取低起点、严要求、勤训练、上台阶的策略，循循善诱，不厌其烦，使学生一步一步地走上正确的道路。同时，教师要正确引导学生的思维方向，让学生的思考集中在学习的知识点上，这样既可以在范围上加以控制，又能保证提问的质量，使学生问得有价值。

四、课余为学生提供更多展示自己所发现问题的平台

当前处于信息时代，智能手机已基本普及，教师可以利用微信、QQ、钉钉等多种平台与学生互动，把学生的问题利用网络平台发布，这样一方面可以拓宽解决问题的人群，另一方面可以激发同学们发现问题的积极性。

总之，从问题出发，以问题为主线，以问题解决为基石，使学生在解决问题的过程中掌握知识，形成自主学习能力，是"学本教学"理念得以真正推行的前提。

管理篇
最好的管理是文化自觉

最深沉的使命与坚守

山东省阳信县翟王镇中心小学　丁晓努

办公桌文件夹的最上方，一个令人头疼的工作急需落实。尽管文件中的保障制度、实施办法等所有内容，我已研读了很多遍，重要的地方也做了标注，但我仍旧不愿面对。

教师绩效工资，这项工作的落实对老师们来说是件大好事。县教体局《指导各学校制定绩效考核发放办法》的文件，校长一周前就发给我了，并再三叮嘱说："在两周的时间内务必从各级部选出几名教师代表，大家集体开会研讨一下，根据上级要求及时制定出符合我校实际的绩效考核实施办法。"

不能再等了！我郑重地在学校管理群里下发了一个通知，会议定在星期四下午第一节课。像这种开放式的讨论会议，没有一天、两天的时间恐怕是不会有结果的，对此我心里再清楚不过了。

距会议开始还有 10 分钟左右，大家还在饶有兴致地讨论着本级部老师提出的各项建议。有的老师频频点头；有的老师看起来颇有微词，表现出很明显的反对态度……从大家激烈讨论的氛围来看，今天的会议将注定是一场"鏖战"。

终于，校长开腔了："各位老师，请安静。想必大家对手中的文件都已经进行了详细的研究，希望今天坐到这里的老师充分表达出全体老师的心声，总而言之，希望大家能从学校发展的角度出发，以大局为重"。

阳信县翟王镇中心小学三八妇女节活动

校长的开场白让全场一下子静了下来，大家都相顾一笑，继续漫不经心地翻着材料。几分钟后，终于有一位教师代表打破了沉默，他先顿了顿，用略带客气的口吻说道："校长，这五个方面的确是比较全面，且数据的来源也比较真实。但我们级部的老师们想委托我来咨询一下，本学期我们年级很多同学多次代表学校参加县里组织的活动。这些活动在一定程度上影响了学生的成绩，请问这在绩效考核中能否予以体现？"

这显然是一个争议较大的问题，此问题一提出立马就引起了现场教师们的躁动。我们学校教学成绩的核算办法是参考全县所有乡镇中心小学的成绩，教师的教学成绩分为"集体成绩"和"个人成绩"两大部分。比如要测算五年级教师的教学成绩，就先把全县五年级的成绩汇总，然后参考全县五年级的最高成绩得出一个集体分数，再根据教师所授课班级的考试成绩在全年级中的名次进行核算。按说凡是我们学校有参加艺体活动的年级，全县其他学校相应年级的同学也都会参加，所以即使不为运动员加分也比较公平。加之他们大都是在每天早晚自习和周末时间训练，所以基本谈不上所谓的影响学生成绩。

对于这个问题，校长也曾私下和几个中层科室人员多次交流。有的主任赞成加分的办法，原因是这起码会有助于教师鼓励学生参加体育活动，而且平行班级之间也好有个比较。

此时，一位体育老师表明了态度："每一次参加县比赛都是为了学校荣誉，今后不管运动员出在哪个班，哪个级部，希望老师们大力配合，站位要高。同时希望学校能出台相关的惩罚措施，对于个别不支持学生参与活动的情况，在考核中应给予一定程度的体现。"

这话一出倒是也给我提了个醒。对呀，底线管理的思维哪去了？我们虽希望全体老师都能以大局为重，但当真出现例外的时候，考核中也必须有所体现，光靠单纯的教育批评肯定还是不够的。

一来二去，中间又有几位老师提出了个人想法，但始终都莫衷一是。

终于，德高望重的万老师按捺不住了，说道："给参加县活动的学生加分奖励，我认为也不是不可以，这反而是学校为更好地促进日常工作而开展的有效探索。"大多数在场的老师点头表示赞同。大家心里都清楚，万老师如今是高级职称，再过几年就退休了，对于讨论方案这样的会议，他完全可以一推了之。事后我也了解到，他们级部在推选教师代表的时候，级部主任先问了中青年教师，但他们大多课程冲突或干脆就不愿参加这种"拉锯式"的会议，最后级部主任才又找到了万老师。万老师爽快答应并称"只要你们不嫌弃我，我老万保证不让那些歪风邪气横行"。

万老师清了清嗓子，继续补充道："要是加分的话，我觉得第一学年分值要少，即使现在大家都觉得加分合理，但毕竟这是一项创新性的工作，实行过程中肯定还会发现不妥的地方，就像镜中月水中花，目前还靠不住。另外，考核加分要设一个上限，别加起来没完没了最后反而影响了总体分数，就显得太不靠谱了。"

校长原先紧蹙着的眉头也舒展开了，一场注定会一波三折的会议，在几位有使命担当的老师的推波助澜下，终于顺利地开到了港湾。

我坐在会议室的一角，详细地记录下了老师们提出的各条观点与各自的态度。此时天已渐黑，一下午的时间就这样度过了。会议室的窗户也不知什么时候被打开了，我隐约可以嗅到窗外飘来的花香，原本我以为本次会议会一而再、再而三地持续讨论再讨论，但没想到这一次竟能如此顺利地达成一致意见。

走在回办公室的路上，我的心中也升起了一种力量，这是一种对乡村教育的使命与坚守，这种力量可以带领我们穿越黑暗与丛林，披荆斩棘，带领着我们走向那远方的光明。

一切"我做主"

阳信县翟王镇中学　于东军

翟王镇中学近几年来探索实践社会、家庭、学校、学生"四位一体"德育管理模式，重视学生"自律"教育，实行了对学生"自主管理"的探索。本着只要学生能做，教师就退居幕后的原则，把学生推向前台，让学生切实感受到他们是学校的主人，学校由他们来主宰。这样，既增强了学生的主人翁意识，又发挥了学生的潜能，锻炼了学生的管理能力。

一、我的事情我做主

（一）自己制定行为准则

组建班级后，我让学生找出自己的优缺点，写出今后该做什么、如何去做。一段时间下来，上课经常走神的王同学能认真听讲了，爱打架的张同学遇事冷静、不冲动了。

（二）自己制定学习目标

每次阶段检测后，我们会安排学生进行自我反思，制定下一步奋斗目标，比如要以谁为榜样、去追赶谁、要进步到什么位次、把哪一科赶上去。调动了学生积极性。

（三）对自己进行阶段评价

每个月我们组织一次"回头看"活动。让学生根据前期的行为、习惯、学习等方面进行反思总结，对进步突出的学生予以表扬，对进步不明显的予以帮扶。

（四）玩手机自律

针对学生沉迷手机现象，我发起了"远离手机，诚信打卡"活动。每天早上到校，学生们自己先填写昨天在家玩手机的情况，是否玩、玩了多长时间，要求学生实事求是，如实填写。填写后我会通过电话、微信等方式向家长调查核实真实情况，对不玩手机者予以加分奖励，对谎报者纳入诚信记录。在"自律"教育的同时又对学生进行了诚信教育。

二、我的班级我做主

（一）民主选举班干部

我在选举班委时充分发扬民主精神，通过毛遂自荐、相互推荐、民主投票等形式选出同学们认可的班委会。班干部必须发表就职演说，自觉接受同学们监督，让同学们意识到班级是他们自己说了算。

（二）共同制定班纪班规

在我和班委的带领下，全班同学共同参与，商定班规班纪，达到全体同学认可，让人人都有发言权，人人都有监督和被监督的权利，形成共识后所有同学签字确认，让所有同学都认识到自己是班级的主人，为"他律"转化为"自律"创造了条件。

（三）人人有事做，事事有人管

为切实让学生认识到自己是班级的主人，大到组织班会，小到每扇门、每扇窗，我要求所有班级事务、公物责任到人，人人有事做，人人是主人。

阳信县翟王镇中学学生参加 2021 年中考

（四）为自己的班级取名字

班委和学生给我们班起名为"扬帆班"，寓意扬帆起航，驶向远方。

（五）为自己的班级制定奋斗目标

全体学生在班委的领导下自行制定学期目标和阶段目标，比如拔河比赛争夺第一名，争夺班级流动红旗等。

（六）创设自己班级的文化

全班同学巧构思、细谋划，把我们的班级装点得焕然一新，增强了班级凝聚力。

（七）班会时间开展批评与自我批评

每周的班会让学生进行自我反省和他人警醒，查找不足，表扬进步，鞭策后进，为学生"自律"再次注入催化剂。

三、我的学校我做主

（一）我是学校活动的主人

学校每年的国庆演出、每周的升旗仪式、每次的演讲比赛等活动我们都安排学生独立创设、彩排、主持，学生会组织督查纪律，老师只做幕后导演。让学生在展示才华的同时，树立学校主人翁意识，提升了学生的能力。

（二）我是学校阵地的主人

我班有两名学生参与学校广播站的撰稿、审稿、播音等系列工作。有两名学生承担"手球馆""科技馆"的解说任务，在每次活动中他们解说清晰、讲解细致，受到各级领导的一致好评。

（三）我是学校管理的主人

我班有三名学生是学校学生会成员，具体负责检查学生的日常行为规范。检查标准、检查时间、检查内容都由学生会主席协同各部门自行商定，检查结果及时汇总公示。学生会的成立既锻炼了学生的能力，也减轻了老师的工作负担，为学校的发展作出了贡献。

经过几年的实践，学生的"自主管理"已在我校生根、发芽。实践增强了学生的主人翁意识，他们的自律意识、自我管理能力有了很大提升。我们体会到学生身上的巨大智慧和能量，我们也更加认识到学校不光是领导的、老师的，更是全体学生的。

翻越"中考"那座山

山东省阳信县翟王镇中学　冯志盼

中考是什么概念？相当于万米赛跑进入了最后的百米加速阶段，也像是小麦生长过程中的灌浆期，非常关键。进入九年级，学生的学习已进入了长知识、出成绩的关键时期，如何度过这个时期成了摆在很多学生和家长面前的巨大难题。

古人云：有备而无患。在中考前做好充分的准备，才更有利于考试的发挥。那应该准备些什么？我觉得首先要准备的就是"心情"。

所谓的心情就是在备考过程中的心理准备，包括决心、勇气、信心、乐观积极的态度和面对竞争的抗压能力等。

2021年3月，九年级第二学期刚开学没多久，有两个成绩一般的女同学过来找我说："老师，我们每次考试成绩都不理想，你说如果中考考不上怎么办？我们能干什么？啥特长也不会，现在每天也学不下去，肯定是没希望了。"看到她们当时泄气的样子，我知道如果继续这样下去，结果可想而知。

"一只蜘蛛在结网，结一次不成，就会掉下来，再爬上……直至掉下来七次，终于结成了网。你知道蜘蛛为什么能成功吗？"我笑着问她俩。一个成绩

阳信县翟王镇中学学校领导与2021年毕业年级班主任合影

稍差的女生说："因为坚持！"我说："是的。除了坚持，还有信念和勇气。人生也一样，危机与生机，失望与希望交织，勇士就是这种逆境中的奋进者。面对中考，只要努力拼搏，不放弃，一定能有所收获。"

去年中考，两个孩子分别考入普通高中和职业高中，考入职业高中的同学打电话对我说："老师，我会继续努力的，还记得你说的蜘蛛七八次结网才成功，我总有一天会拿到本科毕业证。"

中考的结果是未知的，有成也有败。但是人的精神面貌，也就是面对一件事的"心情"是已知的，而他更能左右一个人长远的成功与否。

其次，要准备好身体。去年开学后的第一次升旗仪式，整个过程站立时长不过半个小时，全校竟然有近二十名同学出现低血糖、体力不支等现象，这让我们意识到，我们的孩子身体素质太差了！

中考不仅仅是一场脑力的厮杀，更是对体力的极大考验，临近中考时，要注意锻炼好自己的身体，保持最佳的精神状态。精神饱满，思维才能活跃，临场才能以充沛精力和体力一搏。

还记得中考前一个月左右，一天中午我查午间"静校"，发现每个班都有几名同学在偷偷埋头苦学，下午我又到各班观察学生近期学习状态，发现中午"埋头苦学"的几名同学，反而低着头，没有精神，学习效率可想而知。于是我把这种情况及时反映给各班班主任，班主任老师重新强调了好的睡眠对中考的重要性，告诉学生不能让身体和精神处于一种疲累的状态，否则只会适得其反。临考前保证一定的学习时间是必要的，但切不可超过了限度，违反了学习的心理卫生规律，使大脑出现"保护性抑制"，造成学习的低效率。

正确的做法是在考前保证充足的睡眠，注意体育锻炼，做到劳逸结合。要注意自己的膳食质量，适当增加高蛋白食物，要多吃些易消化的食物，少吃些油腻食物。在饮食中要有适量的蔬菜，蔬菜含有身体所需的维生素，摄取一定量的维生素可防止因中考的紧张而导致记忆力下降。

最后，准备好"方法"。中考复习讲方法，参加考试也讲方法。

我班有一名女同学，学习非常努力，可成绩并不理想。我悄悄观察了她一段时间，发现她买了很多复习资料，下课做自己买的，上课做老师布置的，我问她："你每天学得累不累？"她说："有点。"我又问："你做过的题都会了吗？"她说："有的会，有的不会。"我问她："那你为什么不去问老师？"她说："有的时候觉得自己问的问题太简单不敢问，有的时候忙得没有时间问。"很显然，她的学习方法是有问题的。中考，考察的是扎实的根基，在复习中，要"精学"而不是"贪多"，学一道会一道，才是真学，"模糊"的学习是没有效果的，所以，要根据各学科的特点，"精学精练""活学活用"，这才是中考要考查的，我们同学中的"学霸"并不是只会埋头苦学，相反，他们爱好广泛，思维活跃，做事讲求方法。向优秀的同学学习，并找到适合自己的方法，才能事半功倍。

中考就像一座山，站在它的脚下，我们觉得它如此"高不可攀"。但忧虑没有用，回避也没有用，只能正视压力，正视竞争，正视复习备考中的成绩。当我们准备好行囊，带好"健康的身体""非凡的勇气""得当的方法"走进山中，就会发现，除了一路的艰难险阻，还有途中伴随的美景，更有翻越后的畅快与豪迈！

"老班"迎难而上

山东省阳信县翟王镇中学　冯志盼

做班主任之前，我曾读到一个故事，这个故事对我的工作产生了巨大影响。

盘珪禅师是一位诲人不倦的禅宗大师。一次一名弟子行窃当场被抓，其他弟子纷纷要求盘珪禅师将此人逐出师门，但盘珪禅师没有理会。不久，那名弟子恶习难改，再次偷窃被抓，众徒再度请求惩治，哪知盘珪禅师依然不予发落。众徒十分不满，联合写了份陈情书，表示若不将窃贼开除，他们就集体离开。盘珪禅师读后，把众弟子召来，对他们说："你们都是明智的人，知道什么是对什么是不对，因此只要你们高兴，到什么地方去学都可以。但是这位徒弟连是非都分不清，如果我不教他，谁来教他？因此，我要把他留在身边，即使你们全都要离开！"热泪从那位偷窃者的眼中涌出，盘珪禅师的一席话涤净了他的心灵。从此他再无偷窃的冲动。

做班主任之后，这个小故事一直是我管理班级的圭臬。"犯了错"的人才是我们更该关注的重点教育对象，所有教育工作者"难"的是去拯救那些受伤或者残缺的心灵。"锦上添花"不是对我们最好的诠释，"雪中送炭"才是我们的价值体现。

去年分班，大家抽完签拿到自己的学生名单，都聚在一起讨论起来。看了我的名单，一些以前教过这些学生的教师跟我打趣："手气不错！这个年级最皮的几个孩子都分到你们班了，尤其是这个李聪（化名）。"从大家七嘴八舌的谈论中，我拼凑出了李聪的

作者冯志盼参加 2021 年教师节表彰大会

样子：是那群不听话的孩子当中的"头头"，孩子们都听他的。他说话毫无顾

忌，没有礼貌，有时候还让老师"下不来台"。俗话说：知己知彼，百战不殆。我马上找到孩子的原班主任做了背调：孩子父亲常年在外打工，他平时和母亲一起生活，母亲需要照顾生病的老人和家里的农活，对他陪伴较少，由于亏欠心理，对孩子诸多纵容。随着孩子越来越大，打骂已经不管用了，说的话也听不进去，只能把希望寄托于学校，可是学校也对他束手无策。他有"江湖"习气，讲义气、有领导能力，很多孩子支持他，出了事也没人会"出卖"他。听了原班主任的介绍，我好像明白了一些问题的根源，对接下来的工作也有了打算。

当了班主任，我都开始研究"兵法"了！几十人的团体看似不大，却涵盖了形形色色的孩子与其背后的家庭。李聪这孩子，一旦教育好了，将来也可以成为不可多得的人才；教育不好，以后"危害社会"也绝对不是危言耸听。所以，绝对不能放弃这个孩子！

但软硬不吃的孩子最难教育，为了研究"战术"，我夜里经常睡不着，家人打趣我说："自己家里的事也没见你这样的上心！"

最终我打算采用"以柔克刚"和"顺势而为"的方法来走近这个孩子。我开展了主题活动班会课，找了几个场景让大家演，体会家长的艰辛。一个是老人生病了，照顾老人吃药穿衣洗漱；另一个是体会做农活的辛劳；还有一个是体会一个人出门在外打工的艰辛。听说是表演，李聪非常兴奋，所以我在每个活动中都给他安排了角色。几场主题班会下来，他向我抱怨：照顾老人太辛苦，干农活太累，一个人在外饭都吃不上。我跟他说："这样的日子，你只是体会，很多家长却是日复一日地过着这样的日子。"我又问他："你说日子这样累又枯燥，为什么家长还是每天都能坚持下来，一年又一年地做下去？"他说："那得负责任啊，家长就得有家长的样子。"我表扬他说："一看就知道你将来会是一个负责任的'家长'，在家里多让父母宽心，他们干得再累也不觉得累。"他马上打断了我："我明白我明白！所有的'老班'都喜欢讲大道理。"我不再啰唆，放他回去，他还很不适应："我以为你又要教育我呢！"我逗他说："你悟性这么高，一点就透，不需要我多说。"总算是有了相对愉快的谈话。有一些老师问我，为了他这么折腾，累不累？当然累，可是那种有所突破的喜悦难以言表。

后来我便更加游刃有余。他经常不穿校服不戴校徽，我提醒他几次也毫无效果，知道他重义气，我顺势而为，故意在经过我们教室门口时跟教导主任谈话，让李聪听到："你们班个别同学总是不戴校徽，作为班主任你不能听之任之，要加强管理……"我非常不好意地表示以后一定注意。第二天，李聪居然穿上了校服，也戴上了校徽！我的方法用对了，我窃喜不已。

李聪变了，他开始体会父母的辛苦，开始维护集体荣誉。他可能还有一些坏习惯，可是我在他身上看到了渐渐升起的光芒，那么温暖而有力量！

教育难在不忘教育初心，难在坚持和付出，难在方法和策略。而当了班主任，这种种的难，渐渐地都转化成了动力，让我们一年又一年地坚守下去，一句"老班"，代表的是沉甸甸的责任，我们必将坚守，也会迎难而上。

换个方式管学校

山东省阳信县翟王镇中心小学　苑　群　张爱芹

我校自2018年合班并校以来，实施级部制管理模式。随着翟王镇中心小学学校规模的扩大和教育教学管理精细化要求的提出，传统的管理方式已经不适应学校的管理和发展需求，于是一种新的管理制度应运而生，这就是级部管理制度。对学校内部管理体制进行改革，原有的"校长负责制"改为"年级级部负责制"，级部主任向上对校长负责，向下面对级部所有任课教师管理日常教育教学工作。我校实施级部管理制度已有三年，三年来级部管理制已形成良性的发展机制，促使着学校的教育教学工作不断取得新的成果。

一、我校级部管理制度运行现状及问题

我校共32个教学班，划分为5个级部。2018和2019年，科室主任兼任年级级部主任，一人负责两个管理岗位，工作繁多，不利于工作开展和效果。为调动更多教师的工作积极性，让更多的人参与到学校管理中来，2020年开始，科室管理岗位和年级级部管理岗位不能同时兼任。

作者苑群、张爱芹夫妻教学档

将每个年级划为一个整体进行管理，消除了由于规模机制的扩大而造成的管理幅度增大容易失控的隐患，有利于教育教学管理的精致化；全校教师科学合理地组成若干个相对独立的工作团队，拓展了教师个体充分展示管理才能和教学风格的平台，便于更多的优秀教师在实战的历练中脱颖而出，使青年教师得以快速成长。

存在的问题是学生年龄的差异导致级部评比客观性不好把握。同时级部之间教师年龄结构构成不够合理，有的级部青年教师较多，活动开展迅速有效；

有的级部教师老龄化严重，活动参与效果差。

二、级部管理制度运行中级部主任的服务角色转变

一个综合素质高、执行力强、富有创造力和思考力的级部主任是学校管理环节中的重要角色，也是学校改革发展可依靠的力量和重要推动力量，因为级部主任起到的是一个承上启下的枢纽作用。学校对级部主任工作职责和功能的要求和定位，一是全面主持或分管级部相关工作，反映老师的心声，真诚为老师和学生服务；二是全面贯彻学校的办学方针、办学理念，执行学校各部门的具体要求和措施。

级部主任的角色非常重要，是学校上下联通的重要桥梁，既要有执行力，又要有创造力和思考力，既要反映老师和学生的诉求，又要严格执行学校的决议。因此，级部主任是集多重角色于一身的年级综合管理者和学校改革的重要推动者。

在三年级初成立的时候，学生由本校2个教学班和5个教学点的学生组成，混编后组建6个教学班。大部分的孩子不能文明使用厕所，级部主任在开学初级部教学会议上强调，在开学一周到一个月的时间，由班主任牵头，任课教师辅助，对全体学生开展日常习惯养成专项教育。但是由于个别教师对学生养成习惯教育不够重视，急于讲授学科课程，导致学生养成习惯教育不理想，整个级部所有的厕所脏乱差。级部主任带领学生进行专项清理，没有称手的工具就用手把堵塞的厕所抠开，让整个级部的全体师生正常使用厕所。教职工厕所维护较好，但是学生厕所过一段时间后，又复现了脏乱差。从这个案例中可以看到管理者有思路，但是需要级部教师不打折扣地贯彻执行，从良好行为习惯教育抓起。

三、公开公平公正地量化评估全体级部教师

教师是学校的主体组成部分，甚至可以说是一个学校的灵魂。级部制管理不仅涉及管理层面，更与教师密切相关。级部由若干个教师个体构成，要把级部建成一个团结向上、群策群力、不断进取的集体，并非易事，因为这需要调动每一位教师的积极性。级部对教师工作的安排必须合理、恰到好处。对教师

工作的考核认定必须客观、公正、公开。要正确对待每一位教师，关心、关爱每一位教师，鼓励优秀教师，约谈违反规章制度的教师，还要做细致耐心的思想工作，团结每一位教师，营造积极向上的级部氛围，促使每一位教师都心甘情愿地为年级部作出自己的贡献。

例如，"级部没关的那些窗户和电脑"的事，无论是办公室还是教室，每到放学的时候，总是有班级没有关好窗户或者风扇，忘记关闭电脑等。级部主任最后一个离校，真的是查缺补漏。开始只是拍照提醒全体教师，建议有专职值班教师和值班学生，效果不是很理想。后期考核到班级和教师个人，在课后服务和班级考核中扣除相关课时或分数，效果明显提高。

"＋－×÷" 算发展

山东省阳信县翟王镇中心小学　王志霞

《翟王镇学区"减负增效提质"主题工作方案》（以下简称《减负》）是翟王镇学区2020年3月份出台的一个工作文件，是翟王镇学区基于当时学校、教育干部和教师中存在的非教学任务繁多、工作效率低下、工作责任感差、自我设限严重等现象，以减轻学校、教师负担，转变工作作风，提高治理能力和工作效能为抓手，为达到提升教育质量目的而制订的工作方案。实行一年多后，全镇干部教师在职责定位、成效落实、竞合意识等方面都有了显著的提高。

规范管理做"加法"

2021年6月24日下午，翟王镇学区办公室主任王志霞带领中小学、幼儿园的教育干部突然涌进了中心小学3号教学楼的三楼，一时之间，面对黑压压的一大群人，级部主任苑群有些错愕。王志霞笑着说："苑主任，麻烦您安排打开卫生间，让大家观摩一下。"接下来错愕的是进卫生间的人：所有的卫生间，没有一

作者王志霞主持翟王镇学区2019年4月20日教育干部培训会

点异味，地面、墙面、便坑没有一点污渍，卫生工具齐整洁净，这可是已经使用了三年的公共卫生间啊，没有保洁，只靠老师们自己打扫。这时，人们才回过神来看向教室和走廊，洁白的地砖显得每一处空间都格外敞亮，墙壁上张贴的每一张图纸都严格地遵循了简洁和美观的原则，讲桌和课桌上，没有一件歪歪斜斜的东西，干净更不必说。就连储物间的拖把，都近乎偏执地按相同的角度斜靠在墙上。五六个班级，几百个学生，咋管理的呢？事后，苑群介绍管理经验时说，也没有什么秘诀，就是先把教师的、学生的、班级的制度定好，让大家完成职责，做最好的个人，成为最好团队，再把制度执行好，按规定考核

评比，互相学习，良性竞争。

《减负》文件里说的"完善机制"做的是加法题，完善的制度成就最好团队，规范的管理使每件事的运行都科学有序，最好的团队+竞争合作意识，整体的工作效果就显现出来了。

精简行政做"减法"

"叮铃铃——叮铃铃——"在翟王镇学区2021年教育工作会议严肃庄重的会场上，正在发言的学区主任张海珍的手机响了，200多双眼睛同时闪过一丝疑惑：手机调成文明参会模式，可是会前特别强调的！张海珍略带歉意地说："对不起，我怕发言超时，设了一个提醒。"200多人的神经松弛下来，但身板挺得更直了。

翟王镇学区《减负》文件的第一条就是"精简行政"，包括精简会议、精简材料、精简检查。自2020年3月份执行《减负》方案以来，要求会议发言人提前准备发言稿，限定发言时间，禁止临场发挥，严格落实办公会议总时长不超过1.5小时的标准。除此以外，在一年半的时间里，除落实上级安排的专项工作外，仅召开全体学区干部、中小学校长、幼儿园园长集中会议16次。校长、园长们直呼："减时减次"会议是管理观摩课。

滚动经验做"乘法"

图1　　　　　　　　　　　图2

上面这两张照片，拍摄于2020年12月2日上午中心小学接受县综合督导评估的现场，间隔40分钟。图1是县督导组到来之前，督导现场已经布置得很整洁有序了，最后进入现场帮忙的安荣玲觉得德育活动材料有一部分放在地上不美观。于是，大家纷纷想办法在空间已经被极度利用的情况下，既要把材料全部展示出来，又要放在一个得体的地方，经过合并摞高、转换位置、挑选优质画面、压缩间距、用夹子夹、用双面胶粘等多种方式的摆放尝试，终于在督导组到来之前完成了图2现场的完美升级。

《减负》倡导"结果第一""坚决杜绝事情未做到最好或者说未尽全力就不了了之"。正是这种追求"没有最好只有更好"的工作信念，使全镇干部教师把工作经验积累下来，影响身边的人，指导后续的事。经验滚动起来，成为播种机，工作的效能得到提高。

穷追不舍做"除法"

《减负》指出，对于检查过程中发现的问题要"追踪销号"。2021年6月17日，翟王镇学区在组织了对中学、中心小学、中心幼儿园的学校管理档案进行的第二次集中检查后，在共171个B级指标中筛选出92个未达到满分的项目，要求当天达标。6月18日上午，将未满分指标压缩至15个，当天下午，除了客观原因导致达不到满分的项目，其他指标全部满分。

对所有能解决的工作问题"零容忍"，所有人都"穷追不舍"，做问题的终结者。清除影响工作效果的一切短板，不留旧账，不带尾巴，轻装上阵，使组织时刻保持健康、高效运转。

放大荣誉的力量：让荣誉回家

山东省阳信县翟王镇中学　张金超

作者张金超（前右二）带领级部获得"卓越团队"称号

天气炎热，同学们学习积极性不高，上课精神低迷，睡觉、打盹现象时有发生。八年级是关键时期，如果这种状态持续下去，会对他们的成绩产生很大的影响。如何调动他们的学习积极性，成了摆在年级组面前亟待解决的问题。

解决这个问题的灵感来自与老师们的谈话。为了解决问题，年级组内的每位老师都出谋划策，其中有位老师说道，利用期中考试检测举办表彰大会，办法较为传统。这时又一位老师提议，将奖状送到学生家里，一方面代表老师的重视，另一方面顺便做个家访，以便老师更加全面地了解学生，也有利于今后的教学管理。其他老师对这一提议非常感兴趣，积极讨论这样做的好处、注意事项，以及奖状评选条件等等，讨论结束后，定下这一活动——让荣誉回家。

为扩大活动影响，调动学生参与度，我们利用多种渠道进行宣传，一是召开班会，动员本班学生。二是在显眼位置张贴布置表彰墙。三是通过家长群进行通知，提高家长重视程度，调动家长的参与度。

活动启动后，不论查班，还是任课教师反映，学生上课表现有了明显改变，尤其是中上游学生，表现十分明显。

每位同学参与只是一种理想的状态，现实总是不会那么完美。期中考试后，根据活动方案，本年级全体教师带着学生的荣誉，开始了为期两天的入户。每到一户，老师们需要对学生的家庭情况、在家表现、成长经历、面临的问题等多方面进行了解，在离开前要与家长和学生进行合影留念。

　　我也去了几个学生的家中。我班有个小女孩，比较内向，是低保户，具体的家庭情况她也不说，喜欢独处，我找她谈话几次，收效甚微。恰巧她家也在本次家访名单中，为了家访的顺利，我提前与她的父亲进行了电话沟通，得知其外出务工，只有母亲在家，商定好时间后，我们去到了她家里，她的母亲亲自迎接了我们。见面后我们才发现，她的母亲患有侏儒症，无法劳作，全家的收入只靠她父亲外出务工，她家房子不大，堆满各种农具。经过了解，这名学生自入学以来从不和同学说家里的情况，也不让同学到她家玩。直到现在，强烈的自尊心已然影响她的学习与交友。回校之后，如何帮助她走出困境，成了我的心头大事，学习成绩的好坏不足以决定一个人的未来，但是性格却可以决定命运。

　　我们年级也有一位患有侏儒症的同学，周围同学总是积极主动地帮助他，帮他背书包，排队的时候总是让他站在第一个，班里的排位也总是他先选，在人格平等相处的前提下，事事为他考虑。我想这也许是一个突破口，我要举办一个关于"强者"的主题班会，但事先要做通她的思想工作。我聊起了她的母亲——一个不向生活低头的积极向上的人。聊天一开始，我发现她非常抵触这一话题，认为这是一件丢人的事。我和她说，我们年级的那个男孩儿通过自己的努力，成绩名列前茅，获得了他人的尊重，你的母亲也是个乐观积极向上的人，与周围的邻居相处得非常融洽，周围的人都给予了她高度评价。虽然身体矮小，但是他们的所作所为同样不输给其他的正常人，甚至比正常人还要优秀，他们才是生活中的强者。在做通了她的思想工作以后，我召开了以"做生活中的强者，为他们鼓掌"为主题的班会。

　　"什么是强者"这一问题始终贯穿，我们最终得出的结论是"内心强大，不向生活低头的人。"结论出来之后，同学们畅所欲言，很多同学谈到了军人、运动员、著名作家海伦·凯勒。最后，这位女同学在全班同学的面前，第一次谈到自己的家庭，自己的母亲，当她说完之后，全班掌声热烈，她眼中流下了隐藏了多年的泪水，我想这是一种释怀，更是一种肯定。从那以后，她的性格开始变得开朗，开始勇敢地去交朋友，班里有了她的笑声。

　　班会之后我又家访了一次，重新为他们拍了一张拿着奖状的合影，将所有获奖同学的合影照片，贴在"让荣誉回家"的表彰墙上，她在那一张照片上笑得非常地灿烂。

我们专门为这次活动写了一篇报道，通过家长群分享给所有家长，与以前的报道200、300的点击量相比，这次的点击量居然突破了5 000，很多家长对这次活动表达了高度认可。

一次不一样的颁奖，一次不一样的家访，让家校的联系变得更加地密切。

一次位置的互换，一次心灵的碰触，减少了不理解，拉近了彼此之间的距离。

一次家访就是一次感恩教育，让学生知道付出就有回报，好好学习，就是回报父母。"办好人民满意的教育"已经提出了多年，然而我好像从来没有认真地考虑过怎样才能办好人民满意的教育。身为教师的我，通过这次的家访好像找到了一条路，就是用真心、真情、真付出去教育每一位学生。学会换位思考，从家长的身份出发，就能知道我应该去做一个什么样的老师。

立足服务意识，打开班级管理新局面

山东省阳信县翟王镇中心小学　丁晓努

新型冠状病毒来势汹汹，当2020年农历正月十六不能准时开学的时候，我们教师和家长最为关心的问题就是"孩子的学业该怎么办？"幸好有滨州市"空中课堂"系列课程，这成了连通学校与家庭的一条通道。这条通道一端连着责任，另一端连着希望，而承担"责任"这一端的就是我们老师。我认为教师在指导学生居家学习、生活的过程中，先要树立"服务意识"。

一、立足服务意识，化解学生学习困扰

（一）不断探索高效的习题讲解方式

空中课堂刚开始提交作业的时候，我发现孩子们的作业书写不太规范。为有效解决这一问题，按照学校"五全"作业模式的要求，在每天公布作业答案之前，我都会先工整地将作业试做一遍，易错的题目我还会用红笔做好批注，批改的时候还特别注意点评孩子们的书写。

后来，我发现只靠单纯地公布答案，部分孩子对题目还不甚了解，怎么办呢？

偶然的一次机会，我发现了 QQ 群内的直播间功能，抱着"试试看"的态度，我开通了直播间。考虑到部分家长白天的时候不在家，我就将直播的时间直接定在了晚上七点半。晚上七点半基本是大多家庭每天下午吃饭的时间，有时候我也会因为某些事情回家较晚而耽误吃饭。但是，直播间从 3 月初开播以来，始终坚持每周晚上播六天。至今我们已经坚持了近五周的时间，没有间断过一次。

（二）激发小组合作学习，变"单兵作战"为"团队协作"

本着提升孩子学习能力的目的，我又在班级中实行了"分组学习"的模式。我将全班同学分成五个小组，每个小组单独建立 QQ 群，每组设一名组长和两名副组长，这样就可以满足他们开群视频互相学习的需求。平日里，组长组织组内同学核对答案、催缴作业、英语文章背诵检查、题目讲解、评比竞争等。

小组合作学习激发了同学们的学习积极性。每天直播完成后，大家都会争着将题目的讲解视频发到群里互相学习，当然我也会及时进行点评鼓励。

二、抓住"疫情"契机，做好德育教育

作者丁晓努（右二）主持翟王镇学区 2020 年教师节表彰大会

在当下"疫情"大环境下，"德育教育"要及时跟进，坚决不得缺位。

首先是"爱国主义教育"。抗击疫情期间，全国不断有医务人员奋不顾身地赶往抗疫一线，很多的医务工作者甚至贡献出了自己宝贵的生命。我们要引导孩子们励志做像钟南山那样，对社会有用的人。让他们从小树立"为中华之崛起而读书"的远大志向。

其次是"劳动教育和感恩教育"。《朱子治家格言》中讲道："一粥一饭当思来之不易，半丝半缕恒念物力维艰。"学生只有在家庭"习劳"的过程中才能体会到劳动的意义和父母的辛劳，才会懂得感恩父母。劳动教育也并不是简单地要让孩子们学会洗衣、做饭、打扫卫生，而是要让他们在劳动中感受自己拥有创造美好生活的能力。

三、抓牢家校沟通，实现教学效果最大化

当下，家长与孩子居家相处的时间比较充裕，能否进行高效的家校沟通，形成家校共育的合力，这决定了我们教育效果是否能达到最大化。这段时间内，在和家长进行沟通的时候，我就特别注意以下几个方面：

（一）沟通的内容

农村家长们的文化程度及教育观念不尽相同，所以，我们在进行家校沟通时要特别注重教育方法的渗透。比如，要和家长特别强调"以身示范"的重要性，很多家长往往一味地进行言语说教而忽视了身体力行，以身示范。殊不知，

"教育"最有效的形式就是"上行下效"。

同时，学生良好习惯的形成也要多从生活中的点滴入手。有些时候，从孩子上交的作业照片来看，我们会发现有些同学会躺在床上看手机、书桌上摆着零食、上交的作业纸上会有菜汤等，这些都是不好的习惯造成的。

（二）不拘泥家校沟通的形式

疫情期间除了与家长进行电话沟通、微信沟通，还可以利用直播间进行家校沟通。因为每天直播时，很多家长就在旁边一同观课。如今，等每天的直播课快结束时，我已经习惯和一两位家长沟通孩子在家的表现情况。

只要我们在座的大家能经常把"为学生服务"的意识放到心间，经常扪心自问，全力服务于学生的成长进步和全面发展，我们就一定能发现更多的高效的方法，收获属于我们自己的教育幸福。

关于对翟王学区测试阅卷的总结报告

阳信县第一实验学校　魏艳玲

试卷概况：本次共收到 103 份试卷，试卷共设置五道试题（其中一道为选做），涵盖当下学校管理的集中问题和老师们比较关心的问题。既有开放式试题，亦有诊断性问题，还有实施、预测、假设性问题。

阅卷原则：本次测试坚持"以人为本、精细化管理"的命题原则，测试对学区命题精神的领会、对问题的判断、对问题的深度思考、对问题的有效处理或建议、对本次做题持有的态度是否真诚和用心、测试者答题过程中是否体现忠诚和执行力（领导层面），每小题按照 20 分赋分，共 100 分。

现将阅卷情况报告如下：

一、角色扮演，各显神通

本次试卷需要每位人员站在不同的角度思量问题、分析问题、解决问题，校长、副校长、校长助理、中层、教师在所给的四个案例中分别站在校长、中层（教务处）、教师的角度对学校管理中的集中问题、前沿问题进行分析，从试卷答题情况来看，老师们解决问题的办法可能不一样，但是都能站在学校发展的角度去处理问题，他们不再是局外人，而是身处其中来体察学校管理的不同层面的负责人。中小学所有人员答题结果较好的是第一题，都能够站在管理者的角度广泛地、多视角地思考问题，能够辩证地看待问题。第二题、第三题校长和中层以及"骨干"教师对于"文化校园"的理解较为深刻，选做题和第五题老师们畅所欲言，充分体现了"以人为本"的学区管理策略。

二、精准施策，有效管理

在阅卷过程中，发现 40%以上的教师不是泛泛而谈，而是对出现的问题进行科学诊断，并给出管理建议，建议详尽，可操性强（40%这不是小数字，这说明有不少的人在不断学习的过程中，具有了管理能力）。大部分教师思想前沿，对于新鲜事物不怵头，思想上敢于参与，行动上敢于落实，执行力强。幼儿园测试"情景管理"部分，老师们能够运用所学，定位准确，服务意识强。

本次测试是一次很好的统一思想、进行头脑风暴的管理"实践"学习。

三、数据整理，系数优秀

本次测试共收到中小学教师答卷 88 份，幼儿园教师答卷 15 份。

第一题 100%的教师认为校长抓卫生工作，进行精细化管理的切入点选得对。同时对前后效果的分析详尽到位。

第二题，97%的老师认同孙校长的管理方法，并从文字中找准办学理念，认为和谐为合，乃是以人为本。100%的老师能结合自己学校的文化特色及底蕴提出自己的建议。

第三题"用大数据导航学生成长"，表态愿意积极学习使用大数据进行管理的老师占比 99%，愿意积极参与又怕涉及隐私的占比 1%。说明老师们喜欢接受新事物，哪怕是具有挑战的新鲜事物。

对于老师们比较关心的"迟到的处分"一题，写撤销处分的占 12%，按制度处罚的占 22%，按制度处分并进行有效沟通的占 17%，没有正面回答问题的占 12%，从轻处罚的占 2%，提出有效建议的占 2%，这一数据证明老师们对该问题进行了有价值的思考。

对于绩效工资一题的回答情况，88 位中小学教师都了解此项工作，他们担心的是拿自己的钱来评比，还担心按职称、论资排辈，不能公正公开透明处理，还有占比较少的老教师担心自己年龄大了，不能胜任此项工作。大部分老师能提出自己的想法，极少教师能就对教师的德能勤绩等方面进行量化评价提出自己的想法，老师们都期待有"良策"。幼儿园教师都不清楚绩效工资这回事（与学段有关系），领导们都有所了解。

通过粗略的数据整理，我们发现这是一个能战斗、敢于争先的技术型团队。

翟王镇学区教育干部队伍建设工作汇报

山东省阳信县翟王镇学区   王志霞

翟王镇学区现有县教体局备案教育干部29名，校本化教育干部68名，其中校（园）长（含学区主任）9名。年龄最大的55岁，最小的22岁，平均年龄42岁。翟王镇学区自2018年9月合班并校以来，就把教育干部队伍建设作为工作重点，三年来持续不断地推进和深化，取得了可喜的工作成绩。

一、探索

2018年9月，翟王镇教育园区正式启用，全镇3到9年级的学生及镇政府驻地的1到2年级学生和学前幼儿集中搬到了园区上学。翟王镇中心小学由原来的12个班猛增至32个班，教师由原来的30人增长到81人，学生也由不到500名增长到1 490名。如何使学校工作有序开展，健全学校领导

阳信县翟王镇学区 2021 年月度论坛第五届
青年教师"说管理"比赛

班子及内设机构成为当务之急。翟王镇学区领导班子在合班并校之前进行多轮研讨的时候，首先就考虑到了这个问题。2018年8月17日，翟王镇学区在翟王镇人民政府的支持下，出台了《关于在"合班并校"中化解相关问题的报告》，成立了化解"合班并校"相关问题的工作专班，教育干部调配就是工作专班的主要工作之一。在合班并校《人事安排方案》中，"组织实施原则"一条是这样规定的：坚持相对稳定、合理流动、师资均衡、资源共享、立足长远、统筹兼顾、在均衡中发展的原则，做好翟王镇中心小学的干部、教师交流工作。经学区办公会议研究后决定，制度面前人人平等，每个人须以大局为重，服从安

排。这就从大政方针上规定了教育干部的安排，具有高度的政治性和纪律性，容不得半分讨价还价。

随后，翟王镇学区制订了为翟王镇中心小学在全学区选拔中层教育干部的工作方案。按照《中共阳信县教育体育局委员会关于规范各级各类学校干部岗位设置的通知》规定，中心小学需要7名中层干部。为了选拔出优秀的教育干部，2018年9月1日，学区人事办组织开展了竞聘答辩活动。活动按照制订方案、自愿报名、现场答辩、公示结果流程进行，按活动规定外请评委，过程公开，程序规范，全封闭管理，全程录像。答辩主题为：在当前合班并校工作中，面对有的家长不支持的情况如何开展工作。评委从参赛选手对合班并校工作的认识高度、工作思路及方式方法等方面进行综合考评，最终从报名的11名人选中选拔出了丁晓努、马俊博、周磊、马长新、荆伟、刘辉、孙中锋7名中层教育干部，为翟王镇中心小学管理机制建设奠定了坚实的基础，为翟王教育的干部管理工作进行了有益的探索。

二、锤炼

2019年年初,刚刚组建起来的翟王教育干部队伍，暴露出了管理理念落后、管理能力偏低、工作动力不足等诸多问题。为此，翟王镇学区借力《阳信县教育和体育局2019年工作计划要点》，制定了《翟王镇学区2019年工作计划和

要点》和《翟王镇学区教育干部管理、培养暨聘任方案》，"实施'质量工程'，精细化管理学校，锤炼出德才兼备的干部、教师队伍"。为实现这一目标，学区主任张海珍同志带领教育干部及骨干教师，16次接受师德教育和先进办学理念洗礼，与高端对话，向先进学习，跨行业取经，足迹遍布省内外，强力提升干部教师综合素质，促进干部队伍发展。2019年，春寒料峭的正月十三一大早，新年的鞭炮声还稀稀拉拉地在响，翟王镇学区近50名教育干部及骨干教师

就来到了滨州授田英才学园取经，正式拉开了翟王镇学区锤炼教育干部队伍的序幕。整整一天，我们犹如走进了一个新的教育时空，如饥似渴地学习，紧追不舍地询问，为新学期翟王教育积蓄了甘泉活水。随后，滨州市逸夫小学杨新彬校长被请来了，给翟王教育干部和骨干教师带来了以"新时代校长办学和校长领导力"为主题的讲座；北京市名校长李志欣被请来了，他的"教师成长三十六计"让青年干部教师如醍醐灌顶，热血沸腾；泰安市名师卜庆振也来了，为迷茫中的翟王干部教师展示了高效课堂管理，引发了我们对翟王教育文化定位的深度思考；在聚知慧名师大讲堂《做最好的执行者》会场上，翟王镇教育干部收获了"另眼看教育"的理性思维：把工作做到让自己满意，通过了就要执行到位，该说的要说到，说到的要做到，做到的要看到，做最好的执行者。尤其是在"以人为本"的学校精细化管理水平测评活动中，101 名教育干部和骨干教师就学校管理中的人情与制度的碰撞、绩效工资的核发、德育管理的重要性各抒己见，翟王镇中学副校长付军写道："做任何事之前首先要统一思想，并做出翔实计划，责任到人，同时进行督查评比，表扬先进，发挥榜样的力量。"团委书记李鑫写道："在教学管理中渗透围棋'和'的办学理念、管理理念。让学校里的老师和学生们有了自信，也更加贴合国家层面中习近平主席提出的'制度自信、文化自信'。"翟王镇中心小学骨干教师赵朋伟写道："学校管理并不是简单地下达命令，而是一种号召，让全校教师做到齐心协力，团结起来，都来做学校的主人。规章制度的建立要做到精细化，精细检查，精准通报，精心考评到班到人。"李建新老师写道："学生各方面的成绩上去，我们才能有资格谈起金钱方面的效益，教师职业是良心付出的高等素质，只有自律与提高才能有利于更高的发展！"这些渗透着对翟王教育深厚感情的话语，既有对当前国家教育方针政策的期待，也有对学校制度文化建设的思考，更有从实际出发，融合了多方面因素的校本化建议和措施，彰显了翟王教育干部和骨干教师的时代担当和教育情怀！

一年来，济南、青岛、潍坊、威海、厦门，处处留下了翟王教育干部身背行囊、手持笔记的身影。为培养教育干部后备力量，翟王镇学区还出台了《阳信县翟王镇学区关于优秀青年教师挂职锻炼的意见》，先后安排 6 名优秀的青年骨干教师到学区机关挂职锻炼，直接接受学区领导层的管理理念影响，提高了站位，熏染了态度，其中安荣玲、李鑫、张兴超、张宁宁 4 名教师迅速成长为独当一面的教育干部。2019 年是翟王教育干部队伍建设驶入快车道的一年，每位教育干部抓住了弯道超车的机遇，丰盈了自己的管理智慧，实践了自己的管理理念，在各自的工作岗位上洒下了辛勤的汗水，也得到了前所未有的成长。

三、向好

2019年3月9日，翟王镇教育工作会议召开，张海珍主任发言的核心是从干部做起，每个人要想把事做好，首先应该想清楚"自己的职责界限是什么"。2019年8月开始，为解决教育干部在工作中越位、缺位、让位、错位等职责模糊现象，翟王镇学区组织开展了教育干部厘清职责研讨活动，虽然因疫情原因未开展现场活动，但是，反复地修改和报送职责报告，让每个教育干部从内心深处注意到了这个本该作为工作指导思想的命题，为下一步工作定位找到了原点。在此基础上，翟王镇学区趁热打铁，出台了《翟王镇学区关于学校中层干部聘任工作方案及管理办法（试行稿）》，部署园区学校开展中层教育干部选聘工作。2020年8月开始，园区三学校分别以不同的方式按既定程序开展了选聘活动，共选拔聘任教育干部27名。在就职演说环节，各位教育干部都有了较清晰的职责意识，从不同方面表达了对学校管理工作的思考，服务意识和团队精神成为工作基调。尤其是新任教育干部，有思想、有干劲、有魄力，展现出了积极向好的干部生态氛围，为教育干部队伍注入了活力。

四、成绩

近三年的时间，翟王教育干部队伍建设取得了显著成绩：

建立了较规范的选人用人机制，完善了学校管理制度，学校治理体系日趋成熟；更新了教育干部的管理理念，为学校高质量发展奠定了理论基础；以张金超、丁晓努、魏学辉为代表的教育干部的工作能力大幅提升，内生性动力不断增强，带动学校教育教学工作提档升级；涌现出了刘秀丽、张新国、董健、王心明等被县教体局委以重任的教育干部。

学区的工作被滨州市关工委常务副主任李成明称赞落实了乡村振兴战略，在全县学校精细化管理大观摩中，中学、中心小学、中心幼儿园均被评为学校管理优秀单位，在全县"不忘初心、牢记使命，做四有好老师"师德宣讲比赛中荣获优秀组织一等奖，承办全市教育重点工作阳信观摩现场工作，受到县委书记栾兴刚同志和市教育局局长刘春国同志等全市教体系统领导的高度好评。代表阳信县接受省市督查政府履行教育职责情况检查和全市教育系统干部作风"双硬行动"督查，受到省政府督学高权同志等省领导的充分肯定。

翟王镇中学被评为全国青少年手球运动传统学校，代表阳信县参加滨州市第19届运动会，四支手球代表队荣获26枚金牌，列全县第一名，被评为全市唯一的（带资15万元的）省科普示范学校、阳信县2018和2019年度教学工作先进单位、2019年度教学质量优胜单位，中考成绩连续两年持续攀升。中心小学被评为全国青少年校园足球特色学校、滨州市2019年教学常规月优秀组织单位、阳信县2018和2019年度教学工作先进单位、2019年度教学质量优胜单位，县乒乓球比赛男女队均获乡镇组第一名，在县鼓号操展演中获"金号奖"。中心幼儿园被评为国家级"家园合作示范单位"、滨州市特色项目幼儿园，李桥小学幼儿园被县教体局评为"幼教工作先进单位"。五处定点小学完成了"小而美、小而优"的美丽蜕变，成为低龄儿童乐园，全镇公办幼儿园在园幼儿712人，比去年同期增长223人。这些成绩的取得主要靠教育干部带头，教育干部在这些大事上发挥了重要的、关键的、核心的作用，为老师们树立了不怕难不怕累、积极进取、勇于创新的榜样。总之，翟王教育的今天凝聚着所有教育干部的智慧和汗水。

五、争雄

2021年，是《阳信县翟王镇学区中长期教育发展规划纲要（2020—2030年）》实施第一个两年计划的攻坚之年，在本阶段，翟王镇学区的目标是"建设一支符合'教育好干部'标准的高素质领导人员队伍；大力推进基础教育综合改革，坚持和完善现代化学校管理制度，加强学校治理体系和治理能力建设，创建县级一流质量品牌"，为实现这一发展目标，翟王镇学区将以"教育干部人才工程"作为发展战略，把干部队伍建设工作作为保证翟王教育持续发展的硬核动力，把思想纯洁、维护学校发展大局作为选拔任用教育干部的首要条件，聚焦干部队伍能力提升，打造良性"竞·合"氛围，形成人人出彩、群起争雄的态势，为翟王教育高质量发展储备第一生产力，使更多的教育干部在业务能力提高方面具有优先发展权，管理业绩被认可、被尊重。学区将向上级部门和领导积极推荐优秀的教育干部，为他们搭建走向更高发展平台的跳板，让"教育干部人才工程"成为翟王教育干部终身受益的英才工程。

六、飞跃

当下，我们的教育干部队伍还存在以下工作问题：

1.保守中庸，缺乏刀刃向内的改革勇气；

2.老好人思想严重，原则性差；

3.工作站位不高，作风不成熟、思想偏激、大局意识淡薄，甚至急功近利；

4.拼劲不足，牢骚有余；

5.对学校发展缺少系统性长远化思考，缺乏坚持的定力；

6.工作粗放不细致，拖沓不麻利；

7.合作意识差。

这些枷锁严重地影响了我们的工作质量，尤其是作为承担着比一般教师更多工作的教育干部，更应该去杂念、弃包袱，让自己轻装上阵，只有这样才能

对准主要矛盾精准发力。一是要保持一种简单的心思，就是为学校发展尽心尽力的心思，一切出于公心，思想上的干扰和选择就少了；二是要保持一股冲锋的劲头，只有全力以赴地去做事，才不会留遗憾，作为一个领导者应该具有身先士卒的姿态；三是保持一个认真的习惯，尽最大努力认认真真地做好每一件事，不拖沓，不敷衍，不将就，让认真成为自己的习惯，你的样子就是你所带领的团队的样子。

各位领导、老师们，我们有幸生于这样一个伟大的时代，我们的祖国正以

势不可挡的坚定步伐登上国际大国舞台，我们翟王教育也在张海珍主任的带领下，走上了一条可持续发展、看得见远方的道路。此时的我们，当以汗水浇灌收获，以实干笃行前进，不负翟王百姓的重托，不负这新时代赋予我们的金色年华！

专栏篇
省市县心理健康教育工作室（坊）专栏

525 心理健康日，爱自己从自立自强自爱开始

滨州莲华学园　　惠　芳

五月的鲜花沐浴阳光，五月的春风如期而至，心情明媚的我们迎来了 2022 年 5 月 25 日心理健康日。

"5.25"取谐音"我爱我"，意为要认识自我，接纳自我，能体验到自己存在的价值，乐观自信，能用尊重、信任、友爱、宽容的态度与人相处，能分享、接受、给予爱和友谊，能与他人同心协力，爱自己才能更好地爱他人。

这一天，滨州莲华学园围绕学生心理健康成长开展了一系列活动。

一、共同收听收看山东省 525 学生心理健康日主题活动

5 月 25 日当天，山东省教育厅通过电视直播的方式开展了心理健康教育讲座活动，本活动旨在推进各地各校将育德与育心相结合，把对学生的人文关怀和心理关爱贯穿于学校工作的全过程、各环节，以心理健康日、心理健康教育月活动为契机，把丰富多彩的主题活动转化为扎扎实实促进学生成长成才的有效工作。我校全体师生共同听取了讲座，通过本次学习，师生更加充分地认识到健康的心理是一个人全面发展必须具备的条件和基础，优良的心理素质在青少年全面素质的提高中起着举足轻重的作用，它必将对 21 世纪人才的质量产生积极而深远的影响。

二、525 主题班会

在会后，我们还自行举办了丰富多彩的心理健康主题班会活动，旨在提高同学们的心理健康知识水平，增强心理保健意识。

疫情虽然得到了控制，但是新冠疫情也给同学们的生活和学习蒙上了一层阴霾，返回学校后的疫后心理适应情况和心理调试是本节班会的重点内容。心理老师惠芳紧密围绕心理健康教育，以科学的理念介绍了心理健康

• 自爱是指爱自己爱自己，尊重自己，关心自己的幸福或利益，爱护自己的身体，珍惜自己的名誉。

"我爱我"心理健康教育活动日
誓 词
我爱我，
我自立，我自强，我自爱，
我非常聪明，我潜力无穷；
不忘父母嘱托，感悟师长期盼，
我要铭记我的追求和理想；
我拼我赢！我能我行！
让信念与行动齐步，
让快乐与成功共享；
实现人生自我，创造生命辉煌！
我爱我，我爱大家！
我要成功，我会成功，我能成功！

宣誓人： 2022年5月

的标准和重要性，在学生学习生活、家庭及朋友关系的处理、情绪调节的方式方法等方面进行了心理健康教育。惠芳老师通过课件、生命安全教育宣传片等，向学生直观地展示了心理健康的知识，指导学生培养坚韧不拔的品格，以积极乐观的心态应对学习生活，爱护自己，关爱他人。

充满积极暗示作用的心理保健操让同学们眼前一亮：竖起大拇指对自己说一声赞，张开臂膀拥抱充满希望的明天，调动面部肌肉让自己感受笑容的力量……简单的心理保健操让同学们在学习压力中得到了放松，也体会到了积极心理带来的重大作用。

三、第一支玫瑰花

学校以 5.25 这个特殊的节日为契机，给同学们发放了玫瑰和祝福卡片。

花季雨季的学生伴随着青春期的成长开始了解自我，关爱自我，接纳自我，关注自己的心理健康和心灵成长。当大家收到了"人生的第一枝玫瑰花"时，他们是感动的，也是快乐的。相信自己值得被爱，才能真正得到爱。

在逐渐成熟的年岁，同学们学习、探索和正视如何爱自己这个人生命题。借助小小的一朵玫瑰花，同学们学会自尊自爱，也认识到要想爱人先要学会爱己，要看到自己的价值，肯定自己存在的意义。

本次心理健康日系列活动通过普及相关心理健康知识，使我校学生对此有了更加深刻的认识，树立了正确的心理健康观念，有效促进了我校学生的身心健康。虽然本次活动落下了帷幕，但每个人的自我心理健康成长

没有终点。我校将一直致力于促进学生的心理健康教育发展，让每个学生都能正确认识和评价自己，迎接人生的挑战，以礼貌、尊重、善意、诚恳、谦让的姿态面对他人，努力让每位未来栋梁都能沐浴到灿烂的阳光。

美好生活　从沟通开始
——父母与孩子有效沟通的策略

山东省邹平实验中学　任文会

进入初中，家长们最怵的就是与青春期孩子的"碰撞"。孩子沉迷游戏，作业不认真做，训诫又不听，还非常逆反。现在，大部分家庭都是两个孩子，小的不懂事，大的唱反调，家里争吵不断。有的家长服了，干脆认怂。

作者任文会

可是，我却说：家长们，要敢于承担责任，不能推脱，不能总把自己文化水平不高或没辙等挂在嘴边。做父母的都不自信，不去为孩子成长负责，那还指望谁！谁也不是天生就会当父母的，开个车还要驾照呢，做父母不用考任何资格证，甚至连最基本的考前培训都没有，这门槛虽低，可是不好毕业啊！所以做父母更需要成长，不能只在年龄辈分上有优势。今天，咱就来探讨如何与孩子沟通，这是父母进步的第一步。

一是共情，这是沟通的前提。我们来分析一下，孩子为什么绞尽脑汁玩游戏，逃避学习。心理学上谈到人总是喜欢趋利避害，避重就轻。孩子更是如此，为了暂时的快乐（利），就会轻易放弃学习的苦（害）；"重"就好比学习，枯燥单调费脑筋，"轻"就是简单易做、有趣好玩又有成就感的事。

有的家长会说，那怎么办？我可是没办法让学习跟玩游戏一样快乐！当然不能，老师也不能。

可是，你有没有想过，有的孩子就可以。他们学起习来着迷，读起书来忘我，做作业认真。这是为什么？这是因为这些孩子，对学习的认识更深刻，意志力和自控力更强！这是因为这些孩子的家长从小就给予了孩子读书学习的榜样影响，或是从小就给孩子种下了希望的种子，注重对孩子习惯的培养。

　　就以上的分析来看，我们唯有继续给孩子好的榜样引领，培养孩子的习惯，进行理想教育，才能从根本上解决问题。只是现在错过了最佳教育时期（0到6岁或一年级到三年级），花费的时间会更多，效果呈现会更慢。这总比没办法强得多。有的家长说，道理讲了一箩筐，可是孩子不听。那是因为你和孩子不能够共情。所谓共情，通俗说就是站在对方的角度，设身处地地感受对方的所思所想所感，并引发共鸣。引发和孩子的共情，一是想孩子所想，二是让孩子理解你，不要总在孩子面前特别强势，要懂得示弱。比如，你今天工作很累，又受了领导的批评，或与同事发生了不愉快，回到家，看到孩子上完课还沉迷手机，气不打一处来："你怎么还玩手机？！放下……我这就把手机没收了……"孩子一听，心里更是不服，要么关门，要么大吵，一场战争爆发了。这是你想要表达的初衷吗？当然不是。不如换一种方式：回到家，坐在沙发上，对孩子说："孩子，今天妈妈太累了，心情糟透了……"把事情的来龙去脉跟孩子说一说，最后不忘补一句：妈妈太需要你的安慰了，有个儿子（或闺女）太好了！你说，孩子能不高兴吗？他会更体贴你。这样，不但能让他理解你，孩子自己也有认同感，久而久之，就成了你的小棉袄或皮风衣，何乐而不为呢？

　　二是讲究策略，这是有效沟通的关键。有人说，我和孩子经常吵架，没法沟通。其实，吵架也是一种沟通的方式！这就要看你是怎么吵的，如果是用摔摔打打，故意摔门来表达自己内心的不满，或是指桑骂槐，那很有可能就是最无效的吵架了。再者，如果天天说别人家的孩子样样好，以此来嫌弃自家的孩子，那孩子听了肯定是心烦气躁！甚至会变得格外敏感，自此以后拒绝与家长沟通。

　　其实有效沟通的方式有很多，推荐几种沟通的方式：生日或节日庆祝祝福、写信、指桑赞槐（就是故意对着别人说咱家孩子好，优点最好具体，有理有据，还得让他听见，还不能让他看出你是故意的）、家庭游戏故意输、家长示弱寻求帮助、经常召开家庭会议（不只针对孩子的事，家庭的决策、重要事件都行）等，这些举措都是把孩子看成是独立个体，给予尊重，久而久之，孩子会主动参与其中。

三是理智控制情绪，这是成功沟通的保障。当你与孩子沟通，实在控制不了自己的情绪时，就到卧室冷静一分钟。还是不行，就默数十五个数。有时候你退一步，总比你咄咄逼人要强。咄咄逼人，往往是痛快了自己，解放了孩子，还让孩子丧失了反思的能力，非常不划算。

总之，教育孩子是一门艺术，需要智慧，希望我们在教育孩子的同时也反观自己，成长自己，快乐自己！

女孩，愿你扬起美丽的笑脸

山东省博兴县实验中学　姜静静

整整一周，我的脑海中不时浮现那个女孩美丽的笑脸和泪流满面的面孔。

上个周五下午，我终于等到了我的"小客人"——按照心理测评结果被要求访谈的一个女孩。她刚刚参加完学校国旗班培训过来，脸上还带着红晕，未语先笑："老师，不好意思，我来晚了。"映入我眼帘的是一个高挑的女孩，略有些拘谨。我记得下楼寻找她时，她一身陆军军装，站在国旗班的队伍里，显得格外英姿飒爽。

作者姜静静

"没事，不晚。"我笑着安抚她紧张的情绪。"不要紧张，根据周一的测评结果，系统随机抽取了你，按照要求，我们俩聊聊，我完成我的任务，需要你配合一下，好吗？"我开门见山地把我的要求说了出来。实际上是因为她周一抑郁测评中有一项测评指数异常，系统要求必须进行进一步的访谈记录。看出女孩的紧张，我说出了预先准备好的台词。把访谈说成是随机抽取帮我完成任务。

因为对女孩不了解，我随意地和她聊了起来：开学以来的学习情况、上课的表现、和同学相处如何等。女孩慢慢变得健谈，开始敞开心扉，说起了班级生活和她的学习，谈到地生学科时，她说遇到了一些困难，正不知所措，露出了苦恼的表情。看得出女孩对自己学习成绩的重视。我们的气氛也很是和谐轻松，女孩绽放的笑脸，美丽而娇怯，却又带着一点执着与用心。

正在我开始有点怀疑那个具有自杀倾向的选项是不是她的误填时，我问到了对女孩来说是"雷区"的问题——"爸爸妈妈关心你的学习吗？"女孩一下子沉默了下来，似乎不知道该怎么说。还不等我再说句话的工夫，女孩的眼泪毫无征兆地流了下来。汹涌的眼泪让我意识到选项不是误填的同时，也让我一下子心疼起女孩来。我慌忙抽了几张面巾纸递给她，又拍了拍她的肩膀，抱了抱她："怎么了，孩子？愿意和老师说一下吗？""老师，我感觉我活着就是我爸妈的耻辱。"带着浓重鼻音的低语第一时间传入了我的耳朵，我内心震动不已，也一下子对女孩心疼不已。为什么女孩会有这样的想法？这也让我立刻意识到女孩与父母相处的问题成了她现阶段最纠结、最茫然甚至使自己陷入深深自我怀疑的"元凶"。

果不其然，女孩慢慢诉说着和父母的相处中出现的问题。妈妈不分场合的训斥是她最难以忍受的痛苦，却找不到任何的解决办法。"我爸爸很好，很关心我的学习"但提及爸爸生气时骂她骂得更厉害时，她的眼泪如断线的珠子一样很快洇湿了纸巾。

作为心理老师，我意识到女孩的心态正处于崩溃的边缘，不提及伤心之处时看似若无其事，其实她内心背着很沉重的包袱。女孩的成绩处于中游偏上，但妈妈似乎并不满意，不分场合的训斥让邻居看向女孩的目光都带着一丝异样，所以女孩变得敏感、多疑起来。而妈妈的那句"因为你，让我们在小区抬不起头来！"成了击垮女孩心灵的重锤，时时回荡在她的脑海里，让她产生了"活着是父母的耻辱"的想法，如果不及时去改变，我不敢想象后果。如果女孩在这样的持续打击下，再懦弱一些……

想到女孩刚进办公室那红扑扑的美丽笑脸，我想起了积极心理学之父赛利格曼，他一直致力于帮助抑郁症患者重焕新生。我能为女孩做点什么？女孩显然不想我以老师的身份介入她和妈妈之间，她认为妈妈是绝对不会改的。而她自己在地生的学习上已经付出很大的努力了，但成绩的不理想似乎成了她和妈妈不可调和的矛盾，而这几乎是很多家长的通病。

无论如何，总要做点什么。访谈的任务已完成，但帮助女孩走出困境，让这个女孩重新扬起美丽的笑脸成了我接下来的另一个任务。这一年多的积极心理学书籍不能白看！我开始改变策略，调整女孩的情绪：从我的初中表现、我女儿的地生成绩变化、她的地生问题在哪等多个方面引导着女孩去思考问题所在，帮助她回忆爸妈和她相处时温馨的画面，避免她钻牛角尖走进死胡同。我告诉女孩挨训后不要胡思乱想，独处时可以写写日记，为将来高中、大学回看做个准备——也许那时你再看现在的想法会一笑而过呢。我帮着女孩畅想未来，让她脸上又露出了羞涩的笑容。

慢慢地，女孩的情绪缓和了很多，再一次提及父母时，那种激烈而外放的痛苦也释放了不少。我给了她我的微信，并诚恳地告诉她，无论何时何事，我都会第一时间来帮助你，请相信老师，在你难受时，可以和我诉说。

我的访谈结束了，但女孩痛哭时说的话却萦绕在我的耳边，帮助这一类孩子走出迷茫成了我想探索的课题。我希望我诚挚的心可以似清泉浇灌娇嫩的小花，不一定要绽放迷人的花朵，但却能扬起美丽的笑脸。

寻找幸福的落脚点
——读《积极心理学》的感悟

山东省滨城区第四中学　田　岩

首先感谢我们心理名师工作室，让我有机会接触到这么优质的资源，这个寒假是一个有意义的假期，我按照我们名师工作室的要求，用了整整一个假期，拜读了任俊编著的《积极心理学》。它从积极心理学的产生及发展讲起，讲到积极心理学的性质、积极体验、积极人格、积极心理治疗、积极心理学的价值意义等，向我们全面地介绍了积极心理学。每天读一部分，慢慢消化，慢慢领会，真是受益匪浅！下面我来谈谈我的一点浅薄的认识。

一、转换角度，突破传统认识

在读书过程中，我最大的感触就是《积极心理学》是帮助我们寻找幸福落脚点的最好的选择、最好的书籍。

积极心理学产生于 20 世纪末的美国，与传统心理学不同的是，积极心理学强调对心理生活中积极因素的关注，而不是去关注消极、障碍、病态等。它研究人的积极情感体验，人的积极人

作者田岩

格特征和人格品质，积极的社会制度系统。它让我们看到，一个人若是拥有了积极乐观的心理状态，就能够使自己感受到幸福和快乐。

二、营造积极的教育环境及教学行为

作为心理辅导老师，我认为，积极心理学对于营造积极的教育环境和课堂教学行为有着极其重要的现实意义，同时对个人的心理状态调节和健康心理塑

造有很大的帮助。

学生在学习过程中所感受到的过重的学习压力、时常出现的焦虑情绪、习得性无助都影响着学生的学习积极性和学习效果。而积极心理教育的理论和方法，可以帮助教育者改善学习环境，使学生感受到课堂学习的快乐，体验学习中的主观幸福感，重建学习信心，激发出自身内在的积极力量，并进一步挖掘潜能，提高学习效果。如在班级管理中，我们时常会遇到一些学习习惯、行为习惯不太好的学生。他们在课堂上经常随意插嘴、不受约束、过度表现、影响课堂纪律，甚至影响到正常的课堂教学进度。尤其是对于没有太多学习压力的小学科而言，这些在课堂中过分活跃的学生，实在让老师觉得头疼。往往一贯的教育方法就是在课堂中对其进行点名批评、课后教育谈心，而实践效果却非常不理想，甚至有的学生屡教不改，更有愈演愈烈之势。

另外，某些学生在不能顺利完成学习任务，常常受到老师的批评和嘲笑时，便产生焦虑情绪，对于探求事物和参加活动产生了恐惧心理。经历了一系列失败后，开始相信自身缺少取得成功的能力，失败是永久的，是能力不是努力，一旦这样的"习得性无助"形成，学生就不愿意为完成任务付出认真的努力。那么，这些学生很难改变的课堂行为是否也是这个原因造成的呢？或许，他们一开始的表现只是因为对某学科有一定的兴趣，急于表现和参与其中，想要得到老师和同学的关注。但是这种不符合课堂要求的行为，往往会被视为影响课堂纪律的表现，批评教育是必不可少的。久而久之，一次次的参与热情被泼了冷水，慢慢地，这些学生心中也许会认为老师并不欣赏他们的参与，原本的学习兴趣也随之丧失，故意破坏课堂纪律成了目的。

《积极心理学》告诉我们，要想避免和控制学生习得性无助的发生，就要在对学生内心想法的分析关注、批评教育的技巧上多花一分心思。要多想一想学生如此表现的原因可能是什么，而不仅仅是简单地根据规则和标准进行对错的判断和教育批评。积极心理教育技术所倡导的"赞美式教学"的力量就是最好证明。

对于学生的称赞虽然是无形的，但这股无形的力量却会产生意想不到的教育效果。就像经典的教育格言所说的那样："鼓励中长大的孩子充满信心，批评中长大的孩子感到自卑。"在成长过程中的学生更是需要获得称赞的"力量"，需要成功体验，以及对学习的自信心。因为他们需要来自教师的肯定和期望，需要发现自身更多的闪光点，而不是被淹没在缺点中。真诚的称赞，才能真正改变学生的内心世界，才能让他们获得认错的勇气、改进的信心和前进的动力。一句鼓励和称赞的话语远胜过数句批评和讲道理，能够让学生发掘自己的优点，体验成功的喜悦，从而点燃上进的火花。

　　以上是我自己的一点小小的感悟，我将继续去思考任俊老师在《积极心理学》中所记叙的理论，把自己的理解运用到我的学生教育和班级管理中去，在不断的实践中，领悟提炼属于自己的积极心理学应用规律，争取把书读厚，再把书读薄，用积极的心态去面对自己的工作、家庭及学习，同时也用所学的积极心理学的知识感染周围的人，让我们都能找到幸福的落脚点。

用积极的眼光看待世界

山东省惠民县姜楼镇中学　高建霞

作者高建霞

现在正是我国社会主义市场经济蓬勃发展的时期，各行各业除了重视人才的思想品德、文化素质，也越来越重视人的心理素质。《积极心理学》是教人如何积极面对人生，如何获得幸福感与满足感，建立起高质量的个人生活与社会生活的一本书。据不完全调查统计，在心理学中，消极研究和积极研究的比例是 21:1，鼓励个人的成长，增进个人的健康比治愈自己的强迫行为和强迫观念更容易，也远比治愈真正的心理障碍或精神疾病容易得多。消极研究多用于心理治疗，是为了解除痛苦，把人从心理障碍和精神疾病中解放出来，恢复健康，但是难度比较大，占用了过多的精力和资源。积极研究多用于预防心理障碍和精神疾病康复后的积极恢复，促使人向健康的方向变化，增强了应对挫折和不良情绪的能力，但是对已经陷入心理障碍的人作用有限。只关注消极研究会让人只看到人性中消极的、黑暗的一面，而积极研究关注人性中美好的、善的一面，同时从这两个角度看问题才会对人性有一个合理的认识。积极心理学让心理学从只关注补救生活中最糟糕的事，到同时建立生活中最美好的事情，形成了一种平衡。

对于学生来说，积极心理品质的形成源于学生的主体活动，积极心理教育最显著的特点就在于"活动"。学生在各种各样的活动中获得心理体验，形成积极的心理品质。针对中小学生年龄小的特点，比较适合使用这一方法，让学生积极主动地关心自己的心理发展，成为自己的主人。

如今，孩子们出现一种以"自我"为中心的现象，有些孩子不关心班级集体，自私自利，尤其是中学生，他们叛逆，容易冲动，所以，培养孩子的团队协作习惯，使他们学会与人相处，成为学校教育的一项重要工作之一。

为了调动学生的自觉性、主动性、积极性，让学生的心理体验更加深刻，我利用积极心理学的理念上了一节心理活动课。课上，我设计了讲故事明理（《两个乞丐》和《五兄弟折筷子》）、欣赏歌曲《众人划桨开大船》、演课本剧《天鹅、大虾和梭鱼》等环节，联系实际，加深理解。最后，让同学们齐唱歌曲《团结就是力量》。通过本节课的学习，同学们都得出同一种结论：同学之间应该互相帮助、互相关心，这样即使有困难也能比较快地克服，还可以少走弯路。这也就是团队协作的魅力，也是我心理课要达到的目的。

一堂优秀的课既培养了学生健康的心理，又让学生懂得了人与人之间是相互联系的，懂得了帮助、关心他人的美德。可以说培养了学生积极的心理品质，帮助学生形成正确的人生观、世界观、价值观，形成良好的道德品质。

我们学校的其他科目也经常运用积极心理学的方法，让学生学习在生活中学会与人交往、与人交流的方法与技巧；学习正确面对生活中的各种耐挫力，增强自信心，这样也一定能培养学生积极的生活态度。

多年的教学经验告诉我：对学生来说，良好的道德品质是培养健康心理的基础，良好的心理状态是接受思想品德教育的前提，两者相互依存、相互影响、相辅相成，其立足点是通过教育活动塑造学生，使其德、智、体、美、劳全面发展。

总之，以积极的眼光看待世界，也就是说以积极的心态面对生活，感悟生活，理性对待生活，这是心理健康的一种表现。

走向明亮那方

阳信县第三实验小学　李国燕

作者李国燕课堂教学

我们班有个名叫志轩的男孩，因患有轻微先天性脑瘫，走路很吃力，经常摔跤。其他同学常常嘲笑他，甚至把他的书包丢在垃圾箱里，让他去捡。我不止一次地"告诫"这些"犯错"的孩子，可是仍然会发生类似事件。

有一天放学，孩子们排着整齐的路队，喊着响亮的口号向校门口走去，我也像往常一样跟在队伍后面。刚出校园，志轩的书包不小心掉在地上，还没来得及捡起来，后面走过来的几个男孩子跑过来都抢着踢上一脚，并以此为乐，前面的队伍顿时"溃不成军"，孩子们哄笑起来，志轩眼里含满委屈的泪水，一瘸一拐地追着书包艰难地跑着。

我迅速跑到队伍前面，正想声嘶力竭地训斥一番，刚好看到班里比较内向的小瞳也正想攻击那个可怜的书包，看到我来了，小瞳悻悻地放下高高抬起的脚，极不自然地弯腰捡起那个可怜的书包，心惊胆战地递给刚跑过来还气喘吁吁的志轩。

看着"犯罪未遂"的小瞳，盛怒的我感觉再没有理由去"惩罚"，对于在混乱中攻击可怜书包的同学，我又没抓到"现场证据"，好像也不能立即实施"惩罚"，我想：如果此时再搜集"证据证言"，肯定会耽误孩子们回家的时间，到时，再引起家长的怨言就不好处理了。况且此地也不是处理班务的地方，常言道："家丑不可外扬"。我清了清嗓子，努力平复自己的心绪，大声对孩子们说："整理队伍，齐步走！"同学们面面相觑，一脸愕然。

回到家中,这件事一直在我的脑海里盘旋:到底应该怎样处理这件事呢?这些孩子为什么屡教不改?

我想到了苏联伟大的教育家苏霍姆林斯基的一个教育案例,他为了教育孩子们爱护校园里的花,并不直接告诉孩子"不许摘校园里的花",而是对孩子们说"每个人都应当在校园里栽一株花,精心地去照料它"。当孩子们看着自己精心培育的花儿日渐生长、开放,欣喜、惊叹之情无法言表,对花苗呵护有加,再也不忍心去摘。

我灵机一动:既然每次告诫都于事无补,那我何不换一种方法!我心中打定了主意,就给孩子们来一个出其不意,以"奖"代"罚"。

第二天早晨,我早早来到学校,向教务处要了一张奖状,上面写上:一年级二班小瞳同学乐于助人,被授予"爱心天使"的称号,并按上学校鲜红的大章。我拿着写好的奖状走进了教室,看到我进来,同学们停止了早读。有几个眼尖的同学,看到了我手中的奖状,小声议论着:"发给谁的?"这些欢快的"小鸟们"肯定早已经把昨天的事情抛到了九霄云外。

我郑重地说:"孩子们,咱们班有一个特别有爱心的同学,你们知道是谁吗?"

大家愕然地摇摇头:"不知道。"

我继续说:"咱们班有一个孩子,走路比较吃力,昨天放学时他的书包不小心掉在了地上,有几个孩子看到了,还踢上一脚。"讲到这里,我故意停了几秒,意味深长地看了一下全班的同学,有几个男孩子低下了头。

我话锋一转,用赞扬的口气说:"可是,有一个孩子看见了,帮忙捡起了书包。这是一个多么富有爱心的孩子,他被授予我们学校的'爱心天使'荣誉称号,他就是我们班的小瞳!"说着,我打开了奖状,微笑地看着小瞳,示意一脸茫然的他到讲台上来。

我郑重地把奖状颁发给小瞳,小瞳不好意思地说:"谢谢老师。"孩子们眼中流露出羡慕、赞赏,继而全班响起了热烈的掌声。

我语重心长地说:"富有爱心、乐于助人的孩子走到哪里都会受到欢迎和赞赏,我们班这学期将举行'爱心天使'的评选,希望每一个同学都能成为真正的'爱心天使'，下面大家讨论讨论应该怎样做一个'爱心天使'？"

这些小家伙们七嘴八舌地说着自己的观点，气氛异常热烈，在讨论中，我也进行适当的引导，让他们时刻不偏离正确方向。

自此，"攻击书包"的类似事件越来越少。以后，我根据班级情况还陆续开展了"我为父母做件事""小小环保员""我是劝解员"等讨论活动。在这些讨论活动中，我不仅告诉孩子哪些事情是不允许的，还要唤醒孩子们内心的善良和美好，让孩子知道应该做什么，让孩子们感受到老师对他们的无限信任和真诚期待。

作为班主任，每天都要处理一些大大小小的"官司"，面对那些犯错误的孩子，如何批评教育是一大难题。有时"围追堵截"不一定有用；让学生互相监督，或许只能培养更多的"告密者"；"河东狮吼""轮番轰炸"也不一定奏效；头疼医头，脚疼医脚只能是按下葫芦浮起瓢，问题不断。与其告诫孩子禁止这样、不允许那样，不如引领孩子走向美好、走向善良，走向明亮那方！

育女心得

阳信县温店镇中心小学　温庆国

二宝已经十六个月大了，随着她的成长，我总能不断收获新的喜悦，经常会有新的认识……

每当我下班回到家，用钥匙打开房门，总能看到二宝颤颤巍巍地跑到门前，拉着长音用力地叫着"爸——爸——"然后转身对着挂衣架，扬起小小的手臂，用细细的手指奋力  地向上指着，嘴里还大声地"啊，啊……"示意我把外套挂上去。我笑着回道："好的，我知道了，谢谢！"二宝看着我脱下衣服，然后就自顾自地去玩儿了……

每当我从厨房拿来碗筷准备吃饭时，在一旁玩耍的二宝就会快速地连跑带颠地引领我走到茶几旁，双手"啪，啪，啪……"地使劲拍着茶几，告诉我，放到这里。我也随声附和着："我知道了，我知道了。"

每当我把装纯净水的大塑料桶拿回厨房时，她也总会过来抢。我善意拒绝了她，她原本还满脸的笑容，顿时就变得"雷雨交加"了。而得到我应允之后，她立刻抱起大桶跟跟跄跄地高兴地奔向厨房，放到相应的位置上……

最近一段时间，我发现孩子有时会去卫生间玩盆里的水。起初，我没意识到是什么原因引起的。后来，我才想到：会不会是我有时在那里洗手，孩子仿效我呢？可能她不明白我的做法，不过她已经学会了这个动作！每当我抱起玩水的她时，她就会用哭闹来表示反抗！这提醒了我，在孩子面前我要注意自己的言行——孩子在看着我，仿效我呢！我在孩子面前，要考虑哪些事对她会有负面的影响、哪些举动可能给她带来危险，我怎样才能正确地引导她呢？

面对渐渐成长的二宝，我对"孩子"有了更深的认识——才感到父母对孩子的影响之大，对孩子的教育责任之重。怪不得人们常说："孩子是父母的缩影""孩子是父母的复印件""有什么样的父母，就有什么样的孩子"。虽然我们不能一概而论，但在孩子的身上，你总能找到父母的影子，正所谓父母是孩子的第一任老师。

一个个现实的问题摆在我的面前，让我初次感到做父母的压力之大。

作为一名教师，我每天还是和孩子们打交道，经常看到有的孩子鞋带儿开了，随着脚步两边不停地甩动。有一次，我提醒一名学生说："系好你的鞋带儿，别摔倒了！""我不会系！"这名十来岁的小男孩儿回答。我当时有些愕然，陷入思索之中……

在办公室里，同事们时常抱怨：孩子们都十岁了，还不会打扫卫生，每天还得到教室里指导。

有时与家长们交流，他们也是无奈地说，孩子在家里什么也不干，只会看手机、玩游戏，怎么说也不听。

我们不禁要问：这是为什么呢？这些现象是怎么造成的呢？

爱因斯坦曾说过："你能不能观察到眼前的现象取决于你运用什么样的理论，理论决定了你到底能观察到什么。"

儿童由于身心各方面的发展和生活范围的扩大，他们的独立性增强，对周围世界充满了好奇和探索的欲望。

孩子们在幼儿时期的一些行为表现出了强烈的好奇心与探索的欲望，我们当家长的是否积极正确地引导了呢？俗话说"三岁看小，七岁看老"。我们都知道这句话的道理，但是我们在生活中有没有把这句话落实到我们教育孩子的行动中呢？不免要打个问号！

这一个个案例突显出来的就是家庭教育在孩子成长中的重要性。可喜的是，越来越多的父母意识到了这一点，纷纷走进了各种各样的家庭教育课堂，学校也在积极地推行家校共育活动。我们相信，在多方面的共同努力下，孩子们必定会健康茁壮地成长！

教育，一直在路上
——关于疫情心理健康教育案例

山东省阳信县翟王镇中心小学　刘鲁惠

作者刘鲁慧

随着社会经济不断发展，人们生活水平不断提高，家长们越来越多地关注孩子们的学习。有些家长盲目关注孩子的学习成绩，采用的教育方法有些欠妥，甚至还给不少学生的心理造成影响。特别是疫情期间，学生在家网上学习所产生的一系列问题引起了老师家长的关注。

小强是一个性格开朗活泼的四年级小男孩，平时与同学相处得很好，上学从不迟到，上课积极主动地回答问题，声音洪亮自信，下课时常和同学们一起玩耍、讨论问题。自从在家上网课学习后，他精神恍惚，不能够按时听课，而且听课时容易走神。平时和家里人交流变少，总喜欢一个人独处，不能及时完成老师课后布置的预习、复习任务，以及课外作业。一周下来，家长反映每一次完成听写任务时，他都很紧张，检查听写对他来说一次比一次害怕，正确率一次比一次低。他觉得自己跟不上课程，慢慢产生了自卑感，不能正确评价自己的能力。

我通过与家长交流得知，他父亲常年在外地做生意，对他管得就比较少，平时都是由母亲照顾他，母亲对孩子比较溺爱，但是父亲在家时对孩子非常严格。孩子在家进行网上学习缺少约束力，听课不能集中注意力。另外，我了解到她父亲年前回家途经武汉，回家后居家隔离，没有什么症状。在疫情初期，孩子通过新闻了解疫情，他内心产生恐惧。因为小学阶段的学生缺乏一些医学常识和对病毒传播的正确的认识，让他对死亡和疾病的传播所造成的影响都产生了恐慌。

得知这个情况，我首先加强与家长的沟通，让他们认识到家庭教育的重要性和他们所负有的责任，并且使他们掌握一些教育孩子的方式和方法。每周五和家长交流孩子一周的表现，通过家庭和学校的共同努力，孩子从心理上开始发生一些转变，不再抵触父母的管教。他开始主动地和父母交流，碰到困难能够积极地向父母寻求帮助。

然后师生、生生之间搭起爱的桥梁，让他感受到教师的关心爱护，感受到集体的温暖。一开始我和他通过微信视频聊天，他一问三不答，不愿意交流，有时躲着不见。他虽然有心理防御，但其实内心还是渴望得到别人的关心和爱护的。于是，我耐心地和他交流，给他讲在一线抗战病毒的"战士"的故事，使他体会"战士"默默付出的精神。同时我给他科普一些知识，让他正确认识病毒传播的原理，正确看待疫情，消除内心的恐慌。现在他应该在家和同学们一样，认真学习，也可以和父母做一些亲子活动。我主动和他交流、与他接近，缩短心理距离，然后根据马卡连柯的"平行教育"理论，通过集体的力量来帮助他。有的同学知道这种情况之后，主动利用休息的时间陪他聊天，谈论在家和父母发生的趣事，互相交流最近的学习情况。渐渐地，他的表情没有那么呆板了，露出了一些笑容。此后，他开始主动按时听课。但是他仍然觉得自己会跟不上课程、学习会落后、会让老师和同学看不起，由此产生了自卑感，这大大影响了他的身心健康。对此我又一直寻找让他体验成功的契机，让他体验成功的喜悦。

学生都具有向师性，而且"罗森塔尔效应"告诉我们，学生一般会朝着教师所期望的方向发展

接下来我协同各位任课老师多给他创造一些表现的机会，并尽可能地让他体会到老师对他的这种期望感，明确表达家长和老师对他有信心，只要他认真学习，他不仅能够跟上课程，还可以有更大的进步。这样的期望会促使他向好的方向发展，对他产生一些积极的影响。经过一段时间，他的学习习惯有所改善。不仅如此，他听课比以前认真了，能够积极和学生探讨学习上遇到的难题，平时也能够主动地帮助父母做一些力所能及的家务。但是这并

没有结束，因为教育是一个长期反复的过程。孩子良好习惯的养成需要一个长期的时间，中间也可能会出现反复，这就需要我们老师和家长用更多的爱心、耐心去关爱孩子。

其实学生在成长的过程中都会碰到一些问题，造成这些问题的原因有个人、家庭、学校等多种多样的因素。人常说"教无定法"，确实如此，根据具体的事情，老师都会有不同的且具有创造性的方法。

起承转合
——执教两节心理健康教学课例的深度思考

山东省滨州市阳信县翟王镇中学　张海珍

"起承转合"是诗文写作结构章法方面的术语,出自元代范德玑的《诗格》:"作诗有四法:起要平直;承要春容;转要变化;合要渊水。"今天,其含义不仅仅用在写作方面,也广泛应用于音乐艺术、教育、心理科学等多个领域。我在初中心理健康教育教学中,引用"起承转合"的艺术手法,联系生活实际,从事物表象到本质内涵,从感性认识到理性认识,从工作实践到理论思考,均颇有收获。

一、"起"于两个案例

案例一:校园霸凌事件

上半年 6 月份的一个早晨,在校园里我远远地看到初二年级主任一边打着电话一边急匆匆地从教学楼里往外跑,我连忙迎过去"怎么了,出什么事了","校长,快快……王东(化名)带着斧子来了,要和李强(化名)的家长拼命啊。"主任急得满脸通红,话都说不利索了。大清早的,本来心情挺好,这一下子,心情就仿佛炸了锅一样。

后来了解到原因是昨天课间,王东同学作为学校一贯的霸王(做事情绪暴躁,易冲动,曾经做出跳楼、撞车、结伙打架等严重不良行为),在同班同学李强的脸上乱画一通,实施欺凌行为,李强家长听说后,今天刚到学校想了解一下情况,王东就知道了,赶回家拿来斧头准备打架,用他自己的话来说,就是跟他拼了。

结果是我们分别找当事学生谈话,与家长沟通处理意见,事情暂时平息。

案例二:一个离家出走的女孩

新学期开学三天后,八年级五班李然同学仍未到校,班主任给家长打电话沟通情况,家长支支吾吾不说原因,班主任非常着急,找到了该学生家长营业的餐馆，经过再三追问，家长终于说了实话，原来李然发生了早恋，李然爸爸知道后，不但批评，还动手打了孩子，孩子离家出走了，父母更加生气，对班主任老师说："这个孩子我不要她了，爱回不回，就当我们没生这个女儿。"面对家长的无奈和无助，班主任老师并没有放弃，而是发动全班同学，终于在当天夜里把李然找回家，一家人得以团圆。

由早恋上升到了家长与子女之间的矛盾，在平时的家庭生活中非常普遍。

出现这两个案例的原因有很多，比如，青春期阶段的逆反心理、对于爱情的模糊认识、家庭教育不当等等，但仅从差点酿成大祸的结果来看，最根本的原因还在于，一是家庭教育文明的缺失，二是学生自我控制情绪能力差。随着社会经济的发展，在人们物质生

作者张海珍

活不断走向富裕的同时，精神文化的理解和把握，特别是优秀的传统文化的落实和体现相对来讲落后于物质的发展。家庭文明教育、学生自我情绪的管控教育，是当下农村初中学校所面临的突出难题。作为学校，虽然不能一下子解决根本问题，但是，我们也要从身边发生的实际案例入手，研发课程，组织实施，有效教学。家庭是孩子的第一所学校，父母是孩子的第一任老师，学生应学会与父母文明相处，把爱说出口，在文明中学会感恩，在感恩当中传承文明，这既是一种常识，更是一种必备的能力。在以上案例中，不管是"霸王"王东还是离家出走的女孩，以及女孩的爸爸，都在意气用事，控制不了自己的不良情绪，这种情绪自我管理水平的低下会导致孩子产生恶劣情绪，乃至于出现暴力行为甚至是危及生命的行为。

如何具体解决？

立足课堂主阵地，开展心理健康教育。

首先，我们要确立教学的基本守则，牢记以人为本，怀初心以前行。

黎巴嫩诗人纪伯伦曾经感叹："我们已经走得太远，以致忘记了为什么出发。"忘记了为什么出发，也就是忘记了初心，意味着永远无法抵达目的地。那么，作为心理健康教育的见证者和践行者，我们的初心又是什么呢？

新时代，我们教育工作者的初心就是：为了人的幸福，开展心理健康教育。教育最基本的功能就是帮助人的成长，让人成为一个幸福完整的人。人，应该是教育的出发点和归宿。人的健康和幸福应该被放在第一位，因为每个人的健康幸福是全社会进步的基础，离开了个人的健康幸福，就谈不上社会的和谐发展。所以，要牢记以人为本，怀初心以前行。

于是，我从以上事件中受到启发，设计了两节心理健康教学，分别是感恩课程之家庭生活板块《让爱驻"我"家》，情绪课程之《谁控制了我们的情绪》，较为有效地突破了学生成长中的热点同时也是难点问题。

二、"承"接两节课堂

（一）两节现场课堂

课堂一：《让爱驻"我"家》，以家庭文明为主线，通过回忆家庭中的文明，让学生学会用爱的言行生活和表达。辨析对父母讲文明、讲礼貌是假客气吗？深入探究"文明话题"，使学生学会理性对待父母的爱。播放《苹果树的故事》，让学生深刻感悟父母的爱是最无私、最伟大的爱。爱需要行动，让学生用微笑、拥抱、牵手……表达文明。最后是爱的延伸环节，与德育处联合开展"文明之花"评选活动，师生深入学生家庭，切身体验家庭生活的文明和爱。

课堂二：《谁控制了我们的情绪》

课前交流，创造轻松愉悦的课堂氛围。

师：同学们发现今天上课与平时上课有什么不同？

（预设）生：上课地点变了、有了听课老师、座位是按照小组来分的……

师：上课地点从普通教室来到了一个更漂亮的房子里面，座位按小组分更便于讨论交流，听课老师都是专家，如果同学们有什么疑难，他们也可以帮助我们解决，所以，明亮的教室、小组成员的团团坐、听课老师的指导……不管从哪个角度说，我们班都是很幸运的，今天，我还准备了一张同学们用的课堂自评表，上完课后自我评价一下，凡是有理由获得两个 A 及以上的同学都可以获得本节课十颗幸运星的奖励，要加油哦！

同学们，准备好上课了吗？

环节一：情绪万花筒

（1）情绪真人秀

观看影片《被铁棍贯穿头颅的男人》，设疑引思。

师述：同学们，通过观看影片，我们知道，盖吉在受伤之前，在家人和朋友眼中，是一个幽默、睿智、平易近人的人，受伤之后，他变得暴躁、专横、一副坏脾气。直到盖吉死后，专家通过研究发现，盖吉的前额叶皮质受到了损伤，控制不住自己的情绪，才有了这个传奇的故事。从此，情绪的管理受到更多的人的重视，人们开始研究如何有效控制情绪，让每个人都能生活得更美好、更和谐！

其实，情绪是我们生活中很重要的一部分，就像我们的影子一样，紧紧跟随着我们，我们也感受过高兴、悲伤等情绪，现在我们来玩个游戏"情绪真人秀"。

老师举例子，你们用表情或者简单动作把情绪表达出来。

3 000 米长跑比赛，获得了第一名。（高兴）

昨天晚上，妈妈给我听写 10 个单词，都能写对，今天课堂上，老师安排的听写我只写对了 2 个。（失望）

学校要举行合唱比赛，我跟文艺委员提议，统一穿校服，整齐好看，结果被她骂了一通。（被冤枉）。

课间十分钟，我终于解开了一道困扰我很长时间的数学难题。

期末考试，语文考了 100 分。

【设计意图：影片《被铁棍贯穿头颅的男人》极大地激发了学生的兴趣，激起学生参与"情绪真人秀"游戏的热情，自然引入本课主题。】

（2）我演你猜

请六位同学上来表演情绪卡中的情绪，让其他同学猜，并分类。

情绪卡：痛苦、恐惧、生气；愉快、开心、惊喜。

老师：情绪分为积极情绪和消极情绪，积极情绪对我们的学习和生活有促进作用，而消极情绪会消耗我们的精力，影响我们的学习生活，同时也会使我们的自控能力减弱，让我们常常做出一些令自己后悔的事情。

讨论分享：同学们喜欢哪类情绪一直伴随着你呢？为什么？

教师过渡：其实我们每个人都希望消极情绪远离自己，但"如何做"成为我们面临的一大难题。要解决这个难题，我们首先需明确到底是什么控制我们的情绪，事情本身？环境因素？还是我们自身？让我们带着这些疑问一起来分享下面这个故事吧。

【设计意图：通过全体学生参与活动，了解情绪的分类，引导学生认识积极情绪和消极情绪对学习和生活的影响，为下一步学习培养积极情绪奠定基础。】

环节二：谁控制我们的情绪

（1）故事分享

事件 a：小明和小刚是邻居，今天是两人第一次到新学校报到的日子，回家的时候他们都走错了同一条路。两个人都是足球迷，但是由于回家太晚，导致错过了精彩的球赛。

信念 b：小明回到家之后很难受，觉得自己真是太倒霉了，整晚都闷闷不乐，吃饭也没吃多少，对球赛的录像也提不起兴趣。而小刚回到家之后在饭桌上给爸妈讲述自己开学第一天的经历，最后讲到回家的时候走错了路，小刚说："虽然我今天走错了路，也错过了精彩的球赛，但是我发现离家不远竟然有一条风景很好的林间小道，看到了美丽的风景，心情也变得愉悦了。"

结果 c：小明沉浸在错过球赛的难过中，一直到晚上睡觉都在梦里梦到自己走错路。小刚带着看到美景的愉悦心情重新观看了球赛，即使看到自己喜欢的球队输球，也没有影响他今天的心情。

小组讨论：

小明和小刚分别有什么想法，他们的情绪是什么？

同一个事件，为什么小明和小刚有不同的情绪感受呢？

过程交流：我们发现在这个案例中，小明和小刚几乎是面临一模一样的情况，同样是开学第一天回家走错路，同样是球迷错过了比赛，但两个人的情绪体验却完全不一样，这是由于二人对该事件的看法和解释不一样。

小明认为自己倒霉透了，小刚则在错路上发现了家附近的林间小道，并停下来欣赏了美丽的风景，让自己的心情也变得愉悦了。这告诉我们自己的想法信念的确能影响心情和情绪。

因此，我们在生活中面临各种失败和挫折的时候，应该先调整自己对这件事的看法，而不是立马沉浸在痛苦和悲伤当中，要有意识地用合理的信念去面对各种挑战，这样才能避免自己陷入负面情绪。

当然，倾诉也具有疗愈的作用，当自己陷入负面情绪时，不妨让倾诉做你的情绪垃圾桶，帮你倒掉一切不开心。

教师小结：相同的事件，看法不同，会产生不同的情绪。心理学上有个ABC 理论，就说明了这种关系。情绪 ABC 理论中：A 表示诱发性事件；B 表示个体针对此诱发性事件产生的一些信念，即对这件事的一些看法、解释；C 表示情绪和行为的结果。引起情绪的结果（C）的并非事件（A）本身，而是个体对此事的想法（B）。由此可见，一个人的情绪好坏是由自己的想法所决定。

【设计意图：通过有趣小故事让学生了解心理学概念——情绪 ABC 理论，认识到"一个人的情绪好坏是由自己的想法所决定的"这一主题。】

（2）案例分析

老师：请同学们结合情绪 ABC 理论分析下面的小品《扫地风波》

案例：扫地风波

学生 A 正在认真地打扫教室，学生 B、C 在一旁窃窃私语："你看他，扫地用那么认真吗？""那小子，不就是为了讨好老师吗？""哇，现在就会拍马屁了，长大了准是个马屁精！"学生 A 听了，非常生气，想："我才不是讨好老师呢，他们就是看我不顺眼！恨死他们了！"于是丢下笤帚，一拳打在同学 B 的身上。这时，老师来了，批评了 A 同学，A 觉得非常委屈，回到座位，把课本一丢，趴在课桌上无心学习，他的同桌好心安慰他，反而遭到了 A 的一顿骂。

讨论：

A 被误解时的想法是什么？由此产生了什么样的情绪？

如何想才能产生积极情绪呢？

事情（A）	想法（B）	情绪（C）
打扫卫生认真负责，被同学误解为"讨好老师"	我才不是讨好老师	愤怒、怨恨
	他们挖苦我，太过分了	委屈、不满
	？	平静、愉悦

通过以上分析，同学们认为到底是什么控制着我们的情绪（我们的想法）？当事情无法改变时，如果希望改变情绪状态，首先要学会换一个角度看问题。

【设计意图：以学生身边实际生活为例，引导学生理解情绪 ABC 理论，应用在我们生活的方方面面，可以帮助我们"改变想法，调控情绪。"】

出示三幅心理双关图（1.青蛙与马头；2.老妇人与少女；3.天使与魔鬼），引导学生观察，从过渡到下一个环节——改变想法，调控情绪。

【设计意图：神奇的双关图，直观让学生认识到"角度不同，看到的就不一样"，希望改变情绪状态，学会换一个角度看问题。】

环节三：改变想法，调控情绪

1.天使与恶魔

阳信县名师工作室（中小学心理健康）启动仪式

师：我们每个人心中都住着一个魔鬼和一个天使，魔鬼会不时地向你灌输消极的想法，使你觉得事情变得很糟糕，从而影响你的情绪，而天使则会给你提供很多积极的想法，让你觉得生活充满希望，心情变得更好。

示例：课堂上，数学题十道题错了四道。

恶魔：真是糟糕的事。丢脸死了，十道题竟然错了四道，我太差了。

天使：这说明我掌握的知识点还不过关。幸好及早发现，我还可以好好补回来。

下面我们进行一场天使与恶魔的较量，老师充当恶魔，你们是天使，请同学们小组讨论一下，遇到以下事情时，天使会对自己说些什么？

（1）参加月考考试，第一题就不会做，紧张死了。

恶魔：笨死了，第一题就不会，我死定了。

天使1，2，3：……

（2）课间十分钟休息，忽然发现在教室的走廊上被擦肩而过的人瞪了一眼。

恶魔：哼，看我不顺眼？

天使1，2，3：……

（3）班上出板报，回家晚了，父母不问三七二十一就把我痛骂了一顿。

恶魔：他们根本不爱我，只会骂我。

天使1，2，3：……

（4）与同学约好去图书馆，但等了半个多小时，同学还没出现。

恶魔：他根本不当我是朋友，以后再也不理他。

天使1，2，3：……

（5）把刚买没多久的钢笔弄丢了。

恶魔：我就是一个没用的人，这点事情都做不好。

天使1，2，3：……

教师小结：不是别人使我们快乐，不是别人让我们生气，是我们的想法使我们快乐、悲伤和生气。想法是左右情绪反应、行为的关键。因此，大家要驱走心魔，成为天使。

【设计意图：设计五种现实情境，让学生学习能在日常生活中应用情绪ABC理论，学会从积极的角度思考，培养阳光心态。】

2.做自己的天使

请同学们结合自己最近所遇到的情况认真回想并填写以下内容。

最近烦恼的事：

原本的想法：

原本的情绪：

天使的想法：

现在的情绪：

全班分享。

3.做他人的天使

一封同学的来信

尊敬的老师：

您好！暑假里，我的父母离异了，我想他们不再爱我了，觉得自己在同学们面前低人一头，现在我感到痛苦极了。我该怎么办？请您帮帮我！

您的学生：某某

2020 年 9 月 22 日

全班分享。

教师小结：其实我们每一个人都是天使，不仅仅是自己的天使也是别人的天使。希望同学们在日常交流中多用积极的想法看问题，为同学分忧解难。另外，如果自己遇到什么难题了，也要积极地寻求帮助。

学生谈收获（过渡）。

【设计意图："做自己和他人的天使"是本课最终的落脚点，通过引发学生自我探索，自我追问，回归真实的生活，让学生把学到的调节情绪的方法内化，真正获得心灵的成长。】

4.感悟分享（播放轻音乐）

我不能左右天气，但可以改变心情；

我不能选择容颜，但可以展示笑容；

我不能控制他人，但可以掌握自己；

我不能预知明天，但可以把握今天；

我不能样样顺利，但可以事事尽心。

课堂总结：在这个世界上，如果你不追求快乐，没有任何人能使你快乐；如果你自寻烦恼，再开心的事也只会增加你的苦恼。同学们要记住：你才是自己情绪的主人，你的想法决定你的情绪。希望同学们把我们学习到的知识运用到我们的日常生活中，用天使般的积极想法去思考，让自己做主，让好心情做主！

【设计意图：伴随着轻松的音乐，听诗一样的节奏，引起孩子们情感的共鸣"我是自己情绪的主人"！】

备注：课后，学生独立完成课堂自评表，并由课代表颁发"美丽幸运星"。

总之，通过教学，学生掌握了情绪的概念、分类要素、控制情绪的方式方法，特别是思维方式的转换让学生学会了解决生活中的实际问题，受益匪浅。

（二）总结两节课堂，受到六点启发

1.源于生活，回归生活

以上课例的缘起都是来源于学生的日常生活，涉及家庭层面、学校层面，而我们通过对案例进行深入思考，从课程的角度进行设计和组织，步步深入，获得方法和情感体验，最终使得课程内容回归生活。

2.关注小事，小中见大

作为初中学生，根据年龄和身心特点，家庭生活中的不文明行为、不良情绪的发生实属常见，但是如果不加以正确引导，可能会带来严重的不良后果，所以，我们要以用心的态度，善于留心观察，并且逐步与学校课程开发相结合，真正实现小中见大，做到真正为学生一生的成长服务。

3.层层递进，波澜起伏

在两门课程的推进过程中，我们从研究事情的表象入手，抓住学生和家长的心理需求，设计教学环节，一是表面上的教学流程线索，二是本质上的理性情感线，从外在到内在，从感性到理性，从平铺直叙到一波三折，体现了教育教学的艺术性。

4.专业思考，渗透科学

在课程设计的过程中，不管是立德树人的德育理论，还是情绪心理科学理论，我们都通过对概念进行案例化分析，设计思维导图，构建理论体系，使教育教学更加科学。

5.关注行动，强调养成

在课程实施中，我们注重学生导行环节，设计了家校结合的文明之花评选活动，处理身边同学之间情感问题的心理教育延伸活动，强调学生日常良好生活行为的养成，做一名优秀中学生。

6.起承转合，浑然一体

在一节课上，层层深入，一环扣一环的设计，体现了"起承转合"的教育艺术，首尾呼应，使得教学浑然一体。

三、"转"出两大变化

（一）研发两项校本课程

形成了崭新的课程观和课程文化，课程内容来源于实际生活，根据师生需要研发校本课程，获得促进师生生命生长的实际价值。

（二）校长、教师、学生、家长的思想和行为均发生了深刻的变化

校长、教师更加注重课程领导力的提升，学生收获了幸福的成长，家长转变了教育观念，与学校和谐共育，更让我们感到欣喜的是，学校的教学质量进一步提高，荣获阳信县教学工作评估一等奖，不断获得新的发展。

四、"和合"两大价值

（一）理论价值

和合理念是中国文化的首要价值，也是中国文化的精髓，是中国文化生命最完美最完善的体现形式。"和""合"二字均见于甲骨文和金文。和合，就词义本身而言，"和"，指和谐、和平、祥和；"合"是结合、合作、融合。"和合"是实现"和谐"的途径，"和谐"是"和合"的理想实现，也是人类古往今来孜孜以求的自然、社会、人际、身心、文明中诸多元素之间的理想关系状态。用在学校教育方面，则是学校共同的价值追求。

（二）实践价值

回顾两节课的教学历程，可以总结为以下流程：

关键事件（接地气）⟹ 课程教学（规范化）⟹ 提炼思想（有高度）

制度固化（操作性）⟹ 长期坚持（意志力）⟹ 质量品牌（文化力）

以上"六步法"也是提升学校课程领导力的重要途径之一，运用"起承转合"的艺术构思打造"经典心育课程"还处于初步探索阶段，但梦想在前方，我们已在路上……

诗人泰戈尔说："不是槌的打击，是水的载歌载舞，使鹅卵石臻于完美。"愿我们的教育能够春风化雨，润物无声。

专题篇
"清源联盟"，县域内乡村名校长联盟专题文章

提质增效强管理　凝心聚力促发展

山东省阳信县翟王镇中学　李建峰

经过了不平凡的 2022，我们迎来满怀希望的 2023。在新起点，翟中教育人将继续以党的二十大精神为指引，加强教育管理，不负教育使命，践行立德树人，融智借力，助推翟中高质量发展。

一、加强学生管理，五育并举，培养合格的新时代接班人

（一）红色教育培根铸魂，擦亮学生人生底色

为锤炼学生意志、树立家国情怀、增强民族自信、激励全体翟中学子团结奋进、再谱华章，上学期翟王镇中学举行了军训汇演暨"绽放生命梦想启航"开学典礼，开展了"砥砺奋进守初心，青春奉献二十大"系列活动。新学期，我校将继续开展丰富多彩的红色教育活动，赓续红色血脉，传承红色基因。引导学生积极向上，努力拼搏，为实现中华民族伟大复兴的中国梦奉献青春力量。

（二）文明教育树新风，创建和谐校园

文明习惯是个人美好形象的标志，是一个人内在素质和外在形象的体现，是我们学习和生活的根基，因此，对学生进行文明礼仪的养成教育至关重要。为营造文明的校园氛围，抓好学生的行为习惯，规范学校常规管理，我校将学生习惯的形成与培养渗透到学习和生活中。上学期我校开展了路队、跑操、文明班级评选、孝老敬亲等学生养成教育系列活动，本学期将继续紧抓文明习惯养成，创建和谐温馨翟中。

（三）劳动实践助力"双减"，引领学生幸福成长

为弘扬劳动精神，树立正确的劳动观，我校开展了"我为家长做顿饭""整理床铺大比拼"等活动，并开辟了新的劳动实践基地，让学生能真正体验劳动及收获的快乐，引领学生幸福成长。

（四）多彩课堂启智益趣，提升学生综合素养

为丰富学生的生活，我校开展了丰富多彩的社团活动。乐享手球、创新科技、经典诵读、舞蹈、象棋等二十几个社团的开展，有利于学生多元化发展，提升学生综合素养，助推了学校特色品牌的发展。2022年，在山东省25届运动会中，翟王镇中学输送的18名手球队员代表滨州市参加比

作者李建峰（左二）在阳信县翟王镇中学铸牢中华民族共同体意识活动现场

赛，取得了9枚金牌的优异成绩，其中刘国栋、付连超等四名运动员因为表现出色被认定为国家一级运动员。翟中成功申报滨州市体育人才输送基地，全国手球传统项目学校正在审核中。组织实施的科普日主题活动被评为市优秀组织单位，青少年科普研学实践活动推报全国表彰。

二、加强教师管理，强师赋能，促进翟中高质量发展

（一）党建引领航向，落实责任担当

继续深入学习贯彻党的二十大精神，加强党建引领促教学，以幸福教育为核心理念，围绕立德树人根本任务，将责任担当落实到教育教学实践中，办好人民满意的教育。

（二）推进学本教学，助推教师成长

积极响应县里推行的学本教学课堂改革。以课堂教学改革带动学校教学改革，充分发挥课堂主阵地，开展"展示课""达标课""青蓝工程汇报课"等多种形式的观课议课活动，促进老师相互学习，取长补短。

（三）落实双新政策，提质增效

为落实"双新"政策，全面贯彻"以生为本"的教育理念，我校将引领教师继续认真研读课程标准，了解大单元教学、项目化学习和跨学科实践的新要

求，不断更新教师的教学理念，加强课程综合、学科知识整合，开展跨学科主题教学，不断提高教师的教学能力，引领教师创新开展教学工作，提质增效，助力学校向好发展。

（四）抢抓机遇，全力冲刺中考，争创佳绩

教学质量是学校发展的生命线，中考质量不仅关系到学生的终身发展，也是反映学校教学质量的窗口。为此，我校专门召开了毕业班教师会议，做好了全面冲刺计划，落实好中考十八策。强化管理措施，强抓薄弱学科，力求对症下药，高效复习，同时做好培优辅差。根据各班情况，分解中考指标，明确目标，做到有的放矢。后期冲刺的策略是在行动上针对中考，继续认真研读今年中考的新变化新要求，结合班情、学情开展复习工作，在思想上引领中考，关注学生备考心理问题，做好与家长的沟通工作，及时消除学生的紧张情绪，引导学生调整好心态，增强学生中考必胜的信心，争创中考佳绩。

（五）担当实干，凝心聚力，促进学校高质量发展

团结产生力量，凝聚诞生希望。作为翟中的负责人，我将继续以身作则，坚守教育初心，真抓实干，"办负责任的学校，做负责任的教师，培养负责任的学生"，尽力为翟中师生创建和谐幸福的校园环境，将翟中师生拧成一股绳，凝心聚力，幸福工作，幸福学习，幸福生活，勇往直前，继续擦亮手球科技特色品牌，创新开展各项工作，助力翟中高质量发展。

新春，岁首。站在新起点，让我们砥砺前行同奋斗，谱写翟王教育新篇章；开启新征程，让我们扬帆起航再出发，共创翟王教育新辉煌！

"清源"引领前行，一路皆是风景

阳信县翟王镇中心小学　韩素静

新学期，全体翟小将继续以"清源文化"为引领，努力办好人民满意的教育，打造幸福、文明、淳朴的学校品牌，下面我将从四方面进行汇报。

一、建构"清源"文化理念，塑学校发展之魂

文化是一种力，一种文化力，办学校就是办一种文化、一种精神。朱熹在《观书有感》中写道："问渠那得清如许，为有源头活水来"。"清源"，寓意清源流洁，是贤能才智之源，有追根求源之义。翟小教育人从中觅得了"清源"的育人导向，挖掘了"清源文化"的育人价值，确立了"清源守正，真善美行"的办学理念，着重培育"善之源"，践行"上善若水、止于至善"之优秀传统文化精髓，养成心地仁爱、善良敦厚、知行合一的品行，将"清源文化"渗透到教育教学的每一个细节。新学年，我们将聚焦理念文化、管理文化和课程文化，以理念文化领跑学校高品位发展，以精准管理文化带动学校品牌发展，以课程文化助推学校内涵发展。

二、打造"清源"教师团队，塑学校发展之根

培育高素质教师团队，构建教师专业发展共同体，是实现学校高品质发展的根本。我们将进一步坚持"教师第一"，建立具有乡土教育情怀的，体现"抱诚守真、上善若水、美美与共"精神特质的清源教师成长共同体。开展师德演讲会、教育教学论坛、故事宣传片等活动，群体共享优质资源，引领教师探寻教育教学的真理，带领翟小全体教师以和乐的大气、竞进的锐气、自信的豪气，爱岗敬业、无私奉献，努力实现学校质量新发展，引领教师视自己的工作为事业，能静下心来教书，潜下心来育人，致力于自己的专业发展，追求做名师、做大师。

三、构建"清源"课程体系，塑学校发展之翼

围绕翟王学区育人总目标，继续开发清源课程体系，本学期，在五个课程群的基础上，对清源课程进行充实和丰盈，满足乡村学生的全面发展、个性发展需求，让孩子们享受到优质的课程资源。

作者韩素静在阳信县翟王镇中心小学升旗仪式现场

"清源"课程体系为农村孩子量身定做特色"课程菜单"：以国家必修、校本必修、校本选修为主，构建以道德素养、人文素养、科学素养、健康素养、艺术素养为落脚点的五个课程群，即智源课程、德源课程、体源课程、艺源课程、学源课程。

四、培育"清源"优秀少年，塑学校发展之基

为落实立德树人根本任务，聚焦学生发展核心素养，着力培育"清源"少年，通过对学生"品格力、学习力、健康力、审美力、实践力"的锻造，努力培养"求真知、尚善德、乐美行的清源少年"。

"清源"优秀少年涵盖"德馨清源少年、智学清源少年、体健清源少年、尚艺清源少年、劳技清源少年"五个层面。新学年将每月进行一次清源少年评选命名表彰，利用升旗仪式、大型集会、刊发学校公众号等形式隆重表彰"清源"少年，弘扬"清源"少年优秀事迹，给予学生隆重的仪式感。

总之，新学年，新起点，新征程，站在新起点，谋划新发展。在本学期的工作中，翟小教育团队将以饱满的工作热情和务实的工作作风投入到工作中去，坚守"清源"文化，让学校有灵魂，教师有情怀，学生有素养，谋质量提升，办人民满意教育，谱写学校发展的新篇章！

办好安全、幸福、优质的学前教育

阳信县翟王镇中心幼儿园　高秀芹

刚刚过去的寒假特别长，这是我们大家放松的时刻，也是"充电"的好时机。假期里，我看了几本书，其中有一本是《永远是创业第一天》，书中提到："在每一次成功创新之后，亚马逊都会归零，重新回归创业第一天，开始寻找下一个创新点。"一本书，一句话，启发我回归教育原点，所以今天和大家汇报的

作者高秀芹参加翟王镇学区教育干部培训会

是"办好安全、幸福、优质的学前教育"，我将从以下三个方面进行汇报。

一、加强两个团队建设

一是班子团队

1.通过学习，做一个有思想的领导班子；

2.通过实践，做一个能担当的领导班子；

3.通过反思，做一个善服务的领导班子。

二是教师团队

1.加强师德建设，提高思想素养

组织学习和日常管理相结合，培养教师对孩子的爱心、对家长的诚心、对工作的热情。

2.营造科研氛围，提高业务素养

（1）铺路子，本学期争取提供更多培训学习的机会，派出教师到其他园所学习，促进教师的业务水平不断地提升。

（2）搭台子，定期组织专题教学观摩研讨、区域活动观摩研讨、常态课展示活动、基本功比赛、青年教师讲故事比赛等，提供展示的机会，提高教师的综合素质。

（3）压担子，实行年级组长和骨干教师包班制，教做法、教窍门，言传身教。定期组织班级管理观摩或经验交流活动，提供锻炼的机会。开阔教师的视野，提升教师的境界，培养教师的责任感和业务水平。

二、构建有情怀的园本文化

幼儿园将围绕学区"清源"文化的"真之源"文化进行落实，将真落在爱上，将爱落在行中。

一是加强自身文化内涵建设，依托以下方法，丰厚幼儿园软硬文化内涵，努力打造自己的办园特色。

1.读书学习习惯——读书约定、读书打卡、读书会；

2.教学研究落地——园本教研、集体备课、资源共享；

3.育人环境生根——美化大环境、优化小角落；

4.特色活动开展——体育节、艺术节、节日课程。

二是从社会的角度设身处地思考，倾听家长的心声，及时了解家长和社会的需要，加强科学保教管理，并通过各种媒体宣传、召开家长会等多种形式，加大宣传力度，以树立良好的社会公众形象。

三、丰富游戏课程，构建生动的游戏场

幼儿园是一座游戏场。投资游戏，就是投资幼儿教育。中心园有场地优势、有游戏设施设备优势、有文化环境优势。为了防止和纠正学前教育"小学化"的现象，保障幼儿健康快乐成长，今后我们将不断引导教师继续开发适合幼儿的游戏和活动，让自主游戏特色更上一个台阶，让幼儿从"会"游戏到"慧"游戏，让"游戏点亮快乐童年"。

新学期，新挑战，翟幼正扬帆起航，相信有循循善诱的各级领导，有强健的班子和教师团队，有众多有思想的家长，2023年的翟幼教育一定会绽放出更加耀眼的光芒。

接续启航向未来

山东省阳信县翟王镇学区　　安荣玲

2022年，我们许多美好的憧憬和期待被疫情一次次地侵扰，几次停课对幼儿园更好地发展产生了不同程度的影响。2023年，我们站在了新的起点，明德园将全面贯彻落实好相关教育政策，围绕"大干2023，争创满意教育"这一目标接续启航向未来。新学期我们将围绕幼小衔接、家园联动、品牌创建三个方面踔厉奋发、唯实励新、倍道而进。

一、幼小衔接课程建设

作者安荣玲（右）向市领导解说阳信县翟王镇学区劳动教育工作

幼儿园的学习是为儿童后继学习和终身发展奠定基础的重要阶段，也是儿童做好入学准备的关键阶段。帮助儿童科学地做好入学准备教育，是幼儿园教育的重要内容。我们充分尊重儿童身心发展规律和特点，实施科学的保育教育，以促进儿童身心全面准备为目标，围绕儿童进入小学所需的关键素质，从身心、生活、社会和学习四个方面积极探索找准切合点开设搭桥课程，关注儿童发展的连续性，尊重儿童的原有经验和发展差异，将小幼衔接准备教育有机渗透于保育教育工作的全过程，帮助儿童做好身心各方面准备，培养有益于儿童终身发展的习惯与能力，帮助儿童实现从幼儿园到小学的顺利过渡。

二、家园联动合作发展

家庭是幼儿园教育工作中不可或缺的重要资源，家园密切有效的互动与合作能提高教育质量，更好地促进并支持幼儿发展。家长是幼儿园重要的合作伙伴，我们本着尊重、平等、合作的原则，争取家长的理解、支持和主动参与，积极引领家长提高教育能力。本学期我们将加大园所开放力度，通过园所开放、家园联动，聚力教育高质量发展。

三、多样活动促品牌创建

精心设计幼儿园的师生活动，是扩大幼儿园品牌知名度、铸就品牌特色的方式之一。本学期我们将继续推进教师读书、幼儿读书活动。去年学区为明德园购置精装正版绘本千余册，明德园绘本数量已达到生均7本以上。我们将充分利用好这一宝贵资源，将读书工作作为重点项目，让孩子们从小浸润在绘本故事的海洋中，滋养他们，为后续大语文概念的建立打下基础。开展不同形式的读书宣传展示活动，加大品牌创建的步伐。

除读书活动，我们还把特色活动的开展作为品牌创建的基础组成部分，增强幼儿体质，落实手球运动三段一体化教育实施，开设好足球、手球和增强幼儿体质的运动项目。继续挖掘开展带有本土特色的养殖活动，拓宽幼儿观察养殖的领域范围，让孩子通过养殖活动，真切地感受到生命的成长过程，感受到大千世界生命的多样性。本学期要继续开展铸牢中华民族共同体意识从幼儿抓起的工作，将爱国主义的教育活动落实到幼儿日常教育教学中，把民族团结的种子播撒在幼儿心中。积极探索民族团结教育的新思路、新方法，在教育教学活动中全方位、全环节渗透民族团结教育元素，使幼儿在潜移默化中受到民族团结进步思想和文化的熏陶。把民族团结的种子播撒在幼儿的心中，教育引导幼儿从小树立"中华民族是一家"的思想观念。

总之，新的一学期，明德园将继续充分挖掘幼童纯真美好的特性，认真细致地做好家长工作，不断强化对教师服务意识的培养，引导教师设身处地为家长着想，为家长解决后顾之忧，创设优美、适宜学习的环境，提高办园质量。我们将继续发挥我们的优势，查找并克服存在的不足，一如既往地认真开展好各项工作。

"民间游戏"花香校园

山东省阳信县翟王镇学区　于东胜

高尔基曾说过："游戏是幼儿认识世界的途径"。鉴于此，2020年以来，我们就把"民间游戏"引入了我们的课程进行开发和挖掘，2023年，"民间游戏"将在我校开花结果，满园飘香。

一、拓展开发思路，让民间游戏课程提档升级

阳信县翟王镇李桥小学幼儿教师王冉带领小朋友们做游戏

2023年，我们计划按照孩子们的年龄特点，将游戏编排进不同班级，成为每个班级的常规课程，让"民间游戏"进课堂，让游戏与各班教学内容有机结合。

我们本学期将成立民间游戏开发领导小组，安排专人专门负责民间游戏教学开发、管理与督导。所有老师定期进行游戏规则的教研交流，让所有教师都了解游戏规则、开发游戏、参与游戏，学校进行阶段性组织评比活动，将结果纳入教师考核和学生评价。

2023年我校"民间游戏"课程的开发措施：

第一，积极地发挥家长作用，让家长参与进来，收集更多民间游戏。

第二，进一步创新已有玩法，根据已有的玩具开发出更多新的玩法。

第三，把"一绳一键一皮筋"活动作为各班大课间的活动项目，唱动结合，韵律相和。

第四，把开发"户外自主游戏"作为一项重点工作，让民间游戏进校园的课程更具有生命力。

二、2023年我们的开发目标

第一，实现让所有学生人人都有喜欢的活动，人人都有活动场地，人人都有指导教师。

第二，实现课间孩子们会像快乐的鸟儿一样飞向树荫下、草坪上，一进一退之间博弈智慧，跳跃翻转之间强身健体。

第三，实现校园内的"一块石子，一片树叶，一方小天地"都会成为孩子们游戏的源泉，快乐的寄托。

第四，实现让您走进李桥小学就会有，"山不在高有仙则灵，水不在深有龙则灵"的感受，就会有"室雅何须大，游戏花香飘满园"的感受。

"路漫漫其修远兮，吾将上下而求索"，这是我们李桥老师们的承诺。

各位领导，我校是我们镇的一个教学点，我们的办学条件和师资等各方面还很薄弱，我们的工作还有很多的不足，但是我们会不停地思考，不断地学习，开拓创新，踏踏实实地做好每一件事，让全校师生每天都能聆听到自己成长的声音。

迎篮而上　乐在球中

阳信县翟王镇中心小学　史振亮

根据我校实际，本着促进学生身心健康发展，提高学生体质的原则，我们以篮球为基点，丰富师生课余文化生活，充分利用花样篮球的特色活动，为学生健康服务，为创建"小而美、小而优"的校园奠基。

一、2022 学年的收获

阳信县翟王镇穆家小学篮球操

1.本校的花样篮球活动获得了县教体局领导和学区领导的大力支持和认可，并得到了宝贵建议。在学区领导的支持下铺设了新的活动场地，为我校的花样篮球活动锦上添花。

2.教师针对花样篮球游戏进行教研活动。"花样篮球"活动的实现，需要教师开动脑筋，不断在激发儿童对篮球运动的"兴趣"方面推陈出新，使儿童时时有新鲜感，从而乐于进行"花样篮球"运动。

3.花样篮球活动提高了孩子们的身体素质，丰富了孩子们的课余生活。

4."特色篮球活动"成为学校的一张靓丽名片。

二、本学期工作方向

通过一年多的练习，孩子们已经掌握了一定的基本技能，对于篮球也有了不一样的看法，并开始喜欢上篮球。下一步我园将篮球表演与篮球游戏作为重点。篮球操的表演活动包括了队形、音乐、技能，集中了花样篮球的所有的看点，完成整齐划一又充满韵律感的篮球操对于学生来说也是一个历练的过程。

新学期我们的着重点在于幼儿篮球表演的练习方法，我们为此制定了科学的步骤进行练习。

1.强化花样篮球基本动作的标准性。标准的动作与熟练的技巧是"花样"展现的基础。

2."打铁必须自身硬"，教师加强学习，增强知识储备。

3.多听，多看，多练。多听音乐，增强孩子们对音乐节拍与篮球节拍的巧妙融合；多看视频，琢磨出适合自己的动作技能与队形变换；多加练习，熟能生巧，完美的表演离不开背后付出的汗水与努力。

在新时代背景下，我们都在思考，探索适合自己本校的特色，花样篮球活动给我校注入了新鲜的血液与活力，将"花样篮球"融入教育教学与一日活动中，能够让孩子们在玩中学，在学中玩。新的学期即将开始，为了使孩子们健康、快乐地成长，保质保量地做好各项教育教学工作，我校教职工将以热爱本职工作为出发点，认真努力工作，用心关爱每一位学生，滋润每一颗童心，助力我园教育再上新台阶，为翟王教育的发展增光添彩。

遵循动静原则，探索领域融合新落点
——粉刘幼儿园绘本主题阅读新尝试

山东省阳信县翟王镇粉刘幼儿园　周永祥

为了让阅读成为孩子一生的习惯，让好书成为孩子一生的伙伴。本园借绘本阅读开展了一些实践活动，并逐渐彰显出特色效果，随着活动的不断深入，如何有效进行幼儿的"素养"培养渐渐进入到我们的视野，经过研讨确定，通过遵循动静结合原则，探索领域融合新落点，制订如下计划：

一、目标导向

1.落实《3-6岁儿童学习与发展指南》引领下的幼儿"素养"培养目标。

2.探索基于"绘本阅读"的多领域融合新方法。

3.形成绘本阅读的个性化培养策略。

二、工作基础回顾

1.2021年开始的童"绘"童"画"里让生命舞动，开启了绘本阅读启蒙，通过实践，培养了幼儿的阅读兴趣。

2.2022年的我们有"画"说周永祥，开启了绘本阅读的延伸探索，通过实践开拓了幼儿的想象空间，锻炼了幼儿语言表达能力。

阳信县翟王镇粉刘幼儿园"二月二，龙抬头"主题活动

案例一——"阅读悦美，绘玩乐玩"主题活动

2022 学年我园以"阅读悦美，绘玩乐玩"为主题开展绘本阅读活动，由故事到角色表演，再到绘本主题画、自制绘本书签等，能积极主动地投入到主题互动式绘本阅读活动中，有了绘本阅读的个性化培养尝试，我们将绘本阅读延伸活动分为"动"与"静"两条线，让绘本阅读"走进去"，又能"走出来"，初步突破局限性阅读困扰。

案例二——"续玩传统游戏"主题活动

选读了安武林绘本故事，引导孩子们跳出绘本，一同在现实中去感受故事里有趣的游戏，让传统游戏和绘本建立有效链接，对绘本内容有了再次体验，可谓乐在其中。

实践发现，一包黏土、一片落叶、一块海绵、一根木棍都有奇思妙想，一花一草的创意，一砖一瓦点燃的梦想，一言一语引发的想象，讲述着孩子们的"童心、童画、七彩童年"的故事，绘本渐渐影响着孩子们的生活。

三、2023 年整体规划

1.遵循动静结合的原则，依托"绘本阅读"活动，探索绘本阅读与五大领域的教育融合实践，实施丰富化的特色教育活动，力求在不同领域的结合中，达成良好的幼儿教育效果，使幼儿在活动中同时达成多项能力的有效锻炼和提升。遵循动静结合原则，通过提供情景平台、挖掘趣味元素、探讨适切方式、搭建成长桥梁，进行再探讨实践活动，达到：

让绘本邂逅"通感"，不断拓展幼儿的学习经验；

让绘本登上"舞台"，不断丰富幼儿的个性表达；

让绘本走进"自然"，不断扩大幼儿的想象空间；

让绘本融入"家庭"，不断温润幼儿的道德成长；

让绘本叩开"实践"，不断活跃幼儿的逻辑思维。

进一步提高幼儿对于五大领域方面的认知和素养。

2.缺失性因素把控（应该克服的几个问题）

（1）绘本选择没有针对性，缺乏趣味和体验，脱离幼儿年龄层次、生活经验、认知水平。

（2）绘本阅读融合与拓展活动本末倒置，把握不住核心经验与重、难点。

（3）绘本阅读融合与拓展活动游离于绘本之外，形成无"根"之基，无"魂"之象。

（4）绘本阅读融合与拓展活动只重形式多样，场面绚丽，不能体现绘本的阅读性和延展效果。

本学期我园会继续在前期有效尝试的基础上，采取动静结合发展思路，通过绘本创设更多的特色活动，促进孩子们的身心发展，让孩子们形成良好行为习惯，引导孩子们获取知识经验和生活技巧，挖掘艺术潜能，产生积极情感体验，保持健康状态，促进品格提升，悦读悦美。

玉兔叩春，芳草催发。新的一年我们会齐心协力，勇于实践，创特色，促发展，办好人民群众满意的教育。

为者常成，行者常至，让我们一同期待"稻花香里说丰年"的丰收景象。

夯实特色办园之路　努力提升办园水平

山东省阳信县翟王镇韩打箔小学　张瑞霞

2022 年，我园继续倡导"规范一切行为，一切行为规范"的总要求，认真贯彻落实《3-6 岁儿童学习与发展指南》和《幼儿园教育指导纲要》，抓实抓好新学期招生、保育保健工作；强化规范教学管理，保证常规教学切实有效；提升师资队伍素质，创新教育培养思路；丰富公共艺术活动；开放性地开展家园互动，促进幼儿健康快乐成长。

一、聚焦招生、强化管理

阳信县翟王镇韩打箔小学幼儿园谷雨节气主题活动

1.开学前，每位教师要做到三个"熟悉"。熟悉招生区域（村名、路程）、每村适龄儿童数量、适龄新生家庭情况。

2.家访工作及时跟进。采用"电话"与"入户"相结合的方式，在每个村以在校生（老生）"植入式"家访适龄生。落实好适龄儿童的入学情况，让每个适龄儿童能上学且快乐地上学。

3.开学后带班老师坚决落实一日常规，做好新生的心理疏导和安抚工作，既让新生留得住又让家长放下心。

4.在当前疫情及春季多发病的情况下，严格做好相关防控工作。监督落实每班做好缺勤追踪、消毒清洗。让每个孩子高高兴兴来、干干净净走。

二、以游戏为载体，提升办园特色

游戏可以满足孩子好动的需要、求知的兴趣、交往的愿望。

随着经济社会的发展和私家车的普及，"轮胎"成为幼儿在日常生活中比较常见和熟悉的东西。为了使幼儿学会用废旧的物品变换花样玩出惊喜，体会到生活处处有乐趣，我幼儿园特意设计了《有趣的轮胎》户外活动，让幼儿在探索的过程中发现轮胎的多种玩法：滚轮胎、钻轮胎、跳轮胎、走轮胎、倒退滚轮胎、单人双轮胎、单人多轮胎、双人单轮胎、人立轮胎同步行走、卧藏内圈与轮胎同步、轮胎保龄球、轮胎秋千及攀爬、轮胎梯子、轮胎舞、轮胎山洞等等，形式多样，形同杂技。通过发掘轮胎的各种玩法，提升幼儿身体的柔软度与协调性，增强其体力、注意力和平衡能力，培养他们与人合作的意识、进取心和自信心，深受孩子们喜爱。

总之，教师在指导幼儿的自发游戏或是运用轮胎设计游戏时应充分考虑幼儿的兴趣和现有水平，让幼儿的能力在最近发展区的范围内得到提升，放飞孩子的想象和创造，大胆探索尝试不同的方法，进行"一物多玩"；鼓励幼儿在玩轮胎的同时创设不同的情境，发挥幼儿的想象力和创造力，让幼儿尝试解决不同的矛盾冲突，从而提高幼儿解决问题的能力。

三、做好幼小衔接文章，明确衔接任务

儿童的发展既是阶段性的，又是连续性的，一个孩子绝不可能在跨入小学的那一天，突然失去幼儿的特点。我们老师们要用科学的方法启迪和开发儿童的智力，培养儿童健康的体质、良好的生活习惯、不怕困难的进取精神等。

在新的学期，我们的做法是：

1.帮助幼儿树立初步的责任意识，激发幼儿主动学习。

2.教幼儿一些基本技能，使幼儿树立自信心。让幼儿会听，能听懂老师的话。让幼儿敢于表达自己的思想，在大家面前表现自己，鼓励幼儿克服困难，独立完成任务。

3.积极争取与家长合作，共同注重对幼儿心理素质的培养，只有家、园密切配合与共同重视，才能更好地培养孩子初步独立思考的能力，培养孩子自己拿主意、做决定的能力及克服困难的精神。

总之，上学对孩子来说是一个重要的转折点，我们幼儿园应注重对幼儿在一日生活中的心理素质培养，帮助幼儿顺利适应小学生活。

四、开放性地开展家园互动，促使幼儿健康快乐成长

1.每学期召开一次家长会，家园间交流互学，促进家园和谐融洽。

2.每学期向家长发放两次问卷调查，聆听家长的心声，让家长为幼儿园的发展献计献策，对我园的整体发展进行督导，并给予大力支持配合。

3.每位教师做到重点幼儿家访 30%，面对面家长交流 100%，并借此做好自身和学校宣传，获得家长信任支持。

4.每班每天在家长群至少发一段幼儿活动视频，每班每周按时上传美篇一篇。其内容丰富多样，图文并茂，真实反映孩子们的生活、幼儿园的教学。

2022 年，我会继续努力为老师们营造舒适的工作氛围，让老师们工作顺心，团结一致为韩箔、董徐片区的孩子们奉献爱心，保证我园招生及教学工作扎实稳步提升，再上新台阶。

评价篇
开展有理性有温度的教育

以评价结果定位教育水平，
基于现实探索发展策略

滨州市阳信县翟王镇中心小学　王志霞

一、研究背景

2018 年 10 月，笔者所在的阳信县翟王镇中心小学被滨州市教育局确定为"现代教育质量管理评价改革实验学校"，此项殊荣极大地激发了我校教师对教育评价改革的浓厚兴趣。在向本乡镇的翟王镇中学了解了有关综评系统的使用情况后，我们改进了原来使用的"好习惯银行"模块应用，在原来单一的学习习惯评价的基础上，新增加了对学生的卫生习惯、生活习惯、纪律意识、情感体验等的监测。很快，我们就意识到，校域内对学生的检测有很大的局限性，比如受监测能力所限，监测内容、工具和方式不够科学，以及检测结果因缺少校外比对对象，无法得知整体水平高低等。正在迷茫之时，2019 年，我们迎来了滨州市两次义务教育质量监测。作为这两次监测的市级样本学校，我们终于体验到了规范的教育监测的科学性和指导性，切实享受到了教育质量评价的发展红利。

二、结果分析

（一）横向比较

2019 年上半年五年级科学和道德与法治监测和下半年六年级劳动教育、身心健康、艺术素养监测，我校与县内另一所同为市级样本学校的县直学校共同参加，县直学校科学学科平均分为 70.63 分，道德与法治平均分为 68.92 分，劳动教育平均分为 10.67 分，身心健康平均分为 68.53 分，艺术素养平均分为 63.99 分。我校科学学科平均分为 69.27 分，道德与法治平均分为 79.88 分，劳动教育平均分为 16 分，身心健康平均分为 86.93 分，艺术素养平均分为 74.35 分。五个学科的具体对比结果如表 9-1 至表 9-5 所示。

表 9-1 2019 年翟王镇中心小学五年级科学教育质量监测结果比对

学校	总人数/人	平均分	等级 B		等级 C		等级 D	
			人数/人	占比	人数/人	占比	人数/人	占比
阳信县翟王镇中心小学	249	69.27	0	0	130	52.21%	119	47.79%
阳信县某县直学校	567	70.63	8	1.41%	297	52.38%	261	46.03%
比对结果			较差		基本持平		基本持平	

表 9-2 2019 年翟王镇中心小学五年级道德与法治教育质量监测结果比对

学校	总人数/人	平均分	等级 B		等级 C		等级 D	
			人数/人	占比	人数/人	占比	人数/人	占比
阳信县翟王镇中心小学	249	79.88	16	6.43%	188	75.5%	45	18.07%
阳信县某县直学校	567	68.92	3	0.53%	263	46.38%	301	53.09%
比对结果			较好		较好		较好	

表 9-3 2019 年翟王镇中心小学六年级劳动教育教育质量监测结果比对

学校	学科均分	劳动意识 均分（满分2.0）	劳动兴趣 均分（满分4.0）	劳动责任 均分（满分2.0）	劳动习惯 均分（满分2.0）	劳动能力 均分（满分6.0）
阳信县某县直学校	10.67	1.1	2.26	1.19	0.8	2.52
阳信县翟王镇中心小学	16	1.68	3.63	1.69	0.84	4.19
阳信县	12.27	1.28	2.68	1.34	0.81	3.02
全市	11.32	1.24	2.43	1.26	0.83	2.69
比对结果	非常好	较好	非常好	非常好	较好	非常好

表 9-4　2019 年翟王镇中心小学六年级身心健康教育质量监测结果比对

学校	学科均分	体育基础知识 均分（满分19.0）	体育基本技能 均分（满分23.0）	体育综合应用 均分（满分21.0）	体育社会适应 均分（满分5.0）	体育价值观念 均分（满分2.0）	心理认识自我 均分（满分8.0）	心理情绪调适 均分（满分4.0）	心理学会学习 均分（满分6.0）	心理人际交往 均分（满分6.0）	心理价值观念 均分（满分6.0）
阳信县某县直学校	68.53	11.57	11.35	17.55	2.61	0.09	7.21	3.51	4.33	5.04	5.27
阳信县翟王镇中心小学	86.93	15.75	18.98	19.59	4.17	0.95	7.29	3.5	5.64	5.79	5.26
阳信县	74.07	12.83	13.65	18.16	3.08	0.34	7.23	3.51	4.73	5.27	5.26
全市	69.14	10.86	11.59	17.81	2.75	0.2	7.3	3.53	4.58	5.2	5.3
比对结果	非常好	非常好	非常好	较好	非常好	非常好	基本持平	持平	非常好	基本持平	持平

表 9-5　2019 年翟王镇中心小学六年级艺术素养教育质量监测结果比对

学校	学科均分	音乐基础知识 均分（满分18.0）	音乐基本技能 均分（满分12.0）	音乐审美与理解 均分（满分12.0）	音乐综合应用 均分（满分4.0）	音乐价值观念 均分（满分4.0）	美术基础知识 均分（满分8.0）	美术基本技能 均分（满分23.0）	美术审美与理解 均分（满分5.0）	美术综合应用 均分（满分4.0）	美术价值观念 均分（满分10.0）
阳信县某县直学校	63.99	12.97	8.66	5.94	2.32	2.58	7.58	13.54	2.51	2.65	5.24
阳信县翟王镇中心小学	74.35	14.24	11.1	8.51	3.37	3.49	7.85	13.78	3.24	2.88	5.9
阳信县	67.11	13.35	9.39	6.72	2.64	2.86	7.66	13.61	2.73	2.72	5.44
全市	64.13	12.81	8.46	5.85	2.43	2.87	7.38	13.76	2.66	2.59	5.3
比对结果	非常好	较好	非常好	非常好	较好	非常好	持平	持平	非常好	持平	较好

（二）纵向比较

2019 年的两次监测对象是同一批学生，上半年读五年级，下半年读六年级，如表 9-6 所示。

表 9-6　2019 年翟王镇中心小学六年级教育质量监测结果比对

等次	等次 A 占比	等次 B 占比	等次 C 占比	等次 D 占比
科学			52.21%	47.79%
道德与法治		6.43%	75.5%	18.07%
劳动教育	82.98%	7.05%	9.96%	
身心健康	52.1%	31.4%	14%	0.8%
艺术素养		25.3%	71%	

三、结论

1.我校学生的知识学科成绩与县直学校基本持平，但是总体水平较低。

2.我校学生的实践活动成绩明显高于县直学校及全市水平。

3.我校学生的知识学科成绩低于实践活动成绩。

四、成因探究

1.因为师资短缺，学校首先保证了语文、数学、英语等大学科的师资配备，科学、道德与法治等小学科主要由代课教师或艺体教师担任，教师的专业性较差。

2.我校为农村学校，学生的知识面较窄，相对来说科学、道德与法治的试题难度相对较高。

3.学生绝大部分来自农村家庭，参加劳动教育的机会较多，劳动意识和劳动能力较强，普遍对劳动有着朴素的理解和认识。

4.我校建有全县最大规模的特教资源社区，各种功能用房和教学设施齐全，有四位教师取得了心理健康咨询师资格证，为学生心理健康成长提供了有力保障。

5.我校有六位专业的音乐教师，两名敬业的体育教师，保证了艺体教育的高质量发展。

五、发展策略

1.采取多种措施对小学科教师进行专业培训。组织开展小学科课标学习，把握准"教什么"，安排教师前往教学水平高的学校学习，深入名师课堂，面对面取经，解决"怎样教"。在每个级部的每个小学科中，至少安排一名经验丰富的学科教师，扎实开展教研活动，提高小学科教师的专业能力。

2.修订教师评价考核方案，将小学科教学成绩的权重与大学科拉平，激发教师教学的积极性。

3.继续开展基于大概念教学指向学生核心素养的深度学习模式。关注到学校原生课程从哪里出发、带学生去到哪里、通过什么途径去的三步走战略，结合学校积极开展的"教学评一致性"活动，以财商课程、艺美课程、跳蚤市场、艺术节、运动会、德育主题活动为平台，让学生们在学校搭建创设的活动氛围中深入落实好素质教育，培养具有生活自信，能自力更生的一代新人。

4.充分开放特教资源社区，发挥心理健康教师的作用，持续开展心理健康教育，对学生心理健康进行积极干预。

5.继续关注艺体教师队伍发展，在评优选先、晋职晋级等方面不偏颇，保证对艺体教师考核的公平公正性，保持艺体教师的工作积极性。

6.与校外艺术培训机构做好对接，指导培训机构对学生进行科学的培养。

农村学校的教育任重而道远，农村学校的教育评价对把握办学方向和提高办学水平具有重要的指导意义。我们盼望着教育评价这把尺子能量出我们的长和短，能指引我们走向更美好的远方。

翟王镇学区教育质量评价工作开展情况汇报
——在阳信县教体局教育质量评价工作会议上的发言

阳信县翟王镇学区教育质量评价办公室　　王志霞

尊敬的刘主任、李老师及各位领导：

我是翟王镇学区教育质量评价办公室的负责人王志霞，首先，非常感谢能把此次调研工作安排在翟王，给了我们一个接受领导指导工作的好机会。

我先汇报一下学区评价办学习《深化新时代教育评价改革总体方案》（以下简称《方案》）的情况，我们重点学习了《方案》中"重点任务"的"改革学校评价"部分。在"改革学校评价"部分，"坚持把立德树人成效作为根本标准"，以育人效果作为评价学校和校长等领导、管理人员的根本标准，真正体现了教育评价的指挥棒作用，能保证学校落实党的教育方针，解决了"为国家培养什么样的人"的问题。在"完善幼儿园评价"中提到，"国家制定幼儿园保教质量评估指南"，这正是幼儿园工作的及时雨，现在，幼儿园的办学水平是高是低，没有一个相对有说服力的标准。如果有了这样一个标准，那么幼儿园的办学就有了明确的方向。"改进中小学校评价"指出了义务教育质量监测结果运用，我觉得在这方面还得加大力度，应该考虑如何让学校、教师、学生、家长都关注监测结果，就是让监测结果"有用"。一是检测结果要全面精准，二是能对学生学习成绩的提升起到助力作用。

下面，我汇报一下翟王镇学区在开展评价工作方面的进行的一些尝试。我们翟王镇学区高度重视教育评价工作，首先，为了引领各中小学、幼儿园建立规范、科学的评价机制，学区层面制定了一系列规章制度，并普及给所有教师知

阳信县翟王镇中心小学中层干部聘任仪式

晓。现在各位领导手中题目为《撷英》的材料，是我们今年教师节表彰大会上发给全镇教师人手一份的会务材料。第一个板块叫"规矩与方圆"，里面有新出台的《翟王镇学区 2020 年工作计划及行动指南》《翟王镇学区"减负增效提质"主题工作方案》，新修订的《中小学、幼儿园办学水平综合考核实施方案》，新制定的《关于学校（幼儿园）集体、教职工评优选先有关规定》等评估考核制度，涉及学校、团队、个人等多个层面，包括工作规划、师生管理、职称评聘、教学教研、绩效核算、评优选先、课后服务、办公效率等方方面面。这些文件既是工作指南，又是评价工具，学区所有工作都据此开展，也都进行逐项考核。每年的教师节我们都会向全镇教师普及考核评价制度，领导们手里的另一本《2019 年教育工作会议材料汇编》就是 2019 年教师节的会务材料。因为知晓率高，所以全镇教师都能按照制度和考核去工作，增强了凝聚力和向心力。

其次，我们特别重视工作要有评价结果，学区要求各科室开展的每项工作都要有考核和评价，每项工作方案里都包含评价标准，注重过程考核，最后形成考核结果作为完成工作的"最后一公里"。

为了培养教育后备力量，我们还特别注意对教育干部和骨干教师的考核评价。我们采取的是培养和考核相结合的方式，我们对教育干部和骨干教师在集体活动中的表现及时进行考核记录，和民主评议一起作为教育干部评价、选拔的依据，为学校聘任教育干部提供了充足的支持。

评价工作的扎实开展，推动了我学区学校管理水平的提高和教育质量的提升。在全县学校精细化管理现场观摩活动中，参加观摩评比的中学、中心小学、中心幼儿园均被评为优秀单位，囊括活动所设的所有奖项。我们翟王镇中学的中考成绩连续两年稳居全县乡镇第一梯队，翟王镇中心小学参加县抽考的三个年级均跻身乡镇组前四名。中小学的劳动教育、艺体教育、身心健康水平等也远远超过市平均成绩。

以上是我们翟王镇学区在教育质量评价方面进行的一些探索，还很不成熟，希望各位领导提出宝贵意见，谢谢！

2020 年 11 月

落实"双减"政策，优化课后服务体系
——翟王镇中心小学课后服务建设

山东省阳信县翟王镇中心小学　丁晓努

随着国家"双减"政策的持续引领，我校在学生课后服务实践中进行了系列探索，逐步形成了一套较为科学的学校课后服务课程体系，以实现学校、教师、学生的可持续发展。

一、"一案四制"管理体系，规范课后服务实施

阳信县翟王镇中心小学课后服务
面食课程

"一案四制"课后服务管理体系，其内容包含课后服务组织管理机构、课程设置要求、课程申报要求、师资保障条件、学生管理要素等系列内容。

一案为《课后服务实施方案》，四制为《课后服务教师管理制度》《课后服务安全管理制度》《课后服务课程申请制度》《课后服务学生自愿参与制度》。这些制度（方案）的制订，为课后服务规范化开展提供了依据保障，也在一定程度上明确了课后服务具体操作实践的规程细则。

二、"一核三翼"课程体系，提升课后服务品质

"一核"是指一个学校总课程体系——"清源文化"课程体系。"清源"，寓意清源流洁，是贤能才智之源，有追根求源之义。

"三翼"是指三类系列课程：德育系列课程、学科拓展课程、艺体活动课程。这三类系列课程主要针对课后服务实施，根据不同课程的要求分别按照学校课程、年级课程、班级课程予以分级开展，三级课程相互衔接、相得益彰，

形成了班级课程普及激趣、年级课程彰显特色、学校课程拔高集训的梯度层级。

（一）德育系列课程

德育系列课程主要依托学校、家庭、社会资源，以班级为单位，由教师或家长代表组织开展。主要致力于学生德育教育、智力开发、劳动习惯培养、审美素养提升等方面，此课程内容丰富，涉及面广，凸显"五育"并举。

比如，在校外实践基地体验课程中，学校依托翟王镇是"蔬菜花卉"基地这一得天独厚的优势。组织学生深入董徐社区韭菜种植基地、穆家"国庆花园"花卉种植区、粉刘社区灵芝培育大棚中，亲身体验劳动乐趣，实现了家校教育的优势互补，让孩子学习到了课本之外的知识，近距离地去接触生活、亲近生活，开拓视野，增长见识。

（二）学科拓展课程

学科拓展课程主要基于语文、数学、英语、科学等文化学科进行拓展延伸，主要包含阅读课程、趣味数学、趣味英语、科技小制作等。

系列课程的设置，其主要目的是在国家课程实施的基础上，对学科知识适度拓展，强化学科知识与日常生活的联系，同时培养学生的学习兴趣，真正促进学生综合素养的提升。

（三）艺体活动课程

艺术活动课程是学生艺术、体育素质能力发展提升的有效载体。小学阶段是学生学习语言和艺术、培养体育锻炼习惯的黄金时期。学校开设"录播小达人""花样跳绳""国画""葫芦丝""书法""合唱""舞蹈""跆拳道""排球""轮滑"等课程，全面提升学生的艺体能力素养。

三、完善评价体系，保障课后服务质量

没有课程评价，就无法保障课程实施的效果。评价体系从学校、教师、学生、家长四方面着力构建立体化评价机制，从评价主体、评价对象、评价内容、评价手段上构建课后服务评价体系，保障课后服务质量。

（一）教师评价

学校评价教师，既可以提高教师工作的积极性，又能实现"教师是课程的开发者、创造者、实施者"的目标。学生和家长评价教师，主要采用问卷调查的方式，了解教师职业道德、文化素养、教学能力等情况，形成评价结论，为全方面评价教师提供依据，促进家校沟通。

（二）学生评价

学校围绕立德树人根本任务，以发展学生核心素养为目标，通过构建学校评价、教师评价、学生自评、学生互评、家长评价的立体化评价体系，促进学生发展。将思想品德素质、文化科学素质、身体素质、审美素质、劳动素质、心理素质、特长发展共计七个方面纳入评价内容。用正面、鼓励性语言予以评价，在描述性评价中实行等级评价。建立学生成长档案，把评价贯穿于日常教育教学活动之中，为学生建立动态评价机制。

（三）学校评价

学校是课后服务的组织者。组织教师、学生、家长以问卷形式对学校实施课后服务的满意度调查，有利于了解学校在课后服务管理、课程设置等方面的反馈情况。组织召开座谈会，收集意见建议，设置"课后服务意见箱"，主动接受社会的监督，有利于学校及时调整修正，提升学校的社会影响力。

翟王镇中心小学课后服务工作，将始终秉承用责任初心承载学生健康成长，用担当使命践行为国育才之梦，用心组织师资力量，精心设计课后服务内容，不断完善学校"一核三翼"课程体系，培养学生良好的生活和学习习惯，强化学生的合作意识、时代意识、终身学习的意识，努力展现翟王教育人"小课后，大情怀"的不悔教育使命。

翟王镇学区明德园教师评价操作解读

阳信县翟王镇中心小学　安荣玲

考核工作其实就是学校文化的组成部分，是公平文化的再体现，如果缺乏对考核工作重要性的充分认识，没有树立现代科学管理理念，没有树立"以人为本"的工作理念，把教师年度考核作为一项任务来完成，停留在布置工作、完成任务层面，其负面影响是显而易见的。有效推动园所工作扎实进行，需要考核者与被考核者之间充溢丰实的"桥梁"架构，需要我们对考核评价体系有深切的了解。

阳信县翟王镇明德园教师李梦雪为小朋友梳头发

明德园一共有 8 位教师，所实施的是园长值周民主管理的考核方式。奉行人人都参与幼儿园管理和考核工作，即人人都是管理者，人人也是被管理者的管理考核机制。明德园教师考核采用教师积分制度的评价模式，园长、值周园长每周都会对教师积分情况进行公示，园内教师所有考核用积分制形式体现，一周一汇总，一周一公示，公开透明的积分制度极大地增强了教师的责任意识和进取精神，形成了积极向上良好竞争共同促进的局面。

明德园园长值周考核模式的具体操作为：根据办公考勤、师德师风、课堂教学、环境卫生、晨检记录、幼儿出勤园服检查、教学常规、获奖情况、保教质量、家长满意度十大方面进行综合考核。

明德园教师评价操作标准包含以下内容：

1.《翟王镇学区明德园教职工综合考核细则》，包含办公考勤、师德师风、保教质量、环境创设、一日活动实施；

2.《翟王镇明德园教师保教质量考核办法》，考核项目及时间分别为：文本材料每周考核；环境创设每周考核；集体教学活动随时抽查；户外活动随时抽查；活动区活动随时抽查考核；早操随时抽查考核；生活活动随时抽查考核；家长工作每周检查和每月检查结合；

3.《翟王镇明德幼儿园保教质量评价标准》；

4.《翟王镇明德园教师备课质量评价标准》；

5.《翟王镇明德园教育笔记质量评价标准》；

6.《翟王镇明德园集体教学活动质量评价标准》；

7.《翟王镇明德园户外活动质量评价标准》；

8.《翟王镇明德园活动区活动质量评价标准》；

9.《翟王镇明德园课间操质量评价标准》；

10.《翟王镇明德园生活活动质量评价标准》，包含盥洗、喝水、活动组织、午睡等；

11.《翟王镇明德幼儿园主题环境创设评价标准》；

12.《翟王镇明德幼儿园常规管理标准》，包含教学常规、家长工作、环境卫生、晨检记录、幼儿出勤园服检查、获奖情况等。

明德园对教师的评价就以上面的标准为依据，由全园教师实施民主考核，园所教师根据评价标准，将考核工作落实在每周的园长值周中。对幼儿的测评也在摸索进行中，因为受疫情等相关因素影响，对幼儿的测评工作还未产生相对系统的评价模式，但是我们已经在做这项工作。以往对幼儿的测评会放到学期末进行，这两学期因为疫情影响未来得及进行测评。在刚刚结束的这一学期，我们初步探讨了对幼儿进行小范围周测评，这项工作由我具体负责，每周五到班级中随机抽取幼儿进行当周教学内容的测评，根据课程安排分门别类地对幼儿掌握情况和教师教学情况进行测评。幼儿测评工作刚刚开始，还不太成熟，但是通过对幼儿的测评可以很清晰地掌握教师的教学情况和幼儿的学习情况。新的学期，我们将在继续做好园长值周制教师评价的基础上，继续完善做好幼儿测评工作，争取充分利用好"园长值周考核"这一评价机制继续推动园内各项工作。

学生评价之让爱随行

阳信县翟王镇中心小学　赵东芹

学生评价是多元的，包括对少数残障儿童的评价。翟王镇中心小学以"让爱随行"为宗旨，积极探索实施特殊教育教学工作，让残障孩子进入普通班就读，让这些特殊孩子在能够与普通学生一起学习活动、相互交往的同时，获得有针对性的特殊教育和服务，以及必要的康复和补偿训练，使这些孩子能够更好地融入社会，开发潜能，为他们今后自主平等地参与社会生活，成为有理想、有道德、有文化、有纪律的新时代社会主义事业的建设者和接班人打好根基。

一、让爱随行以爱为名

作者赵东芹在全县"同爱共育"培训会上作典型发言

为了更好地照顾到每一个随班就读的孩子，学校规定"一班最多一人"，即一个班级里最多一个残疾孩子，同时学校对相应班级的教师进行了选拔，选择责任心强、业务水平高的骨干教师担任班主任，选择有耐心、有爱心、业务能力强的任课老师与班主任搭档。老师们与学生家长成立随班就读合育团队，合作建立成长档案记录册，清楚掌握孩子们的身体、家庭、生态环境、现有能力及特殊需求等情况。每位教师都会针对学生制订个性化教案，对随班就读学生进行课程内容的选择和难度的调整，能够关注随班就读学生的特殊需求，把真挚的爱心融入日常的教学工作中。

小福同学因为腿部残疾，原来比较自卑，不愿意和同学们交流，学习成绩也不好。学校积极开展家校合作工作，及时和家长沟通，多次跟踪回访。在学校和家长的共同努力下，现在他性格开朗，学习成绩优异，还担任了学习组长。孩子家长对学校所做的工作也很满意，家长放心让孩子在学校读书。

二、让爱随行创新育人

翟王镇中心小学对随班就读的学生除了按普通教育的基本要求教育，还针对他们的特殊要求提供有针对性的特殊教育和服务，时时刻刻体现对他们的关爱关心，对他们进行必要的康复和补偿训练，努力使他们和其他正常学生一样学会做人、学会求知、学会创造，致力于让他们今后能够自立、平等地参与社会生活。学校现有智力和肢体残疾两种类型的4位随班就读学生。他们的认知能力、知识水平相对于同龄的学生来说有一定的差距，在学校的重点关怀下，他们的学习成绩不断进步。但是他们受自卑心理等因素的干扰，表现出不愿意与老师、家长和同学交流的倾向，不愿意参加一些课外活动，包括体育课、美术课、劳动课等，即使参加了，积极性也不高。他们有很大的心理压力，但在大家面前不愿意展示出来，这种问题比表面上的更难解决，也更迫切地需要得到解决。

为了解决好这些问题，学校一是聘请从事特殊教育工作的老师走进学校，对这些学生进行"一对一"辅导，在辅导学生的同时，也让学校的老师逐渐掌握与学生沟通交流的技巧。二是投资15.5万元，建立了六间高标准的资源教室，分别是康复训练室、团体咨询室、学习训练室、心理阅览室、宣泄室、关爱室，购置了配套的教具、学具、康复训练设备和图书资料，全天开放，并配备专门的心理辅导老师担任辅导员工作，与特教老师对接，有针对性地开展心理辅导和康复训练。

三、让爱随行春风化雨

为了真正打开这些残疾学生的心扉，学校下大力气，形成"尊重、友爱、公平公正"的班风校风。学校和老师们付出了大量时间和精力，在最大程度上消除残疾孩子的心理障碍。加强对残疾学生思想品德教育，培养其良好的行为习惯，使其逐步树立自尊、自爱、自强、自立精神。同时加强对普通学生的思想教育，要求所有同学不得歧视、挖苦残疾同学，要把他们当成自己的兄弟姐妹，当成自己的家人对待。每个班定期召开"不歧视残疾同学系列"主题班会，师生签订"不歧视承诺书"。班级内部实行"二对一"帮扶，每个残疾孩子都有两个孩子来照顾，帮助他们上下楼，拿饭，和他们一起交朋友，真正设身处地地学习生活在一起。

安安同学在 3 岁的时候因为恶性肿瘤切除了左臂，孩子上学后因为自己和别人不同，变得敏感，不愿意参加班级的活动。班主任赵老师经常与孩子谈心，鼓励她参加美术特长班，班里的各种活动也鼓励她参加。现在的安安同学不仅学习成绩优异，而且能画好画，歌也能唱得很好。

结语：对学生的评价是多元的，但"让爱随行"是首要的。面对这些折翼的天使，我们除了同情，还需要给予他们更多的信任和温柔，相信他们的能力，将心比心地对待他们。孩子们会感受爱，也会反馈给我们爱。愿每一个折翼的天使都被温柔以待，拥有一颗勇敢的心，茁壮成长。

成效篇
金杯银杯不如老百姓的口碑

发挥"三段一体化"办学优势
建设随班就读优秀乡镇学校

滨州市阳信县翟王镇中心学校　张海珍

2019年12月7日，县委书记栾兴刚在参观翟王镇中学手球文化馆时，为翟王镇手球运动取得的成绩点赞

滨州市阳信县翟王镇中心学校是地地道道的农村学校，近年来，在教体局领导的大力支持下，成立了幼、小、初十二年一贯制教育园区，形成了翟王镇中学、中心小学、中心幼儿园校路连通、书声相闻的发展框架。园区共有中小学生2 699人、幼儿320人，57个教学班，其中随班就读的特殊儿童在小学段4人、初中段3人，学校共有209名专任教师，其中特殊教育班级任教教师41人、特殊教育资源教室配备兼职管理教师7人、县特教中心指导专家1人。针对随班就读工作，我们确立"随班就读，让爱随行"的教育理念，实行"三步走"战略，即"发挥优势、资源建设、建构课程"，初步形成了"县教育行政部门—县特教中心—乡镇学区—乡镇学校—家庭（社区）"五位一体化的随班就读工作协同管理格局，实现多元化支持，落实"一生一策一案"，让残疾孩子从幼儿园开始，形成培养梯队，构建十二年一贯制的有质量的随班就读教育"新模式"，真正让特殊儿童与正常儿童一样植根中华、追求梦想、乐学善学、学有所长，五育并进，勇做新时代中国好少年。由于工作突出，2021年7月，我镇学区中心小学荣获山东省教育厅颁发的山东省随班就读示范学校荣誉称号，成为全省仅有的二十所获奖学校之一。

一、提高认识统一思想，实施随班就读理论与实践结合

资源教室为谁而建？谁可以进入资源教室接受专业服务？资源教室在普通学校中以何种方式运行？残疾学生需要多长时间或什么时间到资源教室接受支持服务？资源教师如何选拔培养，他们怎样为特殊需要学生提供支持和服务？在过去，我们对这些问题很迷茫，通过组织对国家有关残疾人法规政策特别是国家特殊教育第一期、第二期提升计划的学习，经过特教专家的指导和培训，我们深深认识到建设资源教室本身不是目的，通过资源教室让残疾儿童更好地融入普通班级才是目的。资源教师的建设是开展随班就读工作的基础，资源中心教师队伍的建设是落实随班就读工作的保障。为此，我们逐步地开展了对随班就读工作的探索和实践。

二、加强资源教室建设，完善随班就读资源支持体系

翟王镇学区特殊教育资源中心位于小学部明德楼一楼，建筑面积 490 平方米，投资 60 余万元，进行了装修和特殊教育设施设备的规范配备。

第一，在标准化建设基础上，进一步细化分类各功能室，自西向东，分别是心理健康类图书阅览室、个体心理咨询室、团体心理活动室、康复训练室（心理宣泄室）、教学评估中心（家长接待室）、智能学习训练室、沙盘游戏室、作品展示长廊（走廊及大厅），共"七馆一廊"，充分满足了特殊儿童康复训练、心理辅导、学习活动所需。整个室内外环境优雅、温馨、舒适，学生学习活动的图片展览丰富多彩，引人驻足欣赏。特别是断臂女孩李安娴同学的绘画个人展，其中有校园风景画、课间活动为主题的线描画、她给老师们画的肖像画、她们一家人吃饭的情景，她本次展出共一百二十幅精彩的画作，童趣盎然，受到参观师生的一致好评。

第二，在特殊教育资源教室师资配备方面，学校每年都要遴选热爱特殊儿童，热爱特教事业的责任心强的老师兼任特殊教育资源教室的辅导员。现在共有七位教师担任，分别是陈丽华、赵清娥、刘鲁惠、张炳玉等老师，他们都是高级教师、县优秀教师荣誉获得者，也是最受家长和学生喜欢的老师。老师们通力合作，根据特殊学生的需求，制订出合理的学习和康复计划，组织各个学

科的老师共同实施，成为学校里一支特殊教育上的"作出特殊贡献"的生力军。

第三，在特殊教育资源教室运行和维护方面，一是定期开放，每周一三五下午课后服务时间，由班主任组织学生到特殊教育资源教室活动或学习、康复训练，并接受专业教师指导，达成活动目标。周六周日根据家长需求，招募了25位志愿者轮流值班，为特殊儿童和家长开展"同爱共育、共创未来"的专题讲座、个体辅导等，按照项目教学的思维方式帮助每一个孩子完成自己的中长期成长规划和短期目标，使得特殊学生在语言发展、心智活动、情感意志、交往能力等方面充分发展，不断调适情绪和行为，全面健康成长，尽快适应普通学校的生活。

此外，我们在校内还开发了36个特色课程资源教室，有红色教育馆、百花种植馆、收纳师体验馆、读书烹茶馆、国际风情馆、财商教育馆、科技馆、手球文化馆、音乐厅、舞蹈室、书法、绘画展览室等，还有校外实践活动基地二十多处，包括电子产业园、花卉基地、蔬菜基地、村史展览馆等等，开展活动时，随班就读的学生与全体同学一起，在大家的帮助下，积极加入大概念多元化的课程学习当中，开阔视野，提升素养，实现"有质量"地随班就读，促进残疾儿童少年更好地融入社会生活。

三、落实教育教学特殊关爱，提升随班就读工作水平

我镇现有随班就读的视力残疾学生1名、听力残疾学生1名、侏儒症学生1名、其他肢体残疾的学生4名。这些学生的认知能力、知识水平相对于同龄的学生来说相差不大，但是，他们在心理和生理上与同龄人有较大的差距，尤其表现出缺乏自信，内心自卑，不善交谈，孤僻等特点。针对特殊儿童的具体情况，我们首先进行了调查分析，撰写详细的分析报告，落实"一生一策一案"制度，量身定制属于每个特殊儿童的教育课程。

小学四年级的李美娴同学在3岁的时候因为恶性肿瘤切除了左臂，孩子上学后因为自己和别人不同，变得敏感，不愿意参加班级的活动。班主任赵老师经常与孩子谈心，鼓励她参加学校美术课程班，班里的各种活动也鼓励她参加。现在的李美娴同学不仅学习成绩优异，而且能画好画，歌也能唱得很好。学校每学期都要为她举办一次大型绘画展出，鼓励她树立远大理想，成为国家栋梁

之材！

付春刚同学因为腿部残疾，原来比较自卑，不愿意和同学们交流，学习成绩也不好。学校积极开展家校合作工作，及时和家长沟通，多次跟踪回访。在学校和家长的共同努力下，现在的他性格开朗，学习成绩优异，还担任了学习组长。他的爸爸对学校工作充分肯定："作为家长，非常满意学校和老师的工作，以前孩子不够自信，现在阳光、积极，每天都在进步，希望孩子越来越好，非常感谢老师的辛勤付出，老师们辛苦了。"作为学校，看到孩子和家长满意的笑容，我们也感到很欣慰。

假期里尹莉莉老师对李永强同学进行辅导，同时尹老师告诉我们："我们班这位特殊的同学的妈妈告诉我，孩子出生时由于脑部缺血缺氧，导致肢体残疾和脑部损伤。于是我跟其他老师一起，组织一些同学帮扶他，包括上厕所、取餐打水、上下楼梯等。在班里师生共同帮助他变成日常学习生活中不可缺少的一部分。有时候为了鼓励他，我让他从教室座位上到办公室，并奖励他一块饼干、巧克力或者贴画，他总是非常开心。时间可能会抹去一些痕迹，但是也会留下证据，在师生的共同帮助下，他的生活能力不断提高，每天也能够做些力所能及的家务活，一天一天慢慢地成长。"

生命教育理念下的融合教育发展是一项长期、艰难而复杂的任务。我们的随班就读工作刚刚起步，资源中心建设特别是资源教师的培训和资源教师队伍建设需要大量具备扎实的融合教育理论知识及丰富的特殊教育专业技能的教师积极投身其中。要不断坚定教师对专业技能的学习，培养教师对特殊需求儿童的研究力，为每一名特殊需要学生制订好适合的个别化方案。只有这样，随班就读工作才能够向着健康、可持续的方向发展；只有这样，才能提高融合教育质量，为特殊儿童提供更优质的教育服务。

展望未来，我们的追求：

一是面对多元化的学生群体，提升每位教师的特殊教育专业能力，完善激励机制，落实津贴补助，积极推进随班就读工作的落实和质量提升。

二是完善学生评价制度，健全符合随班就读残疾学生实际的综合素质评价办法，让每个孩子找到存在感、获得感、幸福感。

　　三是进一步提升办学理念，把生命多样化、融合发展理念，办成学校鲜明特色，并且建立宣传阵地，呼吁全学校、全社会尊重残疾儿童的人格和尊严，如教育部特殊教育教师培养教学指导委员会主任顾定倩所说："决不能把对随班就读的认识停留在是一种教育方式的层次上，而要提高到关乎保障他们受教育的公平权利，如期实现脱贫攻坚任务，全面建成小康社会的政治高度，提高到让残疾人与全国人民一道实现中华民族伟大复兴中国梦的历史高度。"

　　总之，教育就是快乐的过程，有爱才能前行。

优化整合教育资源，擦亮乡村教育名片

山东省阳信县翟王镇中心小学　王志霞

在山东省阳信县被称为"蔬菜花卉之乡"的翟王镇，有一个绿树掩映、楼群林立的校园，那就是幼、小、初三段一体化的翟王镇教育园区。园区占地 200 余亩，总建筑面积 44 000 余平方米，总投资 1.2 亿元，按照省级标准化学校标准，设计幼儿园、小学部、初中部共 81 个教学班，可容纳

5月19日，县委副书记、县长宋金星同志到翟王镇学区调研指导工作，现场部署提升办学条件和学生营养餐质量工作

1 100 名中学生、2 000 名小学生、300 余名学前儿童上学。

2012 年，借力《滨州市学前教育三年行动计划（2011—2013）》，在县镇两级领导的大力支持下，翟王镇中心幼儿园成为滨州市第一个在学前教育三年行动计划中建成的省级标准化乡镇中心幼儿园，形成了翟王镇中学、中心小学、中心幼儿园隔墙为邻、书声相闻的发展框架，教育园区初具雏形。

2015 年，《山东省人民政府办公厅关于解决城镇普通中小学大班额问题有关事宜的通知》颁布，给正在筹划的翟王镇教育园区送来了政策东风。县镇领导充分调研，布局谋划，强力推进，翟王镇教育园区开始动工。到 2018 年，6 栋教学楼、实验楼拔地而起，翟王镇教育园区成为老百姓家门口最靓丽的风景！教育资源高度升级、优化和整合，"努力让每个孩子，都能享有公平而有质量的教育"成为现实，2018 年 9 月，全镇 3 到 9 年级及镇政府驻地 1 到 2 年级学生、学前幼儿集中搬到了教育园区上学，翟王镇教育园区正式成为"幼、小、初二段一体化"集团校区。

继而，投资 810 余万元建成的高标准 400 米跑道塑胶运动场，填补了翟王镇教育园区版图上最后一块缺角。全县南北跨度最大的室内体育馆、2 栋学生公寓、能容纳 2 000 人同时就餐的餐厅报告厅、2 栋教师宿舍楼也先后落成，翟王

镇教育园区完成了又一次华丽变身。

面对各级领导的支持和翟王百姓的重托，如何让"硬资源"变成"软实力"，下好乡村教育的"先手棋"，成为翟王教育人最根本的使命。为此，翟王镇学区制定了《翟王镇学区中长期教育发展规划纲要（2020—2030年）》，确立了"实现教育科学发展，争创一流教育质量，办好优质乡村教育"的办学愿景和"实施'两年一段五步骤'，推动镇域普通教育和谐发展"的战略。建构"面向未来"的基础教育体系，完善学校三级课程建设。根据课程实施需要，研发了中学"七馆两园"、中心小学"九馆一廊"、中心幼儿园"三园五域"课程资源，初步形成了独具特色的学校文化，并融合为整个教育园区的发展特色，"幼—小—初"三段一体化"全链条式"发展格局进一步成熟。

依托学校文化特色，翟王镇教育园区大力发展体育运动，以拼搏精神影响学生的意志品质。从2013年至今，翟王镇中学手球代表队共9次获得市级赛事第二名，18次获得市级赛事第一名，翟王镇中学获得"全国青少年手球传统学校"等国家级荣誉称号。翟王镇中心小学扎实开展"足球进校园"活动，将足球运动普及到每个学生，被评为"全国青少年校园足球特色学校"。

科创教育是翟王镇教育园区的又一亮点。翟王镇中学提倡学生积极参与科创活动，培养自身的创新精神和实践能力。2019年，翟王镇中学成为国家级青少年科学调查体验活动优秀实施学校，开展的"构建乡土特色的科创教育"被确定为省创新教育研究优秀培育项目；2020年，成为全市唯一的山东省科普示范工程项目科普示范学校（带资15万元）。

在伟大的新时代洪流中，翟王教育走得艰难而坚定、稳健而扎实。"打造乡镇教育智慧高地，实现镇域幼、小、初'全链条式'协同发展，真正办好老百姓家门口的每一所学校，创建省级乡村温馨校园品牌"是每个翟王教育人为之奋斗的教育情怀！

扣好人生的第一粒扣子
——阳信县翟王镇中心小学党史学习教育汇报材料

　　"党"是什么组织？"党"在哪里？"党"和我们的生活有什么关系？在翟王镇中心小学的综合实践课堂上，老师提出的这一系列问题引起了同学们的兴趣，这是翟王镇中心小学党史学习教育进课堂的场景。2021年是建党100周年，翟

王镇中心小学把党史学习教育列入了年度重点工作，成立了以学校党支部书记、校长为组长的党史学习教育领导小组。确定了以政教处牵头，党建办、教导处、体卫艺办、综合办公室联合开展党史学习教育工作的机制框架，以帮助学生"扣好人生的第一粒扣子"的责任担当，向党的百年华诞献礼。

一、制度引领，周密部署实施

　　为使党史学习教育工作规范有序开展，学校党史学习教育领导小组组织学习了滨州市关工委等部门颁发的《关于选树滨州市党史学习教育先进学校的通知》，结合学校实际，在《"滨州市党史学习教育先进学校"标准》基础上，研究制定了《翟王镇学中心小学参加"滨州市党史学习教育先进学校"系列活动实施方案》。根据"实施要求及细则"，一一部署具体工作，丰富呈现形式，明确责任科室。如针对《标准》"实施要求及细则"要求"在学校的墙壁、走廊、橱窗、校史馆等设立专栏或专区，宣传党史知识和红色基因知识；并适时更换内容。"学校《方案》的"具体工作"要求是"宣传党史知识和红色基因知识的现场专栏每季度有更新"，以"现场，往期画面纸质或电子材料"的方式呈现，并明确该项工作由政教处、党建办负责。《"滨州市党史学习教育先

进学校"标准》的 17 个 B 级指标，被细化为 23 个 C 级具体工作任务，透彻领悟文件精神，详细制订工作计划，明确责任主体，为党史学习教育的实效性提供了计划保障。

二、精心策划，开展形式多样

（一）党史课堂传递革命初心

课堂作为加强未成年人思想道德建设的主要平台，自然是党史学习教育的主阵地。我们学校通过思政课、专题课、主题班会课、学科渗透等形式，让党史学习教育进课堂，强化学习党史知识，感悟革命初心。

党史学习教育与思政课相融合。学校要求每位道法课教师必须以党史学习教育为主要教学理念，党史学习教育与课堂教学内容深度融合，在学科教研活动中，如何开展党史学习教育是研讨的重要课题，在听评课活动，党史学习教育内容的设计和效果也是教学评价的重要指标。

党史学习教育与专题课相融合。学校教导处在综合实践课程中编排了党史学习教育等系列内容，保证每个班级的学生都能在课堂上接受系统的党史知识学习。一学期下来，学生们在课堂上学习了党旗知识、历届党代会、党史大事等党史知识。在"党和幸福生活的关系"大讨论中，理解了"没有共产党就没有新中国"的重要意义，知道了今天的幸福生活依然是在党的领导下才能实现的。

党史学习教育与班会课相融合。"七一"建党节前后，各个班级开展了形式多样的党史学习教育主题班会。其中，"我和党旗合个影""致敬百年"诗歌朗诵等活动受到同学们的深深喜爱。

党史学习教育与学科渗透相融合。我校在落实"德育课程一体化"的基础上，强化学科育人功能，将党史学习教育内容渗透到各学科教学中。学校要求，语文、道法、美术、音乐等学科，必须适时渗透党史知识，开展党史学习教育，创作党史学习教育作品。

把党史学习教育课程化，高度保证了学生接受党史学习教育的规范性和系统性，避免了道听途说的误导和知识碎片化。使"党"的概念入脑入心，"党"的意义从理论走向生活。"党"是什么组织、"党"在哪里、"党"和我们的生活有什么关系等一系列基本问题在学生们心里逐渐有了明确答案。

（二）创设氛围浸润革命色彩

我校结合校园文化建设，采用多种方式，营造了以红色文化为底色的校园文化氛围。学校专门创建了党史展室，多方联系，借用社会爱心人士收藏的革命军衣、肩章、水壶等革命物件，通过实物展示、图片呈现、文字介绍等形式宣传中国共产党波澜壮阔的奋斗史。在校园的中心位置，学校设立了"我和党旗合个影"主题墙，一度成为各个班级党史学习教育的主题班会打卡地。学校以红色文化为主基调，打造了综合实践楼红色文化走廊。课间，同学们流连在一个个主题展位前，欣赏艺术作品，浸润红色情怀。学校以"红领巾广播站"为平台，每天推送一个《红色故事》、诵读一首红色诗词、传唱一首红色歌曲；并在学校门口安装了音柱，在上放学时段进行红色广播。同时，每个班级的文化墙都开辟了党史学习教育专栏，学生们以各种形式表达对党的热爱和礼赞。

（三）主题活动感悟革命情怀

德育主题活动一直是我校对学生进行思想引领的主阵地，为确保党史学习教育落到实处、取得实效，学校除去在清明节、端午节、九一八等传统节日和时间节点开展了各种党史学习教育主题活动外，还组织了多种形式的"学党史、感党恩、跟党走"党史学习教育。

"扣好人生的第一粒扣子"体验活动领好路。劳动教育是我们翟王镇中心小学的特色课程，曾在2019年11月份市教育质量评价中心组织的教育质量监测中，取得高于全市平均水平4.68个百分点的优异成绩。我们创新教育形式做足结合文章，把党史学习教育融入劳动教育活动中。先后三次开展"扣好人生的第一粒扣子"钉纽扣比赛，在一针一线中体验革命前辈艰苦奋斗的生活，树立自力更生的生活信念。本学期，学校已安排开展"像红军战士一样做鞋垫"等手缝活动，同学们热情高涨，争做传承革命精神的好少年。

"红色观影"行动补补钙。定期组织学生观看《建党伟业》《开国大典》《狼牙山五壮士》《赵一曼》《袁隆平》等红色影片，以及《红船自此扬帆起》等纪录片资料。暑假期间，根据学生们对影视体裁感兴趣的特点，又布置了高年级学生观看电视剧《觉醒年代》，低年级学生观看《小兵张嘎》等影片的实践活动任务，并号召同学们积极观看电影下乡中的红色影片。学生们通过观看红色教育影片，深刻领会了中国共产党人和红军将士面对艰难险阻不屈不挠、敢于斗争、勇于牺牲的崇高品质。

"五老"志愿者宣讲加加油。我校聘请五老志愿者、当代活雷锋杨广和同志为党史学习教育校外辅导员，定期进校园宣讲雷锋精神。杨广和同志用雷锋故事、雷锋精神内涵，并结合自己多年来学雷锋做好事的亲身经历和体验，教育引导学生从小学习和发扬"雷锋精神"，做党的好孩子，坚定不移跟党走。

红色研学活动打打气。组织学生远足十余里，分期分批到翟王镇雹泉庙村史馆开展"红心向党，致敬百年"研学活动。同学们从雹泉庙村的历史变迁中，深刻领悟到在中国共产党的领导下，家乡发生的翻天覆地的变化，对党的崇敬之情、感恩之心油然而生，跟着党走的信心和决心更加坚定。

三、情感升华，育人效果显著

同学们把参加党史学习教育活动的感受撰写成文，制作了主题手抄报。学校将其中 120 余篇特别优秀的感悟文章集结成册，作为此次活动的成果之一存放在展室，供大家阅读欣赏。在做好与文化课教学结合文章的同时，学校组织全体党员和骨干教师开展了《我来上党课》党史宣讲研讨活动，党员教师录制了《我和我的支部》微视频，宣传学校党史学习教育成果。为更好地推动学习教育活动效果转化，学校对在此次活动中表现突出的 6 个班级、55 名学生、24 位教师进行了表彰奖励。系列活动的开展，进一步激发了学校广大师生热爱党、热爱祖国、热爱生活、热爱学校的情感。更重要的是，通过系列活动，青少年学生爱党、爱国、爱家乡的意识显著增强，涌现出了一大批诸如"助人为乐小明星""帮教小博士""学习进步好少年"等先进典型。

下一步的教育教学工作中，我校将继续紧扣"学史明理、学史增信、学史崇德、学史力行"目标要求，把党的历史学习好、总结好，把党的成功经验传承好、发扬好，在学习教育中深入贯彻落实党的教育方针，落实立德树人根本任务，加快推进学校教育现代化，努力办好群众满意的教育。

雏鹰手球　勇往直前

山东省阳信县翟王镇中学　于　军

滨州市阳信县翟王镇中学是一所市级规范化农村中学。我校始终坚持"着眼学生未来幸福，让学生过上幸福完整的教育生活"的办学理念，注重学生的全面发展和个性发展，以增强全体师生体质、丰富师生艺体生活为根本任务，全面推动我校体育工作的开展，努力提高学校竞技体育水平。我校于 2013 年开展手球教学，注重于球竞技体育苗子的培养，涌现出一大批体育方面的优秀人才。人人喜欢手球，人人会打手球，人人参与手球运动的可喜局面逐步形成。现将我校开展雏鹰手球社团工作总结如下：

一、手球专业训练和基础知识普及相结合，促进体育传统项目长足发展

自 2013 年学校成立手球社团至今，我校已有 40 位手球运动员进入体校专业队训练，在保证专业队员的训练、比赛之外，我校还积极开展对手球的普及活动：

（一）专业训练

我校现有初中男女四支手球社团，他们除了接受文化知识的学习，每周要参加 2 次训练，每次训练 1 课时。

（二）手球普及

1.手球社团的氛围营造

（1）我校通过学校橱窗、校园网站展板，定期介绍手球比赛规则、手球运动的国内外明星，使更多的同学了解手球、熟悉手球、热爱手球。

（2）利用多媒体教学的优势观摩现场手球比赛，开设手球知识讲座等，使更多的同学融入手球比赛的氛围。

2.组织丰富多彩的手球运动，丰富校园艺体文化

我校通过组织级部手球联赛、学生自主拓展活动课程、培训学生手球裁判员、组织啦啦队为手球比赛助威等活动创建热情奔放、健康向上、竞争协作的校园文化。

3.手球普及进课堂——开发有手球特色的学校校本课程《手球》

（1）开设手球技术的理论课程。在不同的年级开设不同内容的手球理论教学内容，可以将电视观摩与教师讲解相结合，也可以与专家讲座相结合等。要求每位体育老师精心备课并对学生进行相应的考核。

（2）在各个年级分别设立不同的手球教学目标，根据对应的教学目标，安排相应的课堂手球技术，如七年级的手球自编操，八年级的运球、传球技术，九年级的综合运用技术等等。使每学期的体育课中不少于15课时的手球教学时间。并制定相应的考核目标和要求，在不同的年级招收热爱手球运动的手球迷，开设拓展提高的手球自主拓展课程，为手球队输送骨干和精英。

4.手球特色创建与学科教育结合、渗透

利用创建手球特色校为契机，加强跨学科的渗透和交流。如在语文课上组织手球比赛活动征文、历史课上探讨手球发展的历史等，充分挖掘手球的历史和内涵。在2016年全国手球征文比赛中，我校有24位学生获奖。另外，在不断提高手球运动水平的同时，我校也注重提炼手球精神。

2019年5月，瞿王镇中学被中国手球协会评为全国青少年手球传统学校

二、天道酬勤，喜结丰硕的成果

在上级体育及教育行政部门的全力支持下，经过师生的共同努力。我校手球项目在各级各类比赛中均取得了优异的成绩，多次受到上级有关部门的表彰。

具体成果如下：

（一）学生身体素质好，达标率高

根据统计，我校自 2013 年至今，学生体育及格率逐年增加，2013 年—2020 年达标率都为 100%，优秀率达到 30% 以上。

（二）体育传统项目成绩优异

学校每年都要组队参加上一级的各类比赛，如每年的滨州市青少年手球赛，取得的成绩如下：

2013 年滨州市青少年手球锦标赛女子组第二名。

2014 年滨州市青少年手球锦标赛男、女子第三名。

2015 年滨州市手球联赛女子甲组、男、女乙组冠军，男子甲组亚军。

2016 年滨州市青少年锦标赛获女甲、男乙冠军，男甲、女乙亚军。

2015 年全国中学生手球锦标赛，男女组分获二、三等奖，同时获得"体育道德运动队风尚奖"。

2017 年滨州市手球联赛女甲、女乙、男乙均获冠军，男甲亚军。

2017 年全国中学生手球锦标赛，女子组获二等奖。

2018 年滨州市手球联赛男甲、女甲、男乙、女乙均获冠军。滨州市第 18 届全市运动会我校代表阳信参赛，取得金牌 18 枚，女乙、男乙均获亚军，女甲、男甲季军。

2019 年 7 月滨州市第 19 届全运会我校代表阳信县参赛，取得 26 金牌女甲、女乙、男甲均获冠军，男乙亚军。

2022 年，翟王镇中学输送 18 名手球队员代表滨州市参加山东省 25 届全运会，取得 9 枚金牌。其中有四名队员获得国家一级运动员证书，又有 6 名队员进入省队训练、1 名队员进入国家队集训。

我校获得"阳信县体育传统项目学校""滨州市体育先进单位""滨州市群众体育先进单位""滨州市手球训练基地""山东省手球传统项目学校""国家手球推广校""国家手球传统校"等多项荣誉称号。

三、凝心聚力，奋楫笃行

成绩已是过去，当下，我们手球发展之路任重而道远，新的一年，我们制定了新的奋斗目标：

1.2023 年争创国家级手球示范校。

2.努力向市队、省队、国家队输送更多手球队员。

3.争取在明年 7 月份滨州市二十届全运会上再创佳绩。

在各级领导的关心支持下，我们会不断加强传统项目管理，不断更新观念，以饱满的热情，高昂的斗志，把体育传统项目做实做细，为我市、我县的体育事业添砖加瓦。

那帮喜欢手球的孩子

山东省阳信县翟王镇中学　李　鑫

当春日清晨的朝阳，轻轻掀开身上的薄雾，大多数的孩子沉浸梦乡；当寒冬夜晚的月亮，缓缓遮住脸上的薄纱，大多数的孩了还在呓语。然而，在阳信县翟王镇这个乡村学校里，有这样一群孩子：他们不顾严寒酷暑，不惧千百次在水泥地上的摔打，反复练习着枯燥的运球、射门、防守动作，他们为了心中那光明的远方，一往无前。

2023 年 4 月，在"滨盛杯"全国体校 U 系列手球锦标赛、滨州市手球联赛中，翟王镇中学手球代表队荣获 U 系列手球锦标赛全国二等奖，滨州市手球联赛女子组冠军、男子组亚军

马士杰：胜败兵家事不期，包羞忍耻是男儿。

在手球比赛中，自信往往会激发出队员高昂的战斗力。2015 级的马士杰同学，身体素质优秀，热爱手球运动，参加训练风雨无阻。奇怪的是，在一场比赛中失利后，训练场上一连几天都找不到他的身影。教练感到疑惑又着急，为了深入了解情况，教练和班主任老师来到他家。原来，马士杰觉得自己文化课成绩不好，引以为傲的手球又被打败，自己没啥出息了。教练鼓励他胜败乃兵家常事，一场比赛说明不了什么，肯定了他的能力，帮助他重新找回自信。之后，在滨州市的手球比赛中，当比分胶着的时候，他发动了制胜的进攻，帮助球队获得了最终的胜利。

周丽敏：长风破浪会有时，直挂云帆济沧海。

为了不影响孩子们的学习成绩，教练和学员们要比其他学生付出更多。早上天还蒙蒙亮，他们就开始了训练，下午放学还要加练。训练是枯燥的、艰苦的，有的孩子打起了退堂鼓，用这样和那样的理由，不参加训练，慢慢地，有一些孩子退出了手球队。这让原本人手就不多的手球队看起来更加寒酸。2014级的周丽敏是一个文静的女孩子，学习成绩出色的她，运动天赋却不是很好，刚进入手球队时，这个孩子进攻不够犀利，防守不够灵活。慢慢地，这个孩子就开始三天打鱼，两天晒网。教练看在眼里，找到了周丽敏，分析了她的优势，提醒她成功需要坚持。此后，周丽敏给自己重新定位，开始了门将的练习。在比赛中，一次次地摔倒，一次次艰难地站起来，她说："我不能放弃，我不应该放弃，教练就是这么教我的。"凭着身上这种不服输的劲儿，她最终站稳了主力门将的位置。

高学龙：千磨万击还坚劲，任尔东西南北风。

手球队里有一些孩子，不知道自己想要什么，不知道自己为什么要进手球队。2014级的高学龙，学习成绩中上游，身体素质好，属于绝对的主力，但是对前途的选择感到迷茫，不知道自己想要什么，逐渐地放弃了自己。学校积极联系高校的专业老师给他鼓劲，找老师为他补习功课，班主任老师经常和他谈心。高学龙慢慢地明确了目标，端正了态度，最终考上了理想的大学。

在经过了艰苦的磨炼之后，"全国手球传统校""山东省手球传统校""滨州市手球传统训练基地"，滨州市第十九届运动会手球锦标赛男甲、女甲、女乙冠军……各种荣誉纷至沓来。

马士杰，2015年山东省手球锦标赛（威海赛区）第四名，全国中学生（江苏赛区）第八名；2016年山东省手球锦标赛（威海赛区）第三名，全国后备人才基地（潍坊赛区）第三名；2017年手球锦标赛（东营赛区）第四名，全国中学生（博兴赛区）第四名，全国后备人才基地（潍坊赛区）第七名；2018年山东省省运会（淄博赛区）第七名。2018年，马士杰如愿考入吉林体育学院。

周丽敏，2015年山东省青少年手球锦标赛第五名，山东省手球冠军赛第五名；2016年山东省手球锦标赛第六名，全国业余体校和后备人才基地手球锦标赛第二名，山东省女子手球冠军赛第六名，山东省手球协会女子手球比赛第四名；2017年山东省女子手球锦标赛第五名，山东省女子手球冠军赛第六名；2018

年山东省二十四届女子手球省运会预赛第四名，山东省二十四届运动手球女子甲组第六名。2018 年，周丽敏考入哈尔滨体育学院。

高学龙，2015 年山东省青少年手球锦标赛第五名，山东省手球冠军赛第五名；2016 年山东省手球锦标赛第六名，全国业余体校和后备人才基地手球锦标赛第二名，山东省女子手球冠军赛第六名，山东省手球运动协会女子手球比赛第四名；2017 年山东省女子手球冠军赛第五名；2018 年山东省女子手球预赛第四名，山东省二十四届运动会女子手球甲组第六名。2018 年，高学龙考入山东理工大学。

近几年，翟王镇中学有 21 位同学通过手球加分升入高中，累计为家长节省学费 50 余万元。实实在在的实惠，让翟王的百姓们都了解了手球运动，看到了农村的孩子们走出去的新希望。

孩子们在手球中找到了乐趣，在一次次的拼搏摔打中，感悟了"更高、更快、更强、更团结"的奥运格言。这些孩子们像一个个高举体育精神火把的火种一样，将体育精神传播到更广、更深远的地方，点亮了每一个孩子、每一个教师、每一个农民的心灯。

小学劳动教育课程建设实务

阳信县翟王镇中心小学　张国岩

小学劳动课程的开发与建设，是指在以培养学生创新精神和实践能力为核心的素质教育的要求下，通过探索对劳技教育校本资源的建设和利用，将显性的、潜在的，或处于自然分散状态下的劳动与技术教育资源有机地整合，形成社会、学校、家庭三方联动的教育格局。

农村小学劳动课程建设，应以小学劳动课程为载体，引领教师、校长、家长、学生多方参与，并且寻求与课程专家的广泛合作。满足学生的兴趣和需求，转变学生学习方式，发展个性，培养人文素养，同时转变教师教学观念，充分发挥教师的才华和特长，促进教师的专业发展和师生的共同成长。

（一）小学劳动课程建设应遵循以下要求

1.根据学校特色和本区域的资源条件，开发切实可行的劳动课程资源，构建综合实践活动劳动教育课程实施体系，并使之持久化、常态化。

2.通过实践，让学生了解掌握一定的劳动技能和劳动知识；培养学生的动手操作、自理自护等能力，使学生从小养成劳动意识、创新意识、安全意识、节俭意识、环保意识。

3.通过综合实践劳动教育课程的开发，促进教师的专业化发展。

（二）小学劳动课程建设实务

翟王镇中心小学开展工作之前，组织骨干教师成立小学劳动课程开发研究团队，定时召开碰头会，针对劳动课程建设的意义、目标、内容、方法，以及过程等进行探讨和交流，不断修改和完善建设方案，直至达成共识。课程团队重强化团队内部管理，增强时效，并制定严格的规章制度，对成员予以约束与规范，对违反相关规定者给予严肃批评，并与学校考核挂钩，保证课程建设任务保质保量完成。

我校在课程开发的第一阶段首先进行了社会调查，我校使用问卷调查，给教师、家长、学生发放调查问卷，回收有效问卷 95%。调查采用自编问卷、现场发卷、不记名答卷等形式，记录部分教师的访谈活动。调查问卷信息包括：被采访者的基本情况、所从事职业、年龄、

阳信县翟王镇中心小学劳动教育课堂

学历、职称等；翟王镇小学劳动课程开发现状；翟王镇小学劳动课程资源情况；翟王镇小学劳动课程的实施策略以及对教师专业发展的影响等。

我校课程建设过程中注重加强成员的理论学习，为课程建设提供理论支持。有联合国教科文组织所倡导的"学会学习、学会生活、学会合作、学会生存"、陶行知先生的教育思想、"生活即教育""社会即学校"等教育理论。为保证理论学习效果，采用个人自学与集体学习相结合的方式，并撰写学习心得。

翟王镇中心小学通过开发校本教学素材，初步构建了小学劳动课程体系。教师定期组织学生进行实地观察、访问菜农、查阅资料、亲自栽种等系列实践活动，并形成了文字资料，加以汇总编辑，形成具有学校特色的校本教学素材《花卉种植技术》。根据学生动手能力、想象力、创造力、表现力都较强的特点，为满足学生对面塑和剪纸的好奇心，激发了学生创作的欲望，进行了一系列面塑和剪纸的研究和实践。在实践中，学生将对美术和手工两个方面进行练习，提高学生认识美、欣赏美、表达美的能力。一件件生动的作品，传达了学生的心声。学校通过收集学生开展面塑、剪纸活动以来的各类材料，整理出一本《面塑》教学素材，一本《剪纸》教学素材。

劳动教育课程的实施，使学生的特长得到了发展，综合素养得到了提高。参加劳动后，学生的学习兴趣愈见浓厚，学习主动性加强，找到了适合自己发展的最佳空间。劳动课程不仅培养了学生的特长，丰富了他们的业余生活，更

培养了学生正确的价值观、人生观。通过对花卉种植课程的开发，学生参与了学习、实践、观察、访问等活动，了解了劳动的意义。学生通过实践，掌握了粗浅的种植技术，知道了部分花卉或蔬菜的种植方法，这激发了学生亲近自然、积极劳动的热情，培养了学生留心生活、注意观察的学习观念，促进学生综合素养的提升。这些活动，学生与家长共同参与，在交流实践过程中，学生对家长的工作情况有了一定的了解，体会到了父母的辛苦。同时，学生对自己家乡的农耕经济有了初步的认识，培养了学生的乡土情怀。

我校小学劳动课程资源的开发成为教师专业成长的一条重要途径。劳动课程的开发提高了教师的专业能力，教师的专业成长又促进了学校课程资源的进一步开发。课程资源的开发与教师的专业成长互为条件、互相促进、相辅相成，这一过程改变了原来教师专业成长的轨迹，将教师的专业成长与学校发展融为一体，将学校的发展与地方经济发展融为一体，共同助力乡村教育振兴！

打好人生底色 共筑民族团结
——翟王镇教育园区铸牢中华民族
共同体意识的实践之路

山东省阳信县翟王镇中心小学　安荣玲

阳信县翟王镇中心小学铸牢中华民族共同体意识
主题教育展示

党的十八大以来，习近平总书记着眼新时代民族工作面临的新形势、新特点，多次深入民族地区考察调研，多次出席中央民族工作会议，对铸牢中华民族共同体意识、推动我国民族团结进步事业作出一系列重要论述。"希望学校继承光荣传统，传承各民族优秀文化，承担好立德树人、教书育人的神圣职责，着力培养造就中国特色社会主义事业合格建设者和接班人。"翟王镇教育园区以习近平总书记的讲话为统领对学生进行思想政治教育，探索出铸牢中华民族共同体意识的爱国主义教育活动。

一、创设校园育人氛围夯实爱国主义教育

教育园区设有社会主义核心价值观人物主题摄影展，通过一些生动形象的摄影照片来强化、培育、践行社会主义核心价值观，加强对学生的爱国主义教育，铸牢中华民族共同体意识的深化落实。社会主义核心价值观不是我们教育学生的口号，我们在教育教学、校园生活中将社会主义核心价值观的理念真正落实在孩子们身上，让他们在行动中树立观念，践行落实。我们园区实施"三段一体化"融合式教育，开发适宜各学段的爱国主义教育课程，让孩子们在生活和行动中践行社会主义核心价值观的要求。

校园生活的时时处处都有我们精心为孩子们设计的符合学生年龄特点的人生价值观教育、诚信教育，我们采用无人监考模式对学生进行教育，这种模式是对其人生价值观的考验，我们就是这样潜移默化地在点点滴滴的教育教学活动中将社会主义核心价值观真正地落实到对孩子们的教育上：校内设有网红打卡地——我和党旗合影墙，采用这种方式让爱国教育入脑入心，让无形的教育定格在神圣的瞬间；校园利用各种资源，通过各种有仪式的活动，开展铸牢中华民族共同体意识教育。

二、研发课程体系"三段一体"多元融合式育人

教育园区课程体系建设皆渗透、落实爱国主义教育，注重深化铸牢中华民族共同体意识。整个教育园区的课程体系育人目标理念出自《学记》："一年视离经辨志；三年视敬业乐群；五年视博习亲师；七年视论学取友，谓之小成。九年知类通达，强立而不反，谓之大成。"我们从学记出发，制定了明德、青葵、小成、六艺、衔土、武德、不语、乐融、大成九大课程体系。我们围绕课程目标进行具体实施，螺旋式根植爱国主义教育，在每一个课程体系中都渗透着立德树人的根本目标。在明德课程中设有社会主义核心价值观的教育内容；在不语课程中，引导学生健康饮食、探究美食文化，着重去拓宽孩子们对各个民族饮食文化的研究，在潜移默化中让孩子们了解少数民族独特的美食文化，知道 56 个民族是一家。我们通过课程引领学生树立正确的国家观、民族观、文化观、历史观，把他们培养成乐学善思、活力四射、融入社会、具有学习力、生活力、创新力的少年，使他们无论身处何种境地，都能对生活保持热忱，让"中华民族伟大复兴的责任意识"在他们心中落地生根。

围绕铸牢中华民族共同体意识，我们依托课后服务开发设置了多元融合课程，在课程中始终贯穿铸牢中华民族共同体意识，开展学本教学实验，打造发展学生个性的九馆一廊，处处彰显爱国主义思想教育，与成为建设国家栋梁之材的行动有机结合。我们也取得了可喜的成绩：中心小学被评为"全国足球特色学校"，中学被评为"全国青少年手球教育传统学校"和"中国青少年创新教育实践基地"。

校园处处皆教育。道路两旁的草坪有专门编排安放的 56 个少数民族的故事

展牌，每个民族故事都是一个课程，在民族课程创建中，我们有具体的教育目标、教育内容、实施方案、评价体系。我们组织孩子们对各民族文化进行深入挖掘，探索研究各民族的风俗习惯、地理位置、民族服饰、饮食习惯等，拓宽了孩子的知识面，进一步铸牢中华民族共同体意识。我们为孩子创建展示自我的平台，孩子们在这种浓厚的民族共同体意识教育中得到非常多的收获。家长也为他们在学校了解到的少数民族的历史背景、地理位置、民俗文化、民族美食等知识感到非常惊讶。

三、依托活动深化落实中华民族共同体意识建设

中心小学、穆家小学、李桥小学及各校都以活动为载体，针对孩子的年龄特点设计符合儿童认知规律的活动，对孩子们进行爱国主义教育、将铸牢中华民族共同体意识落到实处，例如明德园轮滑秀、穆家小学最炫民族风、李桥小学中国功夫器械操、中心小学合唱队等。

在 2022 年，翟王镇学区分别于 8 月 11 日、9 月 2 日、9 月 15 日三次承办市、县级铸牢中华民族共同体意识观摩现场活动，呈现了主题鲜明、独具特色的共同体意识主题教育工作。翟王镇中学被授予"阳信县铸牢中华民族共同体意识实践教育基地"，并作为阳信县唯一教育单位被推荐申报"山东省铸牢中华民族共同体意识教育实践基地"。

铸牢中华民族共同体意识既要做看得见、摸得着的工作，也要做大量"润物细无声"的事情。推进中华民族共有精神家园建设，促进各民族交往交流交融，各项工作都要往实里抓、往细处做，要有形、有感、有效。我们必将继续努力落实铸牢中华民族共同体意识，充分发挥校园育人阵地作用，用新时代中国特色社会主义道路的自信厚植爱国主义情怀，真正铸牢中华民族共同体意识，为打造鲁北地区教育强镇不懈努力！

一份荣誉的背后

阳信县翟王镇中心小学　丁晓努

今天是 2023 年的 3 月 20 日,是滨州市第十批教学能手公示期的最后一天,有点像在梦里,虽虚渺却又无比的现实。从这一天开始,我的从教生涯中好似又多了一份荣誉,无形中也更增添了一份责任。从 3 月 2 日参加完课堂展评活动之后,我的内心就已经有一种久违的舒畅。

之所以有这种感觉,倒不是因为我对教学能手评选的结果有多大的把握,相反,对于评选的结果我并不敢抱有太高的奢望。只是因为在活动评选的整个过程中,我已拼尽了我全部的气力,早已问心无愧。所以,至于结果如何,我也早已经以平常心处之了。

现在,每当再回想起当天课堂评选现场的场景,我的内心依旧激动不已。那天我执教的课题是四年级的《小数的加减法》,整节课下来,课堂环节还算是比较流畅的。只是中间的学生展示环节用时稍微长了一点,所以,下课铃声响起的时候,整节课还没有像预想的那样进入到课堂总结阶段。在课堂延续的那最后的 1 分钟的时间内,我显得稍微有些忙乱了,原先准备好的课堂结束语也没时间去说了……一节课就在这样些许的遗憾中结束了。

我是一个记忆力不太好的人,但是我人生中很多重要的时刻,我总是会因为对它的用心而难以忘怀。在整个活动筹备的过程中,学校韩素静校长给予了我很多及时的指导和帮助。比赛当天,韩校长更是亲自带队,带领着学校的徐晓丽老师、方敬宗老师、尹鸽鸽老师一同赶到了现场为我加油鼓劲。每当念及此处,那种由衷的感激之情还会涌上心头。

每一位教师的专业成长,总是要经历一个曲折又漫长的过程。回想起我自己成长的过程,先是经历了 2018 年的阳信县优质课的评选,再到 2019 年执教县观摩课,再到 2020 年有幸成为阳信县小学数学名师工作室的成员,并被评选为阳信县小学数学教坛新星。一步步,一批批,我感觉我一直在向着身边优秀的教师靠拢。从他们的身上,我学习到了爱岗敬业的奉献精神,学习到了扎实的数学素养……

无疑，在这个过程中，我又是十分幸运的。这么多年来，有很多小学数学界的前辈帮助过我、指导过我。一次听评课、一次教研活动、一次方法指导、一次说课比赛，我所历经的每一小步都成了提升我教学能力的基石。

作者丁晓努在瞿王镇学区教育干部培训会现场

当然，成长的过程需要借力，更需要自我成长的强烈内驱力，以及科学、可行的专业成长发展计划，要不得半点好高骛远和不切实际。从这个角度而言，不论是我们每个人的专业成长，还是我们的心灵修行，大家都一定要擦亮双眼，走好人生那重要的关键的几步。很多时候，选择大于努力，走好人生的关键几步，人生就不会留下太多的遗憾。

那么，专业提升的内驱力如何激发呢？怎样制订科学、可行的专业成长计划呢？这些问题我暂且将它们称之为我们青年教师的"内功修炼"吧！最有效的方法就是善于向身边优秀的教师请教，善于向我们周边的名家、名师取经。

有时候我觉得，上班10小时之后的空闲时间，更大程度地决定着我们的专业成长的方向、速度和质量。而在我上班之外的"空余时间"，"读和写"基本成了我已养成的小习惯。教育类、文学类、成长类、国学经典类书籍常出现在我的案头。我不敢在这样的场合上和大家吹嘘我每个月能读多少本书，但是，每个星期的时间，我起码有3～4天会拿出一段时间去认真读书的。读教育名家的成长历程、读小说文学中的凄美壮阔、读国学经典中的通达智慧……读着读着，专业发展的方向就有了，人生成长的境界就提升了。

儒家经典《大学》中曾提到"苟日新，日日新，又日新。"意思是如果能够一天新，就应该保持天天新，新了还要更新。这里就强调了勤于省身、及时反省和不断革新的重要性。

　　这里向大家推荐几本对我影响很大的书籍。推荐大家阅读王维审老师"觉者为师"系列图书，再读读朱永新教授的"新教育"系列丛书，读读李镇西老师的《做最好的教师》，读读张万祥老师的《教师专业成长的途径：30位优秀教师的案例》，读读《曾国藩家书》，读读儒家经典之首的《论语》等等。儒学大师王阳明先生在《传习录》倡导"知行要合一"的时候曾说过：知是行之始，行是知之成，知而不行，等于不知。我认为"知"最重要的途径就是阅读和实践，这一点，希望广大的青年教师重视起来。

　　除此之外，我们还需要养成的一种习惯就是"写作"。之所以把"写作"称为一种习惯，是因为一个不经常动笔的人，他的写作过程就是痛苦的。他会东拼西凑，所写的文字没有统一的思想，缺少灵性。而对于那些经常动笔的人来说，写作是一件再自然不过的事情。他们会有感而发，笔下真情似汩汩清泉，清甜甘冽，给人耳目一新之感。

　　近年来，我校还有几位青年教师也迅速地成长了起来。方敬宗老师荣获上一届阳信县青年教师基本功大赛二等奖、徐晓丽老师荣获阳信县小学数学说课比赛一等奖、尹鸽鸽老师荣获阳信县小学数学教学设计评选一等奖……我相信，会有更多的教坛新秀在翟王这片沃土上成长起来，他们都将体验到那份独特又难以忘怀的幸福教育之旅。

　　王维审老师在《成为最好的老师》一书中写道："其实，成为更好的老师是一个漫长的修行过程。一个人寻得了一份教师工作，只是教师职业的开始，要成为真正的教师，需要一辈子的努力和坚持。"愿每位教师都能不忘教育初心和使命，不负韶华，立足当下，在多彩斑斓的教育历程中谱写出生命的华章。

农村学校的科技之光

山东省阳信县翟王镇中学　武建利

乡村教师也有坚守和执着。作为一名乡村教师，"育桃李芬芳，谱平凡人生"，用自己的努力与坚守，为乡村孩子撑起一片碧海蓝天，这是我不懈的追求。作为一名乡村教师，在实际工作中面临着众多的困难与考验，只有坚持梦想，不懈奋斗，才能成就梦想，收获硕果。

作者武建利（右三）带领学生开展科普活动

乡村教师群体面临着众多困难与考验，受所处地域环境等因素影响，资源有限，但"内卷"严重，绝不能"躺平"。（躺平，网络流行词，指无论对方做出什么反应，你内心都毫无波澜，对此不会有任何反应或者反抗，表示顺从心理。乡村教师"躺平"，意味着得过且过、不思进取，不利于乡村教育发展。）

"内卷"也被称为"内卷化"，是网络流行词，指同行间竞相付出更多努力以争夺有限资源，从而导致个体"收益努力比"下降的现象。可以看作是努力的"通货膨胀"。在乡村教师群体中，能人辈出，众多优秀乡村教师用自身的高素质、高业务能力为乡村教育注入了勃勃生机，以自身践行点亮了农民的希望，可以说他们每一位都是名师，但真正获得"名师"称誉的却寥寥无几。面对如此现状，每一位乡村教育人绝不能放弃我们的初心与梦想，要坚持做乡村教育的点灯人，不做"躺平"者。

自成为一名光荣的乡村教师开始，我就决心做优秀的乡村教师。不忘初心，坚守梦想，要自我进步，更要传承信念。作为一名生于农村、长于农村、回到农村的乡村教师，我深知科技教育对于乡村教育的重要性，采取了一系列举措持之以恒地做科技教育，践行"决胜全面小康、践行科技为民"的宗旨，为乡村孩子创设了讲科学、用科学、学科学的良好氛围。

一、立足研学兴教创新课题

在十余年的从教生涯中，我立足乡村教育实际，结合创新教学实践，潜心研究，个人研学能力持续提高。务实开展的《农村中学如何开展创客教育的实践研究》《创意花艺进课堂科技探究实践活动报告》《构建乡土特色的科创教育》等课题及研究，得到山东省教育学会、山东省发明协会、山东省创新教育研究院等组织的高度肯定。孩子们在活动中加强了科技实践，开阔了视野，促进了科技素养的提升。为进一步提高科技教育质量，我主持搭建了《现实条件下创客教学的实践和探索》科普实践平台，但初始运行效果并不理想，因学校资源有限，创客设备紧缺，孩子们缺少更多的实践机会，很难将复杂的科技理论转化为实践技能。为了给孩子们创造更多的成长机会，我将孩子们划分为多个小组，利用课外活动等时间分批次组织孩子们学习编程知识、创客理论，开展形式多样的科技实践，目前该平台的教育效果已经凸显出来，孩子们的科技实践能力也有了大幅度提升。同时，为进一步提升学生的科学理论素养，我在科学工作室添置了科普书籍供学生查阅学习，同时开放微机室引导学生多渠道学习科学文化知识。

二、整合乡土资源借力支撑

置身乡村环境，农业科技学习具有先天的优势，我有计划地组织学生深入农村、进入田间地头，因地制宜地开展了具有乡土特色的科技实践活动，成效显著。翟王镇素有"鲁北小寿光"之称，乡村种植农业较发达。结合农技推广，依托福中禄生态园、裕丰小镇、韭仙女等省级专业合作社和科普教育基地，我积极组织学生开展了现代农业技术科普实践，近三年牵头组织的农业研学实践活动超过 50 场次，受益学生 5 000 余人次。活动中以"农"为本，将科学种在孩子们心中，提高了学生的农业科技能力。

三、利用牵线搭桥丰富拓展

学校针对乡村校园硬件差、师资缺乏的客观现实，多渠道提高兼职科技辅导员的业务素质，组建了一支业务精、能力强的师资团队。校科普馆积极谋划落实搭桥借智，聘请了15名校外科普辅导员，进一步提升和丰富了科教质量与内容，县气象站长、镇农技站长、医院院长、派出所所长等行家里手成为孩子们在校园科技节上的"座上宾"。积极推动"走出去"科教战略，组织孩子们到市科技馆体验。争取上级政策和资金支持，牵头筹建了学校的校科普馆，购置了科普展教设备，完善建设了青少年科技工作室、机器人室，以及创客实验室。2020年，我校通过主动对接县市科协，争取到省科协科普示范工程项目落地校区，促使科教设施焕然一新，极大地改善了科技教育环境与设施。

四、弘扬科学精神传承基因

针对农村孩子科技视野不够开阔、科技实践机会少等现状，我秉持学生至上的教学理念，坚持以弘扬科学精神为核心，为学生搭建科技学习与成长的平台，鼓励学生动脑思考、动手实践，推荐特色作品参与各项各类竞赛与实践活动，深入竞争平台促进学生科学素养提升。学生的人形机器人全能挑战赛、创意比赛、骑士比武、科幻画、科技创新成果、科技实践活动等项目屡次在省市比赛中获奖；在首届"神箭神舟杯"航天知识大赛中，有四名学生获得全国嘉奖；在全市首创，由中国宋庆龄基金会、中国科学技术协会等发起的"中国少年微星计划"活动中，有3位同学的创意方案成功入围"创星"环节并入围全国1000强，他们的方案已随世界上首颗少年卫星进入太空。因组织实施的青少年科学调查体验活动成效显著，学校多次被中国科协、教育部等五部委联合表彰为优秀活动示范学校。同时我加大了科技创新实践外延力度，通过融入红色基因传承优秀文化，摒弃庸俗趣味，开展小手拉大手、文明树新风等活动抵制邪教系列活动，参与乡村基层社会治理，服务乡村文化振兴，取得了良好的教育效果和社会反响。

我喜欢新学校

山东省阳信县翟王镇中心小学　张雅如

在翟王镇学区 2022 年教育工作会议上，学生向作者张雅如献花

2018 年秋季，翟王镇教育园区正式投入使用，翟王镇学区下设教学点的 3 到 6 年级学生都集中到了翟王镇中心小学上学。

教学点都是相对简陋的平房，夏天就靠头顶两扇吱吱呀呀的风扇送凉，冬天要用炉子供暖，老师们一到冬天就需要提前到校给孩子们点炉子。学校里很多课程开不起来，相对于中心小学，环境也差了很多。家长们一年四季每天接送，路上或尘土飞扬、或泥泞狼藉，非常辛苦。

孩子们搬到新的学校，发生了很多既感人又好笑的故事。

开学第一天盛况非常，乌泱泱全是人。我带着自己班的学生去三楼最西边的教室，学生们很兴奋，一直叽叽喳喳边走边聊。我先到教室门口招呼学生们进去随便坐，忽然，一个同学提着个大书包呼哧呼哧跑上来，那包一看就很重，我跑上前帮忙。这得装了多少东西！我问他：你里面装的什么？"水啊。""啥水啊装这么多？""我们不是要在学校吃午饭吗？又不能回家。夏天太热，我妈怕我没水喝，多带了几瓶矿泉水。"确实是个细心的妈妈，我心里想。一时间不知道怎么开口告诉他，我们教室一出门就是饮水机，可以随时喝到温水。"先进去吧！"我说着，帮他提着他的大包，送到教室里。

我站在讲台上观察他们，大部分是生面孔，让他们做自我介绍，他们简单说了名字和来自哪里就忙不迭地坐下了，多少有点放不开。

周五的班会课，我专门设计了一节"学校之我见"的主题班会，想听听同学们对新学校、新老师、新环境的想法。在班会之前，我让学生们提前一天跟家长沟通，也问一下家长对现有状况的想法。课上学生们踊跃多了，很兴奋地说着自己的看法。有些说学校环境好，还有小花园；有些说她最喜欢音乐课，终于可以每周上音乐课了；有些说教室很宽敞，很干净，也很凉快；有些……孩子们七嘴八舌，停不下来。我问他们：那你们的家长对现在有什么看法吗？刚才安静下来的教室瞬间又热闹起来："我奶奶说中午在学校吃营养餐很方便，中午不用接送了！""我妈说校车每天接送，终于不用每天忙忙活活接你了。""我妈说学校很负责任，每天基本不用家长管了。"

一开始家长可能会对合班并校这件事有质疑，毕竟原本孩子就在家门口上学很方便。结果短短一周，家长和孩子都认可了。孩子在学校待一天，家长可以做自己的事情，不用再为接送孩子整天绷着一根弦；孩子呢，在学校吃午饭还能午休，跟着校车也很安全。仅仅一周，家长的疑虑都打消了。

其实对于教学点的孩子，冬天可能是最难熬的。每到入冬之前，家长们都会给孩子们准备好厚厚的棉衣和棉鞋。惯性思维，供暖第一天我进教室，发现好多同学热得满头大汗。我说你们怎么穿这么厚？孩子们都很真诚，说："老师，以前教室没这么暖和，不穿厚一点不行。"大家都善意地笑了。我说："同学们，现在把你们集中到这里来上学，就是为了让你们都享受到同样的环境，同样的教育资源，让你们和城镇的孩子在同一条起跑线上。回想一下以前的环境，再看看现在，我们是不是应该好好珍惜机会呢？"这时候，我看到孩子们的眼睛亮晶晶的，好像有什么梦想在他们的眼睛里、心里扎根了。

对于孩子们来说，他们可能看到的是我们的环境变好了，我们有宽敞的教室，我们有很多以前没有的活动教室。对于家长来说，他们终于有整块的时间做自己的事情，也不用顶着烈日迎着寒风接送孩子上学了。其实，还有很多东西在无声无息、潜移默化地发生着改变。

学校组织跳蚤市场，我让大家准备交换和购买的东西，除了书和学习用品，大家还准备了好多稀奇古怪的东西。我们大家一起做海报，给东西分类登记并标记好价格。摆摊的时候有的人拉客人，有的人介绍产品，忙得不亦乐乎。我在旁边静静地看着，感觉每一张脸都充满了朝气和自信。半年前，他们还只能在课堂上慌乱地说："我叫＊＊＊，我来自＊＊。"现在，他们可以跟买家侃侃而谈，从容大方。这种改变让我吃惊，更让我欣喜。

之后，我在一个学生的作文里看到这样一段话：今年我来到一个新的学校。学校景色非常美，教室宽敞明亮。中午我们和老师一起吃午饭，我很喜欢跟大家一起吃饭，很开心。我们的每一个老师都对我们很好，他们很和蔼，总是鼓励我们。前些天在跳蚤市场，我做了海报，还推销出了好多东西，我真的好开心啊！我非常喜欢这里，我觉得我现在非常幸福。

孩子是不会说谎的，能让一个孩子说出我很幸福，说明合班并校之后，学生们确确实实在平时的学习和生活当中获得了幸福感。我们一直致力于做家长满意，学生幸福的教育，或许这就是最好的解答。我们还在不断摸索正确的道路，我们会沿着这条路不断前行，为乡村振兴贡献我们的力量。

打造学校特色品牌　增强学校办学魅力

阳信县翟王镇中心小学　安荣玲

2018 年，合班并校的翟王镇教育园区踏上了高速发展的快车道，以一种蓬勃、开放的姿态走向全新的发展道路。整合优化教育资源、依据本土资源和学生特点开设多种特色教育活动，为学校和学生的发展注入了源头活水，也增强了学校的办学魅力。

在活动中，我们借助"跳蚤市场"进行展示。跳蚤市场不仅是简单买卖的活动场所，更是基于大概念教学指向学生核心素养的教学实践场。兜售物品的财商教育与我们的学科课程、校本原生课程密切融合。

在面食售卖摊位，孩子们向前来观摩的郑局长推销自己制作的水饺，孩子们巧妙的推销打动了局长。他开玩笑说道："孩子，你的水饺我是真想买，可是我没带钱呀！"哪料想我们的孩子随即从口袋里掏出了收款的二维码，郑重地说道："老师，现在是互联网数字化时代，不带现金没有关系。一部手机就可以完成好多好多的事情，如扫码付款、生活缴费、订购机票等等。别看我们还是小学生，老师都给我们讲过的。您没带现金，我们支持微信付款，您就扫码支付吧，给您打个折，多送两个！"孩子伶牙俐齿的一番话，让局长高兴地扫码支付了三元钱。他竖起大拇指称赞："翟王的教育真不得了！一个跳蚤市场就可以实现课程的多元融合。我觉得你们这个活动，挖掘出了孩子们潜在的能力，他们的综合素养、口才表达都很出色。""我们还在后院种植了草莓，等草莓成熟时，欢迎您来品尝！""我们还养了小兔子、养了羊……"听了郑局长的夸奖，孩子们按捺不住兴奋，争先恐后地说。

2020 年的滨州市教育教学改革，引领我们在基于学生素养大课程教学活动实施的同时，进一步探索多元化融合的课程开发与建设。市教育局刘春国局长在参观园区开展的特色课程"衣物整理我能行"时，给予了高度评价和认可。他说："现在好多大学生、成年人出差自己都不会收拾行李箱，乱糟糟地往箱子里塞。衣物整理课程对孩子们生活能力的培养十分重要，孩子们从小受到这样的教育，将来定会受益一生呀！"刘局长在对孩子们的展示给予肯定的同时，对园区开展的系列课程建设，特别是劳动教育也给予了高度评价。

从 2018 年特色课程建设开发实施以来，我们始终把立德树人、五育并举作为学校的根本任务。我们紧跟国家战略部署，始终坚持为党育人为国育才的教育方针。将多元化育人工作与学校的发展提升紧密联系在一起，增强凝聚力和向心力。2022 年翟王镇中学被评为阳信县"铸牢中华民族共同体意识实践基地""科创筑梦助力'双减'科普行动试点单位"，一块块奖牌承载的是我们校园特色发展的丰硕成果。

2020 年 7 月 23 日，阳信县翟王镇学区承办滨州市全面改薄观摩阳信现场

参与特色活动的教师和学生，都从中收获了快乐和成长，同时增强了对学校团队的责任感和归属感，也启迪了我们对教育理念和自我发展的新定位、新思考，为我们打造学校特色品牌、增强学校办学魅力提供了机遇和发展空间。相信未来的我们会依托特色活动，带动校园品牌建设更高、更好地发展。

阳信县翟王镇强镇筑基教育改革工作试点工作方案

为贯彻落实党的二十大精神和山东省教育厅《关于开展强镇筑基教育改革工作试点工作的通知》（鲁教基函〔2021〕7号）《山东省教育厅关于遴选第三批教育强镇筑基改革试点乡镇的通知》（鲁教基函〔2022〕82号）文件要求，充分发挥翟王镇驻地学校（幼儿园）办学水平上乘等优势，深化乡村办学改革，推动乡镇教育高质量发展，特制定《阳信县翟王镇强镇筑基教育改革工作试点申报方案》。

一、基本情况

（一）乡镇基本情况

翟王镇地处阳信县中部略偏西南，与城区南部鲁北大市场、汽车站紧密相连。总面积66.8平方公里，耕地面积6.76万亩，下辖6个工作片，89个行政村，总人口4.1万。乡风文明，民风淳朴，传

十二年一贯制阳信县翟王镇教育园区郁郁葱葱

统文化深厚。翟王镇蔬菜种植面积近2万亩，是山东省有名的"蔬菜之乡"。近几年企业发展态势迅猛，仅2022年1—8月份，实现规模以上工业总产值4.8亿元，固定资产投资2.2亿，同比增长15%；一般公共预算收入约1 081万元。丰富的乡土资源、优质的营商环境和稳定的地方收入为教育事业发展提供了有力保障。该镇先后荣获山东省"文明乡镇""卫生城镇""生态循环农业示范区""脱贫攻坚先进集体""森林乡镇"等十几项省级荣誉称号。

（二）教育基本情况

翟王镇学区现建有"幼、小、初"十二年一贯制教育园区，下辖 5 个教学点（一二年级及附属幼儿园），形成了"园区带村小"的乡镇学校一体化办学模式。有专任教师 223 人，学历达标率 100%，中小学在校学生 2 628 人，生源稳定，控辍率达 100%。

2018 年 8 月以来，针对农村学校分散、规模小、优势资源欠缺，严重制约乡村教育质量提升的问题，在县镇两级党委政府的倾力支持下，规划实施"园区带村小工程"。在镇驻地集中建设高标准教育园区，对园区内各种功能用房、环境绿化美化、水电网机配套设施等系统规划，统一设计，建设水平达到县域一流水平。全镇 90% 的小学生和 100% 的初中生全部进入园区。同步改善村小（教学点）办学条件。在教育教学管理、师资配置、教学研究、质量评价上，实行"园区+村小"一体化管理，教师和管理人员定期交流，统一开展教学研究活动和质量考核。三年来，全镇学前教育、义务教育办学质量大幅提升，教育满意度达 98.67%，提高了 15.64 个百分点。

（三）驻地中小学（幼儿园）基本情况

1.翟王镇教育园区基本情况

翟王镇教育园区于 2014 年按照省级标准化学校规划设计，2018 年投入使用。整个园区占地 230 余亩，总建筑面积 54 000 平方米，绿化面积 19 000 平方米，总投资 1.2 亿元，可容纳 81 个教学班，3 500 名学生，400 余名教职工。目前，翟王镇教育园区教学楼、实验楼、学生公寓、餐厅、400 米高标准操场、体育馆、手球文化馆、青少年科技教育中心、铸牢中华民族共同体意识实践基地以及教师周转宿舍等一应俱全，整个园区高楼林立、树木茂盛、文化清新，成为全镇最宏观、最美丽、最高雅的"风景区"。翟王镇中学、中心小学、中心幼儿园相通相融，形成了"初中－小学－学前"三段一体化的协同发展格局。

（1）中学简介

现有 14 个教学班，在校学生 660 人，教职工 68 人，其中山东省特级教师 1 人，滨州市优秀教师 8 人、县级名校长 1 人、县级以上教学能手 10 人、学科带头人 5 人，设有市级名师工作室 1 个，县级名师工作室 3 个。

近年来，翟王镇中学以"双减"为指导，开发了"立体化体验式"教育课程，横向切面分为品德与修养、人文与社会、数学与科技、体育与健康、艺术与审美、劳动与实践六项课程；纵向切面分为基础型课程、拓展型课程、VIP 课程三个层次。科学的课程整合，给学生带来

2019年10月12日，翟王镇中心小学数号队在阳信县"我与祖国共成长，争做新时代好队员"数号操展演中荣获金号奖

全新的学习体验，学生学习力显著提升，近年来中考上线人数稳定在全县乡镇前两名，学校连续三年被评为"阳信县教学工作先进单位"。学校先后荣获"滨州市教学示范学校""滨州市初中教学工作先进单位""滨州市教科研工作先进单位"等荣誉称号。

手球运动是翟王镇中学的特色课程，学校编写了《雏鹰手球教学纲要》，面向全体学生普及的同时培养选拔高素质运动员。自 2013 年至今，中学手球代表队共 16 次获得市级赛事第二名，14 次获得市级赛事第一名。在 2022 年山东省第二十五届全运会上，由翟王镇中学输送 18 名手球队员代表滨州市参赛，取得 9 枚金牌。学校荣获"全国青少年手球运动推广校""全国青少年手球传统学校""山东省传统项目学校（手球）"等重量级荣誉。

科技教育居全市领先地位，成立了"青少年科学工作室"，创建了科技体验馆。还积极带领学生深入工厂车间、菜地工棚和科技场馆，现场学习与实践，感受科技改变生活的震撼，学生的综合科学素质显著提升。学校获得"全国科学调查体验推广示范校""全国调查体验优秀活动示范校"等 10 余项国家级荣誉称号，工作经验多次在市级会议上被宣传推广，2020 年作为全市唯一单位入选仅有 10 席的"山东省科普示范学校"（获资助 15 万元），为学校科技教育发展带来强大动力。

（2）小学简介

拥有新建 4 栋教学办公楼共 12 000 余平方米，实验楼 1 栋建筑面积 4 700 平方米，内设录播室、图书室、实验室等功能用房，设施设备配备齐全。现有 33 个教学班，教职工 92 人，学生 1 487 人。该校有一支积极进取、锐意创新的年轻教师队伍，其中滨州市名校长 1 人，市级教学能手 2 人，市优秀教师 2 人，县级学科带头人 8 人，县级教学能手 2 人，县级教坛新星 3 人。学校确立了"清源守正，真善美行"的办学理念，贯穿于学校的制度建设、队伍锤炼、课堂教学、课程规划、环境创设等全领域，引领每位师生求真、向善、臻美。学校围绕学区育人总目标，有效统筹国家、地方、学校三级课程，按照"双减"政策要求，建设具有"整体性、贯通性、层次性、渐进性和多元性"的"清源课程"，为农村孩子量身定做特色"课程菜单"，即体现国家课程师本化、地方课程校本化、校本课程特色化的课程实施理念，构建"道德、人文、科学、健康、艺术"五个素养课程群。近年来，先后荣获"全国好习惯学校""2020 年全国青少年校园足球特色学校""山东省随班就读示范学校""滨州市文明校园""市小学教学工作先进单位"等荣誉称号。

（3）幼儿园简介

2012 年在滨州市第一期学前教育三年行动计划中建成的首个乡镇中心园，也是我县第一个通过省级示范性幼儿园验收的乡镇园。该园占地面积 12 173 平方米，建筑面积 2 840 平方米，户外活动场地面积 11 000 平方米。现有 10 个教学班，教职工 35 人，在园幼儿 318 人。该园实行全封闭半寄宿制管理，实行"科学保教，营养配餐"，保证了幼儿正常生长发育和身心健康，促进了幼儿体格和智力的成长和发育。

幼儿园秉承"让农村孩子享受优质教育"的办园宗旨，遵循"游戏·健康·快乐·成长"的教育理念，打造了"三园三化五域"教育模式，即：温馨家园（生活化的全程教育）、和谐自然园（优良化的语言教育）、趣味乐园（开放化的环境教育），实现了幼儿在"语言、社会、健康、科学、艺术"五大领域的自然发展，构建了"天性自然、乐享游戏、快乐学习、和谐发展"的办园特色。幼儿园被评为"山东省户外游戏特色幼儿园""山东省卫生先进单位""滨州市自主游戏实验区"。

2.定点小学发展情况

各定点小学属于典型的乡村小规模学校，每处有小学生和幼儿共 200 人左右。翟王镇学区实行"园区带村小工程"以来，各定点小学及附属幼儿园，一校一品，凸显"小而美、小而优"的教育特色，如穆家小学、李桥小学、韩打箔小学分别以"花样篮球操""民间游戏""轮胎多玩"为特色，创建了独具特色的活动品牌，打造了低龄段儿童强身健体、启智赋能的活力平台，各定点小学均荣获 2022 年山东省绿色学校等荣誉称号，受到广大家长的好评。

二、承担试点任务的条件和具体措施

（一）承担试点任务的条件

近年来，翟王镇狠抓"幼小初三段一体化"综合教育园区建设，打造十二年贯通式多生态育人场景，以国家课程师本化、地方课程校本化、校本课程乡土化实施为抓手，构建起以"融合·运动·科创"为特色的德智体美劳全面发展的育人体系，探索出一条适合农村学校实施素质教育的新路径。

1.扎根乡村沃土

一个好校长就是一所好学校。担任该镇学区负责人的是山东省特级教师、滨州市名校长、滨州市党代表张海珍，2003—2018 年，她先后在阳信镇程坞小学、河流镇中心小学、阳信镇中心小学、阳信镇中学担任校长，用心、用情，用教育的力量，改变了 12 所乡镇薄弱学校的落后面貌。2018 年 8 月，担任翟王镇学区（中心学校）党总支书记、主任职务，负责翟王镇教育全面管理工作。中学负责校长李建峰、中心小学校长韩素静，均为市县名校长，在农村学校管理与探索方面都有丰富的实践经验，为翟王镇教育良性可持续发展奠定人才基础。

2.发挥园区优势

依据园区地理位置和教育功能，划分为九大学园，构建了十二年贯通式的多生态的育人场景。学前教育在青葵学园，小学和初中分别在明德、六艺、武德、不语、乐融、衔土、小成、大成学园，各学园课程内容从高度、广度、深度等维度在不同年级的场景实践中螺旋上升，交错融通。在"清源"文化引领

在 2022 年 9 月份举办的山东省第二十五届运动会中，阳信县翟王镇中学输送的 18 名手球队员代表滨州市参赛，荣获 9 枚金牌

下，学前侧重于培育"真之源"，守望童真，呵护童心，培育童趣；小学侧重于培育"善之源"，"日行一善，善行一生"，心地仁爱、善良敦厚、知行合一；初中侧重于培育"美之源"，营造大美之境，培育大美之心，培养大美之人，为美丽乡村建设储备人才。多生态的育人场景构建，不仅打通了三个学段的物理墙体，更重要的是"清源守正、文化重塑、贯通一体"的做法，提升了教育干部和师生的思想境界，使其精神面貌焕然一新。

3.建成优质乡村教育新体系

通过深入调研，制定了《阳信县翟王镇学区中长期教育改革发展规划纲要（2020—2030）》，以落实乡村振兴战略为切入点，提出打造鲁北地区优质乡村学校的目标，确立"培养乐学善思、活力四射、融入社会，具有学习力、生活力、创新力的新时代儿童少年"的办学愿景，为积极探索新时代乡村学校发展之路，为镇域教育可持续发展明确了方向。推进"强镇筑基·人才工程"行动，激活教师队伍活力。一是以强力推进"强课提质"行动为契机，成立了"幼—小—初"教师教研共同体，促进园区内教师共学、共研、共享、共进。二是重点突出教学管理创新、教师素养提升、课程体系重构、高效课堂探索、开展作业改革、教研创新赋能六大教学改革行动，开展"说课标、说教材、说教法"等主题式教研活动，为教师专业成长搭建了探讨与交流的平台，引导教师深耕课堂。三是健全涵盖规划发展、考核绩效、人才培养、教学教研等 14 项制度，完善教师发展支持体系。四是探索跨学科主题式游走乡村文化综合实践课程。雹泉庙村史馆、花卉基地、蔬菜大棚、电商产业园、大大小小的超市等，都成为了学生社区实践活动基地。学生搜集资料、整理信息、做讲解员、感悟英雄精神；尝试为各个基地营销出点子，做策划案。学生成了乡镇发展的一员，成了乡村发展的代言人，培育了学生的核心素养，厚植了学生的家国情怀。

4.学本教学改革初见成效

阳信县教体局于 2020 年底引进重庆市龚雄飞校长的学本教学改革项目，翟王镇学区勇于打破传统机械的教学观念和方法，率先为师生"减负增效"。出台《翟王镇学区减负提质增效实施方案》。以"学本教学"理论为指导，全面推进各学段课堂教学改革，打造"学本式卓越课堂"。中学和小学分别以"五环式课堂"和"4+N 课堂"为基本范式，全面铺开，经市教科研中心鉴定，以上两种范式均落实立德树人、学生发展核心素养，均在滨州市教科院举办的高效课堂模式评比中获奖。中小学还加大作业改革力度，制定了学科课外作业设计和优质作业共享机制。2019 年，中学作为全市唯一乡镇学校在滨州市义务教育作业教学改革成果交流会上作专题发言《快乐作业　分享快乐》。2022 年下半年，翟王镇学区教师参加县级比赛，斩获县级荣誉 35 人次，另有 3 名教师被推荐代表县参加市级比赛。

5.建立一校一品，打造教育特色

根据翟王镇学区中长期教育改革发展规划纲要，扎实推进学校品牌建设，打造"一校一品"。全镇中小学、幼儿园共八个单位呈现出了"八花齐放，香满翟王"的乡镇教育新境界。中学的"手球运动"和"科技创新"活动，多次获国家、省级奖励，已凝练为助力学生自主、自信、自强发展的精神力量；中心小学建成全省面积最大的融合教育实践基地，残疾儿童进入普通学校并有机融合，为每位学生搭配"课程套餐"，为学生个性化学习和特需发展提供了充足的支持；中心幼儿园放大户外资源优势，开发了幼儿自主游戏课程，被评为"滨州市游戏活动实验区"；穆家小学、李桥小学、韩打箔小学分别以"花样篮球操""民间游戏""轮胎多玩"为特色，创建了独具特色的活动品牌，打造了低龄段儿童强身健体、启智赋能的活力平台；明德园"小幼衔接"课程，助力幼儿在学前与小学生活无缝过渡。特色教育品牌助推了学生德智体美劳全面发展和个性和谐成长。

6.教育质量稳步提升

历经艰辛，必有收获。在滨州市 2019—2020 学年教育质量监测中，小学的劳动教育、身心健康、艺术素养成绩分别高出全市平均分 41.3、25.7、15.94 个百分点。初中连续三年被评为阳信县教学工作先进单位，教育教学工作稳居全县乡镇第一方阵。学校先后荣获全国校园足球特色学校、山东省科技教育示范学校、山东省随班就读示范学校、全国手球推广学校、全国青少年人工智能活动特色学校、全国中小学创新教育"燎原计划"基地学校、中国发明协会中小学创新教育分会团体会员等荣誉称号。

（二）承担试点任务的工作措施

1.组建领导小组，落实管理责任

根据县教体局专班管理要求，成立以乡镇学区主任张海珍为组长的实施小组，具体负责落实过程中的政策解读、活动策划、人事物的协调及落实情况的督导，及时请示、汇报过程性进展情况，实施月度联席会议制度，及时排除困难，砥砺前进，从制度上保障强镇筑基工作有序推进。

2.制定行动纲要，确保有效落实

制定《阳信县翟王镇学区"强镇筑基"行动纲要》，一是基于乡镇内外部竞争环境和竞争条件下的态势分析，从优势、劣势、机会、威胁四个维度系统分析，各种因素相互匹配分析，得出相应的发展结论和解决问题的操作方案。二是成立研究小组，由各学校负责人、专家、社区代表、教师代表、家委会等组成。在 SWOT 分析的基础上制定出强镇筑基工作目标、思路、策略、规划、制度章程以及评价方案，确保强镇筑基行动有效落实。

3.落实"第一资源"战略，优化教师队伍建设

让人才"进得来，留得住"，强化教师作为强教"第一资源"作用和教育强镇人才支撑。开展教师爱岗敬业系列师德活动，提升教师职业境界。落实《翟王镇学区 2023 年教育干部培养、考核暨"人才工程"实施方案》，持续推进人才培养工作。完善翟王镇教育园区教师公寓楼配套设施，落实贫困教师补助政策。以及进一步落实乡镇补贴、基层职称、评优树先等激励性措施，让乡镇教

师安心从教、快乐从教。

4.建立评估考核制度，确保项目推进见成效

每学年从专项督导和过程评估两个方面对翟王镇学区的管理运行、师资交流、研训一体、质量共进、文化共建、特色发展等工作进行评估，评估结果作为翟王镇学区跟进提升，绩效考核的重要依据。鼓励中学使用本校教师曹文清研发的学生行为量化评价系统，小学深化"好习惯银行"评价作用，幼儿园进行幼儿成长监测，积极研制评价工具。以评促建、以评促改，统筹推进。

5.凝聚教育文化力量，赋能乡村教育振兴

翟王镇学区以"清源守止立德树人，赋能乡村教育振兴"为基调，凝练为具有乡土味、烟火味的乡村教育特色文化"清源文化"。即尊重生命个体，宽诚和善，正己立人，明"立德树人"国策；顺天启智，因势利导自主发展，有乐于担当的兼济情怀；立志卓远，奋发图强，造福百姓润泽四方。先贤的智慧和新时代的文明成为翟王镇教育的文化力量，优美的校园环境和和谐文化氛围使师生安居乐业、潜心从教，现我镇学区有35个"教师家庭档"奋斗在教育一线，小家融入大家，同奋斗共荣耀。

6.设立试点项目经费，保障项目顺利推进

随着教育现代化的要求不断提高，学生个性化课程需求越来越强烈，家长对教育的要求越来越高，需要充足资金做保障。县教体局根据试点项目基本需求，设立专项资金用于支持试点项目活动的开展。

三、工作目标、路径和预期成果

（一）工作目标

总体目标：通过强镇筑基行动，深入贯彻落实党的教育方针，提升翟王镇教育学区办学质量、教育实效、教学水平、保障能力、辐射带动能力。缩小城乡教育发展差距，纾解城区就学压力，强化乡镇教育服务在新型城镇化中的引领和吸附作用，推进城乡公共资源均衡配置，推进乡村文化振兴、经济振兴。

1.办学条件进一步改善

依据省定办学标准和办学实际需要，一是加强功能室建设，中学需要建高清录播室，约需 30 万元，现代化的劳动实践基地改造面积 2 000 平方米，约需资金 15 万元，创客实验室升级改造，约需资金 15 万元，小计 60 万元；二是小学课后服务十大场馆升级改造，约需资金 30 万元；植物园升级改造约需资金 15 万元；进一步建设清源文化标志墙、校园舞台等社团活动类项目约需资金 15 万元，小计 60 万元；三是幼儿园更新户外游戏课程所需运动类器材约需资金 15 万元，室内环境升级改造约需资金 15 万元，小计 30 万元。力争通过三年的强镇筑基行动，中小学幼儿园的办学条件均达到县城驻地学校水平。

2.教育教学质量大幅提高

翟王镇学区以基教办牵头，以山东省中小学办学行为基本规范为准则，组织学习并督导严格落实，实现办学规范化、标准化、目标化、过程化；中小学在学本教学改革、作业改革的基础上，引进"上海市闵行区智能作业"项目，推动智能作业实践改革，实实在在落实"双减"要求，市县级骨干教师比例翻倍。增设省级铸牢中华民族共同体意识实践基地（目前已达市级）和 2 000 平米的劳动实践基地，使中小学德育、劳动教育深入实施；打造课后服务课程体系及场馆，开全开足开好音体美课程，社团活动更加丰富，学生体质健康达标，普遍掌握一门以上艺术特长，学生学业水平与城区优质学校差异率低于 0.15，幼儿园保教质量水平较高，游戏化特色明显，安全管理规范优质，顺利通过 2024 年省级示范园复评。

3.育人环境特色突出

翟王镇教育园区位于镇中心驻地，四周绿树环绕，蔬菜瓜果飘香。在这样优美的环境中，注重校园文化、环境打造，校园的文化建设以"绿色"为基调，在中学主路的两旁，种植 6 000 平方米草坪，以铸牢中华民族共同体意识为主要内容的文化长廊 260 米，约需资金 30 万元；小学部分打造培根课程中心 1 处，即社会主义核心价值观宣传体验基地，厚植家国情怀，约需资金 10 万元；幼儿园打造户外自主游戏文化园，约需资金 10 万元；进一步丰富"清源文化"内涵，让高质量、高品位、高素养成为一种自觉、内在的力量，成为翟王镇教育独特的精神文化，在师生身上刻下深刻的烙印。在现有的市级文明校园基础上创建省级文明校园、乡村温馨校园。

4.全面优化师资结构

随着城市化进程，乡镇部分学生流向城区就读，新进青年教师数量会随之减少。解决办法一是乡镇中小学幼儿园内部优化，根据教师专业、资格、年龄、任教经历和教学效果等因素进行重新整合；二是通过县教师招聘、交流轮岗等方式，两年内为翟王镇补充中青年教师20余名；三是实施青蓝工程、城乡结对工程，以及设置乡镇基础教育教学成果奖等，大力培养青年教师。力争3年时间，专任教师足额配备，补充、培养、培训机制完善，县级以上学科骨干教师人数翻倍，中小学本科教师比例达100%，幼儿园专科以上学历教师比例达100%。

5.充分发挥辐射带动作用

教育园区获得最快速、最先进、最优质发展的同时，辐射带动镇域内各教学点、民办园共同发展。定期组织研究活动，以文化理念、管理思路、乡土特色打造、课程研发等统一思想、提高认识、深入实践。让各个学校"不一样"，各个学校都优秀，让老百姓真正获得教育民生带来的实惠。

6.家长、学生满意度达到90%以上

各个学校、幼儿园均建立家校社共同体，每学期开展2次家校社共育研讨会、政策听证会等，确保家长正常参与学校管理。同时通过满意度测评、家长开放日、家访、座谈会等形式向家长征集意见和问题，听取家长、社会各界对学校的意见和建议，指导学校及时整改问题，促进提升。以《家庭教育促进法》为抓手，家长学校定期开放，提高家庭教育水平，为学生成长营造和谐、上进的氛围。赢得家长、社会对学校的认同和认可，满意率保持在90%以上。

7.生源稳定率稳步提升

经调研，生源情况一是部分家长当地以种地为生的农民和当地乡镇就业的子女，二是留守儿童占比25%左右，成为薄弱环节。针对现状，一是优化学校服务体系，开展"课后服务+"工程，为留守儿童解决后顾之忧；二是提升办学品质，以高质量发展赢得社会、家长的认可，就近入学，为家庭减轻负担，为社会多做贡献。力争三年内学生应入实入人数达到98%以上。域内户籍儿童、学前、小学和初中生源在当地学校就读的比例逐年提升。

（二）实施路径

1.改善提升办学条件

积极争取上级部门支持，对照省定办学（办园）条件标准，查找各学校不足，建立工作台账，明确资金来源、工作时限、责任措施，补齐办学条件短板。强化现有的中小学、幼儿园午餐、公寓、校车管理水平，确保服务到位。与县校车公司协调，中心幼儿园配备专用校车 6 辆，不断扩大招生辐射范围，实现教育强镇筑基计划与目标。

2.深化课程教学改革

强化教研指导帮扶，一是建立积极与县教科研中心包乡镇教研员、学区、学校三级教研组织体系，开展常规化教研，提高日常教育教学水平，促进教学教研改革，提升教育教学质量，激发学生学习兴趣和提升自学习、自组织的能力。二是发挥城乡一体化教育集团的作用，翟王镇学区是县第一实验学校为龙头的集团校成员，充分利用集团校的优质教育资源，带动我镇学区更快更优发展。三是落实"双减"，赋能"双新"高度重视艺体、劳动教育，积极进行校本特色课程研发，特色项目、特色学校创建，学科育人、学程育人、全环境育人，培养德智体美劳全面发展的社会主义接班人。四是引进先进地区改革项目，带动我镇课程教学改革，比如上海市闵行区的智能作业项目研究，与我镇作业改革相融合，实现高质量办学目标。

3.建强校（园）长和教师队伍

一是借力县交流轮岗政策，吸引优秀校长、园长来镇任职。二是两年之内乡镇驻地学校所有学科教师按要求补充到位，且学历、年龄、专业结构合理，目前缺口最大的是幼儿园专任教师，努力落实控制总量与事业编制人员同工同酬待遇。三

阳信县翟王镇中心幼儿园幼儿活动

是积极督导本科学历提升人员的学习过程，争取三年后本科率达 100%。四是引

进高端培训、交流挂职、名师（名校长、名班主任）工作室等方式加强镇驻地校（园）长、优秀教师培养、培育、培训工作。五是设置校（园）特级岗位，落实相关待遇，吸引城区市县名师到我镇学区挂职任教。六是建立快乐教师俱乐部，丰富教师的工作和生活。七是健全完善教师关爱制度，积极帮助困难教师解决问题，增强教师的归属感、幸福感。八是加大教师荣誉表彰力度，增强教师获得感、荣誉感。

4.提高信息化建设应用水平

一是按照省里要求补足配齐信息化设备。二是充分利用国家中小学智慧平台资源，丰富备课内容。三是以同步课堂应用模式为基础，融合三个课堂，即名师、名校网络、专递课堂等模式应用。四是每学期、寒暑假均进行教师信息化应用能力培训，并进行等级考试等多种促进手段，提升教师信息化技术应用水平和信息化素养。

5.深化办学体制改革

一是继续落实以第一实验学校为龙头单位的集团化办学模式，通过联合教研、经验共享、文化引领等措施，实质性参与、推进乡镇学校教学研究、课程建设、管理改革、文化建设、质量评价等工作。二是深入探索镇域一体化的学区制改革和管理体制改革，继续推进实施"园区带村小"工程，实现优质资源镇域内无障碍交流共享，共同建设乡村美丽学校、温馨学校，为乡村振兴助力。

6.激发乡村学校办学活力

一是带领校（园）长到全国农村典型改革学校考察学习，鼓励支持学校自主开展课程改革和教育评价改革，勇于突破发展瓶颈。二是落实校长自主选聘副校长等行政干部和教师聘任权。三是完善学校公用经费使用管理办法，加大学校经费使用自主权。四是构建完善的教师考评和激励体系，制定科学合理、德才兼顾的教师考评办法，充分激发广大教师的教育情怀和工作热情。五是建立家校社共育共同体，通过第三方参与、督导、评价等方式促进发展。

7.加强质量评价指导

以中共中央、国务院印发的《深化新时代教育评价改革总体方案》以及教育部等出台的《义务教育质量评价指南》为总体指导，研制符合乡镇学校实际的评价指标，引进先进的评价机构、团队，开展教学、教研和管理评估诊断以及监管指导。

（三）预期成果

通过开展教育强镇筑基助力乡村振兴改革试点建设，进一步提升镇驻地学校办学条件，缩小城乡差距，促进教育质量优质均衡发展；学校管理规范科学，治理能力显著提升，打造一批"名校"、培养一批"名师"，师生精神风貌有明显的学校教育文化烙印；教育教学质量稳居全县乡镇第一方阵，生源回流趋势明显；为阳信县其他乡镇教育发展提供可借鉴经验，助力全县教育事业高质量发展。

四、教育主管部门论证

翟王镇学区自 2018 年成立综合教育园区以来，阳信县教体局和翟王镇人民政府高度关注和支持翟王镇教育发展，教育资源高度集中，学校管理治理能力成熟，挖掘特色乡土资源，教育品质优良，形成了稳定而具有鲜明特色的办学风格。根据《翟王镇学区中长期教育改革和发展规划（2020—2030 年）》，实施两年一段五步走的战略，大力提升办学条件，实现均衡优质发展；建立现代学校制度，实现依法依规办学；丰富"清源文化"内涵，使其具象到师生的日常行为当中，成为翟王镇教育的精神力量；实施"人才振兴战略"，培养高素质教师队伍；探索十二年贯通式课程，实现学生成长梯度呈螺旋式上升；推进基于"双减"背景下的学本教学改革，提升教育教学质量；挖掘乡土文化资源，"一校一品"打造教育特色，种下浓厚的乡土情怀，从而实现打造鲁北地区优质乡镇教育品牌的宏伟目标。这些改革和探索都必然能够为申报并推进强镇筑基教育改革工作助力！

根据山东省教育厅《关于开展强镇筑基教育改革工作试点工作的通知》（鲁教基函〔2021〕7 号）文件精神，从目前翟王镇的经济基础、教育基础现状和我县教育发展的实际情况来看，我县翟王镇进行强镇筑基教育改革工作试点有其必要性，可行性强。

阳信县教育和体育局

2022 年 12 月 17 日

后　记

向走向生命自觉的乡村教育践行者致敬

百年大计，教育为本。在振兴乡村、大力发展乡村教育的进程中，涌现出了许许多多几十年如一日扎根乡村大地开展教育实践变革与研究的乡村教师和校长。我们有幸"寻找"到了这样一群扎根乡村中小学、有教育情怀、有自我成长动力的美丽教师，并与他们携手同行，在课堂教学、班级管理和研究实践中走向教育的生命自觉。

他们是怎样走上教书育人的道路并坚持不懈的？是怎样努力提升自己的专业自信和研究能力的？是怎样在同行中发挥榜样示范作用的？是怎样进一步带动乡村学校、家庭和社区携手育人的？又是怎样以阅读、写作、研究、发表论文等一系列路径改变和提升他们的教育教学理念和研究能力，促进终身学习和可持续发展的？

翟王镇的这些可敬的乡村教师们给我们书写了一份圆满的答卷。也使我们进一步认识到，乡村教师在乡村文化振兴、民风重建、乡村教育资源开发等方面发挥着很大的积极作用，为中国教育的均衡发展做出了、并将继续做出更多的贡献。在当下有些许浮躁、功利、急于求成的教育实践与教育研究现状下，扎根乡村教育开展实地研究，改进教育教学理念和提升办学质量，需要更多的学者和教育研究者扎根乡村教育日常生活，带动更多专业能力和研究能力逐步提升的教师在日常工作情境中不断探索。

谨以此书祝福每一位教师同行，致敬每一位扎根乡村大地、躬耕教育事业、走向生命自觉的乡村教育践行者！同时，期盼有更多的人与机构加入支持乡村教育发展的队伍中来！